E II
e la phrase

**CENTRE DE FORMATION
DU RICHELIEU**
720, RUE MORIN
McMASTERVILLE, QC J3G 1H1
TÉL.: (450) 467-0264

CONSTRUIRE LA GRAMMAIRE

Aline Boulanger

Suzanne Francœur-Bellavance

Lorraine Pepin

Les Éditions de la Chenelière
MONTRÉAL

Construire la grammaire

Aline Boulanger, Suzanne Francœur-Bellavance,
   Lorraine Pepin (partie III: La grammaire du texte)

© 1999 Les Éditions de la Chenelière inc.

Supervision éditoriale : Micheline Voynaud
Coordination : Dominique Lefort
Révision linguistique : Francine Noël, Marie Chalouh et
   Jean Bernard
Correction d'épreuves : Jean Bernard et Sophie Cazanave
Illustrations : Jean Morin
Conception graphique, infographie et couverture : Norman
   Lavoie
Collaboration à la rédaction : Francine Noël, Marguerite Hardy,
   Nicole Camirand, Roger Charron et Réjeanne Allard
Tableau de la couverture : Claude Morin

Données de catalogage avant publication (Canada)

Boulanger, Aline

   Construire la grammaire

   Comprend un index.
   Pour les élèves du niveau secondaire.

   ISBN 2-89310-193-3

   1. Français (Langue) — Grammaire. 2. Français (Langue)
— Phrase. 3. Énonciation (Linguistique). 4. Français (Langue)
— Analyse du discours. I. Bellavance, Suzanne, 1944-   . II.
Pepin, Lorraine, 1950-   . III. Titre.

PC2112.B678 1999   448.2   C99-940415-6

Les Éditions de la Chenelière
7001, boul. Saint-Laurent
Montréal (Québec)
Canada H2S 3E3
Téléphone : (514) 273-1066
Télécopieur : (514) 276-0324
chene@dlcmcgrawhill.ca

ISBN 2-89310-193-3

Dépôt légal : 2e trimestre 1999
Bibliothèque nationale du Québec
Bibliothèque nationale du Canada

Imprimé et relié au Canada par Imprimeries Transconti-
nental inc., Division Interglobe

2 3 4 5   03 02 01 00 99

DANGER

LE
PHOTOCOPILLAGE
TUE LE LIVRE

Avant-propos

La grammaire nouvelle, dont l'enseignement est maintenant obligatoire au secondaire, entraîne une autre façon d'apprendre, qui incite les élèves à construire eux-mêmes leurs connaissances sur la langue.

Cette nouvelle approche nécessite la mise au point de nouveaux outils pédagogiques. C'est pourquoi, soucieuses de soutenir les enseignantes et les enseignants dans leur pratique, nous proposons *Construire la grammaire*, un ouvrage qui a été conçu pour les élèves de la première à la cinquième année du secondaire.

La démarche d'apprentissage proposée dans cette grammaire a déjà été expérimentée dans des classes du primaire et du secondaire, ce qui nous a permis de constater à quel point les élèves sont à l'aise dans cette nouvelle façon de travailler. Nous avons aussi mené une consultation très étendue auprès d'enseignantes et d'enseignants de français afin de nous assurer que *Construire la grammaire* correspond parfaitement à ce qu'ils attendent d'une nouvelle grammaire.

Nous espérons donc qu'élèves et enseignantes et enseignants prendront plaisir à construire ensemble cette nouvelle grammaire.

Les auteures

Remerciements

Cet ouvrage est le fruit du travail et de la collaboration d'un grand nombre de personnes.

Pour leur travail de vérification scientifique, l'Éditeur tient à exprimer sa reconnaissance à Rose-Hélène Arseneault, chargée de cours, département de linguistique et de didactique, Université du Québec à Montréal, à Jocelyne Caron, linguiste, Université du Québec à Montréal et à Jacinthe Dupuis, linguiste, Université du Québec à Montréal.

Pour leur collaboration à l'analyse des contenus, l'Éditeur tient à remercier Réjeanne Allard, consultante en éducation ; Claude de la Sablonnière, consultant en pédagogie ; Michel Dulong, conseiller pédagogique, Commission scolaire de la Vallée des Tisserands ; Danielle Turcotte, consultante en éducation.

Pour leurs commentaires, leurs suggestions et leurs critiques stimulantes, l'Éditeur remercie également Claudine Hervieux, enseignante, Commission scolaire des Affluents ; Sylvie Lapointe, enseignante, Commission scolaire des Affluents ; Guy Marchand, conseiller pédagogique, Commission scolaire Sir-Wilfrid-Laurier ; François Moreau, enseignant, Commission scolaire des Samares ; Luc Papineau, enseignant, Commission scolaire des Affluents ; Colette Rousseau, conseillère pédagogique, Commission scolaire Marie-Victorin ; Huguette Rousseau, enseignante, Commission scolaire Marguerite-Bourgeoys ; Lise St-Michel, conseillère pédagogique, Commission scolaire de Sorel-Tracy ; Brigitte Viola-Dubreuil, enseignante, Commission scolaire des Draveurs.

Pour leur collaboration à la rédaction, l'Éditeur tient à exprimer ses remerciements à Marguerite Hardy, consultante et chargée de cours à l'Université du Québec à Montréal et à l'Université McGill, et à Roger Charron, consultant en éducation, ainsi qu'à Francine Noël, à Jean Bernard et à Marie Chalouh, qui nous ont fait bénéficier de leurs compétences.

L'Éditeur tient également à remercier Éric Genevay et Bertrand Lipp pour leurs précieux conseils, ainsi que leur éditeur, Philippe Burdel, pour son appui et sa généreuse contribution à ce projet.

Enfin, l'Éditeur remercie les élèves, les enseignantes et les enseignants qui ont expérimenté ce matériel en classe, ainsi que toutes les personnes qui ont travaillé de près ou de loin à la réalisation de ce projet.

Table des matières

Introduction

MESSAGE AUX ENSEIGNANTES ET AUX ENSEIGNANTS

Construire la grammaire est un ouvrage qui explique les grandes régularités de la langue française, selon les principes de la grammaire nouvelle.

L'ouvrage s'ouvre avec un organigramme. Consultez-le : en un coup d'œil, vous prendrez connaissance du contenu du manuel. De plus, cet organigramme vous permettra de voir que les différents domaines d'étude de la langue forment un ensemble structuré et cohérent.

Construire la grammaire se divise en trois grandes parties :

I. L'énonciation
II. La grammaire de la phrase
III. La grammaire du texte

Chacune de ces trois parties est traitée comme un ensemble complet en soi tout en étant reliée aux deux autres. En voici un bref aperçu.

I. L'ÉNONCIATION

Dans cette première partie, on observe la langue comme outil de communication. Parler et écrire sont des actes qu'on accomplit tous les jours pour établir des relations avec les gens qui nous entourent.

Selon les circonstances dans lesquelles se déroule la communication, la personne qui parle ou qui écrit choisit la forme d'énoncés qui lui paraît la mieux adaptée à ces circonstances.

Comprendre les mécanismes qui président à ces choix aidera les élèves à exprimer, de mieux en mieux, leurs sentiments, leurs idées, leurs rêves. De plus, en étant sensibilisés au phénomène de l'énonciation, ils saisiront la nécessité de l'analyse syntaxique, que nous abordons dans la deuxième partie.

II. LA GRAMMAIRE DE LA PHRASE

La maîtrise de la langue comme outil de communication passe aussi par l'étude des règles de la construction des phrases : c'est le domaine de la syntaxe proprement dite. Dans cette partie, on fait l'analyse de phrases, c'est-à-dire d'énoncés sortis de leur contexte, pour rendre explicites les mécanismes qui en régissent la construction.

En grammaire nouvelle, on définit les phrases à l'aide des propriétés que possèdent les différents groupes de mots qui les constituent. On obtient alors un modèle auquel on compare les phrases qu'on veut analyser. Le fait de comparer des phrases à un modèle impose une démarche.

La démarche pédagogique que nous proposons est conforme à l'esprit de la grammaire nouvelle. Elle consiste à faire observer et explorer les mécanismes de la construction des phrases par les élèves eux-mêmes. C'est pourquoi cette partie commence par la mise en place d'instruments d'analyse des phrases, principalement les opérations syntaxiques et la PHRASE P. Les élèves utilisent ensuite ces outils pour déterminer en quoi des phrases réalisées diffèrent de la PHRASE P, et ainsi comprendre les règles de construction particulières qui les régissent.

Notre objectif est d'amener les élèves à se rendre compte qu'il existe de grandes régularités dans le fonctionnement de la langue française. La connaissance de ces régularités permet de maîtriser la langue et de l'utiliser pour communiquer plus efficacement.

III. LA GRAMMAIRE DU TEXTE

Dès qu'on a besoin de plus d'une phrase pour exprimer ce qu'on veut dire ou écrire, on entre dans le domaine du texte. Pour bien se faire comprendre, on doit s'assurer que ce texte est cohérent. Un texte est cohérent dans la mesure où la personne à qui il s'adresse a de la facilité à comprendre les relations entre les phrases — les énoncés — qui le composent.

La personne qui émet ou qui écrit une suite d'énoncés destinés à former un tout dispose de nombreux procédés pour exprimer les relations de cohérence entre ces énoncés. Dans la troisième partie de la grammaire, les élèves apprendront à connaître et à utiliser quatorze de ces procédés, dont les plus connus sont la reprise de l'information et la jonction, ou liaison par connecteurs.

La démarche proposée est la suivante. Un procédé de cohérence est d'abord présenté brièvement. Les élèves sont ensuite amenés à apprécier l'utilité de ce procédé dans de courts textes où on aurait dû l'employer, puis on leur propose une correction appropriée. Ainsi sensibilisés à l'effet de la présence ou de l'absence de tel ou tel procédé de cohérence, les élèves en viennent à porter plus d'attention aux relations entre les énoncés de leurs propres textes et à exprimer ces relations correctement.

MESSAGE AUX ÉLÈVES

Quand je construis mes connaissances, j'explore, j'observe, je me pose des questions, je fais des essais, je fais des liens et je les décris. Je sais maintenant qu'apprendre, ce n'est pas accumuler des connaissances, c'est les mettre en relation.

C'est donc en construisant soi-même son savoir qu'on apprend le mieux. Voilà le principe sur lequel se fonde *Construire la grammaire*.

Cet ouvrage est un guide qui vous accompagnera dans votre démarche d'apprentissage du fonctionnement de la langue. Mais il est également un outil de référence que vous pourrez consulter en tout temps.

UN GUIDE D'APPRENTISSAGE

Nous vous proposons dans cet ouvrage une démarche qui s'apparente à celle qu'on utilise dans les sciences. *Construire la grammaire* — le titre lui-même le dit — vous permettra de découvrir par vous-mêmes les régularités du fonctionnement de la langue. Ces connaissances vous permettront ensuite de vérifier la construction des phrases que vous utilisez quotidiennement pour communiquer.

Cette démarche comporte trois étapes : l'observation, la constatation et la généralisation. C'est la démarche que vous faites tous les jours depuis toujours, qui vous a permis et vous permet encore de comprendre le monde qui vous entoure : vous n'êtes donc pas en pays inconnu !

UN OUVRAGE DE RÉFÉRENCE

Construire la grammaire, nous l'avons dit, est aussi un ouvrage de référence. Voici les outils qui vous aideront à le consulter.

- Un **organigramme**, que vous trouverez à l'intérieur des pages de couverture et au début de chaque partie ou section du manuel, permet d'en saisir le contenu en un coup d'œil... histoire de savoir où l'on est et où l'on s'en va !
- Une **table des matières** générale présente d'abord le contenu de toute la grammaire. Une table des matières plus spécifique présente aussi le «menu» au début de chaque chapitre.
- Une **rubrique «Régularité»** présente, dans la partie «La grammaire de la phrase», les régularités de la langue qui sont dégagées au fur et à mesure des observations et des constatations de la démarche d'apprentissage.
- Une **rubrique «En pratique»** présente, dans la partie «La grammaire du texte», des conseils sur l'utilisation des différents procédés analysés.
- Une **définition** des termes nouveaux ou des concepts importants est donnée dans la marge.

- Une **synthèse** des principaux points traités termine chaque chapitre.
- Des **tableaux** sur les signes de ponctuation et sur le lexique sont présentés en annexe.
- Un **index** est présenté sous forme de tableau. Pour chaque notion, les pages où elle est abordée sont présentées dans des colonnes qui permettent de repérer facilement l'information recherchée : Définition, Démarche, Régularité ou En pratique, Synthèse, Accord et Lexique. La dernière colonne, « Voir aussi », fait des liens entre ces différentes notions.
- Enfin, une **liste des symboles** utilisés figure à la fin du manuel.

Vous avez donc en main un ouvrage qui vous sera utile et qui vous permettra de construire vos connaissances en grammaire.

Les auteures

COMMENT S'Y RETROUVER

Dans une grammaire, quand on sait ce qu'on cherche, on le trouve assez facilement. Mais, parfois, on ne connaît pas le nom de ce qu'on cherche. Voici quelques pistes qui pourront vous aider.

LA STRUCTURE DES CHAPITRES

La table des matières

Si le titre d'un des chapitres de l'organigramme vous semble prometteur pour votre recherche, rendez-vous à ce chapitre : la table des matières s'ouvrira comme si vous aviez cliqué sur un bouton. Vous pourrez voir en un coup d'œil si le chapitre contient ce que vous cherchez.

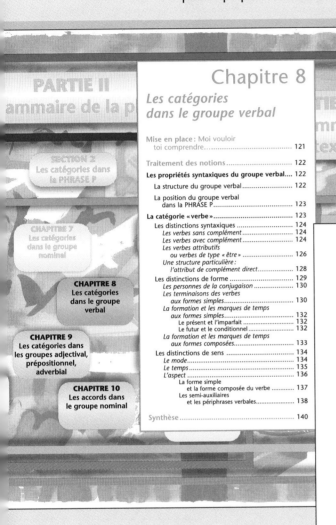

La mise en place

Vis-à-vis de la table des matières, une bande dessinée ou un court texte illustre le pourquoi de certaines notions contenues dans le chapitre et peut répondre en partie à la question : « À quoi ça sert d'apprendre ça ? »

Moi vouloir toi comprendre...

Autant le verbe est essentiel dans une phrase, autant, pour la plupart des verbes, la présence d'un complément ou d'un attribut est nécessaire à la clarté du sens du message qu'on veut transmettre.

Les verbes ne peuvent pas recevoir n'importe quelle sorte de complément : nous examinerons donc ici les différents types de construction qu'ils exigent. Nous verrons aussi, entre autres, que le verbe est la seule catégorie de mots à se conjuguer.

En fait, le verbe de la phrase possède de multiples propriétés : vous en serez convaincus quand vous aurez lu ce chapitre.

Les catégories dans le groupe verbal CHAPITRE 8 **121**

Le traitement des notions

Parties I et II : L'énonciation et La grammaire de la phrase

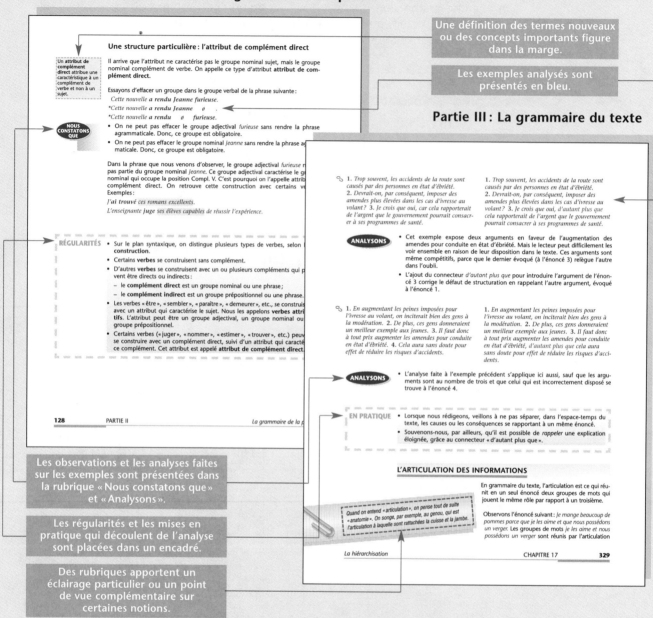

Une définition des termes nouveaux ou des concepts importants figure dans la marge.

Les exemples analysés sont présentés en bleu.

Une structure particulière : l'attribut de complément direct

> Un attribut de complément direct attribue une caractéristique à un complément de verbe et non à un sujet.

Il arrive que l'attribut ne caractérise pas le groupe nominal sujet, mais le groupe nominal complément de verbe. On appelle ce type d'attribut **attribut de complément direct.**

Essayons d'effacer un groupe dans le groupe verbal de la phrase suivante :

Cette nouvelle a rendu Jeanne furieuse.
*Cette nouvelle a rendu Jeanne ø .
*Cette nouvelle a rendu ø furieuse.

NOUS CONSTATONS QUE

- On ne peut pas effacer le groupe adjectival *furieuse* sans rendre la phrase agrammaticale. Donc, ce groupe est obligatoire.
- On ne peut pas effacer le groupe nominal *Jeanne* sans rendre la phrase agrammaticale. Donc, ce groupe est obligatoire.

Dans la phrase que nous venons d'observer, le groupe adjectival *furieuse* ne fait pas partie du groupe nominal *Jeanne*. Ce groupe adjectival caractérise le groupe nominal qui occupe la position Compl. V. C'est pourquoi on l'appelle attribut de complément direct. On retrouve cette construction avec certains verbes. Exemples :

J'ai trouvé ces romans excellents.
L'enseignante juge ses élèves capables de réussir l'expérience.

RÉGULARITÉS

- Sur le plan syntaxique, on distingue plusieurs types de verbes, selon leur construction.
- Certains **verbes** se construisent sans complément.
- D'autres **verbes** se construisent avec un ou plusieurs compléments qui peuvent être directs ou indirects :
  - le **complément direct** est un groupe nominal ou une phrase ;
  - le **complément indirect** est un groupe prépositionnel ou une phrase.
- Les verbes « être », « sembler », « paraître », « demeurer », etc., se construisent avec un attribut qui caractérise le sujet. Nous les appelons **verbes attributifs.** L'attribut peut être un groupe adjectival, un groupe nominal ou un groupe prépositionnel.
- Certains verbes (« juger », « nommer », « estimer », « trouver », etc.) peuvent se construire avec un complément direct, suivi d'un attribut qui caractérise ce complément. Cet attribut est appelé **attribut de complément direct.**

128 PARTIE II   La grammaire de la phrase

Les observations et les analyses faites sur les exemples sont présentées dans la rubrique « Nous constatons que » et « Analysons ».

Les régularités et les mises en pratique qui découlent de l'analyse sont placées dans un encadré.

Des rubriques apportent un éclairage particulier ou un point de vue complémentaire sur certaines notions.

Partie III : La grammaire du texte

1. *Trop souvent, les accidents de la route sont causés par des personnes en état d'ébriété.* 2. *Devrait-on, par conséquent, imposer des amendes plus élevées dans les cas d'ivresse au volant ?* 3. *Je crois que oui, car cela rapporterait de l'argent que le gouvernement pourrait consacrer à ses programmes de santé.*

1. *Trop souvent, les accidents de la route sont causés par des personnes en état d'ébriété.* 2. *Devrait-on, par conséquent, imposer des amendes plus élevées dans les cas d'ivresse au volant ?* 3. *Je crois que oui, d'autant plus que cela rapporterait de l'argent que le gouvernement pourrait consacrer à ses programmes de santé.*

ANALYSONS

- Cet exemple expose deux arguments en faveur de l'augmentation des amendes pour conduite en état d'ébriété. Mais le lecteur peut difficilement les voir ensemble en raison de leur disposition dans le texte. Ces arguments sont même compétitifs, parce que le dernier évoqué (à l'énoncé 3) relègue l'autre dans l'oubli.
- L'ajout du connecteur *d'autant plus que* pour introduire l'argument de l'énoncé 3 corrige le défaut de structuration en rappelant l'autre argument, évoqué à l'énoncé 1.

1. *En augmentant les peines imposées pour l'ivresse au volant, on inciterait bien des gens à la modération.* 2. *De plus, ces gens donneraient un meilleur exemple aux jeunes.* 3. *Il faut donc à tout prix augmenter les amendes pour conduite en état d'ébriété.* 4. *Cela aura sans doute pour effet de réduire les risques d'accidents.*

1. *En augmentant les peines imposées pour l'ivresse au volant, on inciterait bien des gens à la modération.* 2. *De plus, ces gens donneraient un meilleur exemple aux jeunes.* 3. *Il faut donc à tout prix augmenter les amendes pour conduite en état d'ébriété, d'autant plus que cela aura sans doute pour effet de réduire les risques d'accidents.*

ANALYSONS

- L'analyse faite à l'exemple précédent s'applique ici aussi, sauf que les arguments sont au nombre de trois et que celui qui est incorrectement disposé se trouve à l'énoncé 4.

EN PRATIQUE

- Lorsque nous rédigeons, veillons à ne pas séparer, dans l'espace-temps du texte, les causes ou les conséquences se rapportant à un même énoncé.
- Souvenons-nous, par ailleurs, qu'il est possible de *rappeler* une explication éloignée, grâce au connecteur « d'autant plus que ».

L'ARTICULATION DES INFORMATIONS

> Quand on entend « articulation », on pense tout de suite « anatomie ». On songe, par exemple, au genou, qui est l'articulation à laquelle sont rattachées la cuisse et la jambe.

En grammaire du texte, l'articulation est ce qui réunit en un seul énoncé deux groupes de mots qui jouent le même rôle par rapport à un troisième.

Observons l'énoncé suivant : *Je mange beaucoup de pommes parce que je les aime et que nous possédons un verger.* Les groupes de mots *je les aime* et *nous possédons un verger* sont réunis par l'articulation

La hiérarchisation   CHAPITRE 17   **329**

La synthèse

La synthèse permet d'avoir une vue d'ensemble du chapitre.

XVIII

Synthèse LES CATÉGORIES DANS LE GROUPE VERBAL

La structure du groupe verbal

Le verbe est le noyau du groupe verbal. Le verbe impose un type de construction au groupe verbal. Le verbe peut se construire sans complément, avec un ou plusieurs compléments. Le groupe verbal peut aussi contenir un groupe facultatif, le modificateur de groupe verbal.

La structure du groupe verbal se réécrit donc de la façon suivante :

GV → V + (Modif)
GV → V + Compl. V + (Modif)
GV → V + Compl. V + Compl. V + (Modif)
GV → V^{être} + Attr + (Modif)

L'INDEX

L'index se révélera sûrement l'outil privilégié de votre recherche dans la grammaire. En effet, cet index a été conçu pour mettre en évidence les liens entre les différents aspects du système de la langue. Il se présente sous forme de tableau.

Dans la colonne de gauche, les notions apparaissent dans l'ordre alphabétique. Les autres colonnes donnent, pour chaque notion, la ou les pages où vous trouverez chacun des aspects suivants:

- Définition;
- Démarche;
- Régularité ou En pratique;
- Synthèse;
- Accord;
- Lexique.

La dernière colonne, « Voir aussi », fait des liens avec d'autres notions qui apparaissent dans l'index.

Une structure particulière: l'attribut de complément direct

Un attribut de complément direct attribue une caractéristique à un complément de verbe et non à un sujet.

NOUS CONSTATONS QUE

Il arrive que l'attribut ne caractérise pas le groupe nominal sujet, mais le groupe nominal complément de verbe. On appelle ce type d'attribut **attribut de complément direct**.

Essayons d'effacer un groupe dans le groupe verbal de la phrase suivante:

Cette nouvelle a rendu Jeanne furieuse.
*Cette nouvelle a rendu Jeanne   ø.
*Cette nouvelle a rendu   ø   furieuse.

- On ne peut pas effacer le groupe adjectival *furieuse* sans rendre la phrase agrammaticale. Donc, ce groupe est obligatoire.
- On ne peut pas effacer le groupe nominal *Jeanne* sans rendre la phrase agrammaticale. Donc, ce groupe est obligatoire.

Dans la phrase que nous venons d'observer, le groupe adjectival *furieuse* ne fait pas partie du groupe nominal *Jeanne*. Ce groupe adjectival caractérise le groupe nominal qui occupe la position Compl. V. C'est pourquoi on l'appelle attribut de complément direct. On retrouve cette construction avec certains verbes. Exemples:

J'ai trouvé ces romans excellents.
L'enseignante juge ses élèves capables de réussir l'expérience.

RÉGULARITÉS
- Sur le plan syntaxique, on distingue plusieurs types de verbes, selon leur **construction**.
- Certains **verbes** se construisent sans complément.
- D'autres **verbes** se construisent avec un ou plusieurs compléments qui peuvent être directs ou indirects:
  – le **complément direct** est un groupe nominal ou une phrase;
  – le **complément indirect** est un groupe prépositionnel ou une phrase.
- Les verbes « être », « sembler », « paraître », « demeurer », etc., se construisent avec un attribut qui caractérise le sujet. Nous les appelons **verbes attributifs**. L'attribut peut être un groupe adjectival, un groupe nominal ou un groupe prépositionnel.
- Certains verbes (« juger », « nommer », « estimer », « trouver », etc.) peuvent se construire avec un complément direct, suivi d'un attribut qui caractérise ce complément. Cet attribut est appelé **attribut de complément direct**.

Index

	DÉFINITION	DÉMARCHE	RÉGULARITÉ / EN PRATIQUE	SYNTHÈSE	ACCORD	LEXIQUE	VOIR AUSSI
A							
Addition	51	51-174	51	57			
Adjectif		146-147		158	166-168	148	Groupe adjectival
adjectif classifiant	149	149		158		149	
adjectif de couleur		169	169	171	169		
adjectif qualifiant	149	149		158		149	
genre		167-168	167	170	167		
nombre		168	167	170	167		
Adverbe		154		159		154	Groupe adverbial
adverbe complément		155				155	
adverbe corrélatif	245	245-246	245,248	253			
adverbe modalisateur		157		159		157	Modalisation
adverbe modificateur	79	79,155		81		155	
adverbe organisateur		157		159		157	Connecteurs
Analyse		174					Types de phrases
Antécédent	207	207-209 289,290	208	220-221			
Articulation des informations, voir Informations							
Aspect du verbe		136-138	139	143			
forme simple et composée		137					
semi-auxiliaires		138					
Assertion	21	21,178					
Attribut de complément direct	128	128	128	141	274		
Attribut du sujet	75	75-76	76	81			Verbe attributif
dans la PHRASE P				92,94			
dans la phrase transformée				258,260, 274			
Auxiliaire							
d'aspect		137					
de modalité		22					

PARTIE I
L'énonciation

PAR...
La grammair...

SECTION 1
La PHRASE P

SEC...
Les cat...
la P...

CHAPITRE 1
Le cadre de
l'énonciation

CHAPITRE 2
L'interprétation
des énoncés

CHAPITRE 3
Les discours
rapportés

CHAPITRE 4
Les instruments
d'analyse des
phrases

CHAPITRE 5
Les constituants
de la PHRASE P

CHAPITRE 6
Les accords
dans la
phrase de base

CHAPITRE 7
Les catégories
dans le groupe
nominal

CHAPITRE 8
Les catégories
dans le groupe
verbal

Mise en place : L'énonciation

Nous utilisons quotidiennement la langue pour nommer les êtres et les choses qui nous entourent, pour en dire quelque chose. Cependant, ces actes ne se font pas dans le vide : ils sont dirigés vers quelqu'un qui nous écoute ou qui nous lit.

Parler et écouter, écrire et lire sont donc des moyens d'établir un contact avec les autres, c'est-à-dire de communiquer. On peut dire que la langue est le principal instrument de communication entre les êtres humains et qu'elle représente le lien social par excellence.

Toute communication a lieu dans une situation concrète : elle met en présence deux ou plusieurs interlocuteurs et se déroule dans des circonstances particulières. Les propos échangés sont marqués par les liens qui unissent les interlocuteurs. Bien souvent, ces propos contiennent aussi des références aux circonstances dans lesquelles ils sont tenus.

La partie intitulée « L'énonciation » portera donc sur les différents procédés qu'une personne peut utiliser pour transmettre un message. Nous verrons aussi comment une personne qui écoute ou qui lit ce message peut le comprendre.

PARTIE I
L'énonciation

PA
nma

S
Les ca
la

CHAPITRE 1
Le cadre de
l'énonciation

PITRE 7
tégories
e groupe
minal

CHAPITRE 2
L'interprétation
des énoncés

CHAPITRE 5
Les constituants
de la PHRASE P

CHAPITRE 8
Les catégories
dans le groupe
verbal

CHAPITRE 3
Les discours
rapportés

CHAPITRE 6
Les accords
dans la
phrase de base

Communiquer, c'est bien…
Se comprendre, c'est encore mieux !

Quand nous prenons la parole, nous voulons être compris. Pour qu'un message soit clair, il faut savoir dans quel contexte il a été produit : qui a parlé ou écrit ? où ? quand ?

Dans ce premier chapitre, nous verrons ce qu'est un énoncé (c'est-à-dire un message produit dans une situation donnée), et quels éléments nous permettent de le situer dans son contexte pour qu'il soit possible de bien le comprendre.

Traitement des notions

> Un **énoncé** est un message oral ou écrit produit par une personne à un moment et dans un lieu donnés.
>
> L'**énonciation** est l'acte de prise de la parole par une personne à un moment et dans un lieu donnés.

Tout acte de communication a lieu dans une situation concrète. Cette situation implique nécessairement des personnes qui communiquent, un message qui est transmis et un contexte dans lequel il est transmis. Nous définirons ici les composantes de base de toute situation de communication, et nous verrons comment elles nous permettent d'analyser un **énoncé**. Un énoncé est un message produit par une personne qui s'approprie la langue à sa façon pour communiquer, à un moment et dans un lieu donnés. C'est cet acte de prise de la parole qu'on appelle **énonciation**.

LA SITUATION DE COMMUNICATION

> Un **émetteur** est une personne qui transmet un message.
>
> Un **récepteur** est une personne qui reçoit un message.

Quand des personnes échangent des messages, elles sont en situation de communication. La personne qui produit le message — l'**émetteur** — et la personne qui reçoit le message — le **récepteur** — sont les interlocuteurs, c'est-à-dire les personnes qui participent à la communication. Un message peut être communiqué de façon directe ou de façon différée.

La communication est *directe* si l'émetteur et le récepteur communiquent l'un avec l'autre au même moment, qu'ils soient dans le même lieu ou dans un lieu différent. L'échange face à face, le téléphone, l'interphone, le service de bavardage (ou *chat*) dans le réseau Internet, etc., sont des exemples de canaux empruntés par la communication directe.

La communication est *différée* lorsque le message parvient au récepteur à un autre moment que celui où il a été produit. La télécopie, le livre, le journal, le cédérom, le courrier électronique, la poste, les groupes de discussion dans le réseau Internet, le répondeur automatique, la boîte vocale, etc., sont des exemples de canaux empruntés par la communication différée.

Quand un émetteur prend la parole, il le fait dans une situation de communication bien concrète, et ce qu'il dit ou écrit renvoie à cette situation. Par exemple, analysons l'énoncé suivant :

Je vais te donner ma réponse ici demain.

- Pour comprendre cet énoncé, nous devons connaître la situation de communication dans laquelle il a été produit. Nous devons savoir :
  - qui sont les personnes désignées par le mot *je* et par le mot *te* ;
  - quel est l'endroit désigné par le mot *ici* ;
  - quel est le jour désigné par le mot *demain*.

Pour comprendre un énoncé, il faut donc avoir accès aux données suivantes :

- Qui est la personne qui parle ?
- À qui cette personne parle-t-elle ?
- À quel moment parle-t-elle ?
- Où parle-t-elle ?

Les questions qui ?, à qui ?, à quel moment ? et où ? renvoient aux personnes qui participent à la communication, au moment où l'émetteur a produit son énoncé et au lieu où il l'a fait. Ces trois éléments forment ce qu'on appelle le **cadre de l'énonciation**.

Pour connaître le cadre d'énonciation d'un énoncé donné, il faut se reporter à la situation de communication dans laquelle cet énoncé a été produit.

Imaginons la scène suivante :

Deux élèves, Alex et Cathy, sont assis à une table à la cafétéria de l'école. Au mur, un tableau annonce «Menu du 25 février 2002».

Alex se penche vers Cathy et lui dit :

Il y a trop de bruit ici. Viens chez moi demain. Je veux absolument parler de mon problème avec toi.

Nous connaissons le cadre d'énonciation dans lequel l'énoncé a été produit :

- l'émetteur est Alex (désigné dans l'énoncé par *moi* et *je*) ;
- le récepteur est Cathy (désigné dans l'énoncé par *toi*) ;
- le moment de l'énonciation est le 25 février 2002 ;
- le lieu de l'énonciation est la cafétéria de l'école.

On peut représenter cette situation de communication par le schéma suivant :

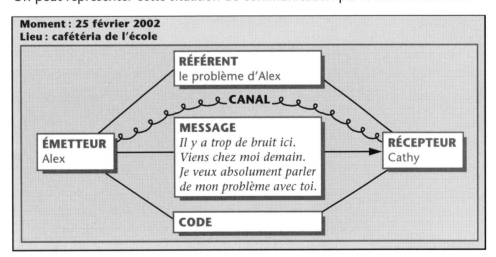

Ce schéma inclut toutes les composantes de la situation de communication :

- le *message* d'Alex à Cathy ;
- le *référent*, c'est-à-dire ce dont parle Alex : son problème ;

- le *code*, c'est-à-dire la langue utilisée, les règles régissant l'emploi de cette langue (par exemple, la grammaire), les registres de langue (familier, littéraire, etc.), les conventions sociales : autrement dit toutes les règles qui doivent être connues des deux interlocuteurs pour que le message soit compris ;

- le *canal*, c'est-à-dire le moyen physique que choisit l'émetteur pour transmettre son message. Le type de canal n'est pas le même dans une communication directe et dans une communication différée, dans une communication orale et dans une communication écrite. Dans l'exemple d'Alex et de Cathy, la communication est orale directe et le canal utilisé est l'échange face à face.

On peut illustrer toute l'énonciation à l'aide du schéma suivant :

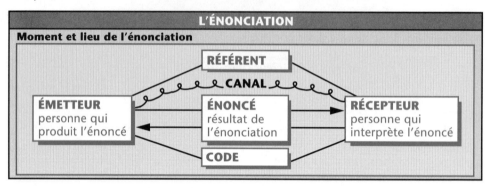

LES MARQUES DE L'ÉNONCIATION

Nous venons de voir que, bien souvent, un énoncé contient des mots qui renvoient au cadre de l'énonciation, c'est-à-dire aux interlocuteurs, au lieu ou au moment de l'énonciation. Nous avons vu aussi que, pour bien comprendre ces mots, il faut connaître la situation de communication concrète dans laquelle l'énoncé est produit.

> Les **marques de l'énonciation** sont des mots d'un énoncé qui renvoient au cadre d'énonciation.

Comme ces mots renvoient à l'énonciation, on les appelle **marques de l'énonciation**.

Revenons à la petite scène de la page 7 dans laquelle Alex dit à Cathy :

Il y a trop de bruit ici. Viens chez moi demain. Je veux absolument parler de mon problème avec toi.

Observons les marques d'énonciation qui figurent dans cet énoncé.

- Les mots *moi*, *je* et *mon* désignent l'émetteur, Alex. Le mot *toi* désigne le récepteur, Cathy. Les mots *moi*, *je*, *mon* et *toi* renvoient donc aux interlocuteurs. Nous comprenons ces mots parce que nous savons qui sont les interlocuteurs.

- Deux expressions renvoient à des lieux : *ici* et *chez moi*. Le mot *ici* désigne la cafétéria de l'école. Les mots *chez moi* désignent l'endroit où Alex habite.

- Le message contient une expression de temps : *demain*. Ce mot ne peut s'interpréter que par rapport à la journée où Alex parle à Cathy à la cafétéria. Comme le tableau porte la mention « 25 février 2002 », le mot *demain* désigne donc la journée du 26 février 2002.

Les mots *ici*, *chez moi*, *demain*, *je*, *mon* et *toi* ont un point commun : on ne peut les comprendre que si l'on connaît la situation de communication dans laquelle le message a été produit. Ces mots se rapportent au moment de l'énonciation, au lieu de l'énonciation ou aux interlocuteurs.

Dans les marques d'énonciation, on distingue donc des marques de temps, des marques de lieu et des marques de personne.

LES MARQUES DE TEMPS

Les **marques de temps** sont des mots qui s'interprètent en fonction du moment où un énoncé est produit.

Il y a deux sortes de **marques de temps** : les expressions qui indiquent le temps, et les temps du verbe. Toutes deux permettent de situer un événement avant, pendant ou après le moment de l'énoncé.

Nous allons examiner successivement ces deux sortes de marques de temps.

Les expressions de temps

Observons, dans les cinq énoncés suivants, les expressions de temps en caractères gras :

Hier, on a nommé une directrice.

Aujourd'hui, on a nommé une directrice.

Aujourd'hui, on nomme une directrice.

Demain, on nomme une directrice.

Demain, on nommera une directrice.

NOUS CONSTATONS QUE

- Le mot *aujourd'hui* désigne la journée même où l'énoncé est produit. Le mot *aujourd'hui* correspond donc au moment de l'énonciation. Ce « aujourd'hui » a une durée bien définie dans le temps.

- Les mots *demain* et *hier* renvoient au moment de l'énonciation. Ils situent l'événement respectivement après et avant le moment de l'énonciation.

Ces expressions de temps, qui ont pour effet de découper l'axe du temps en trois moments, sont des marques de temps.

Observons le schéma suivant :

PASSÉ (en fonction du moment de l'énonciation)	MAINTENANT (correspond au moment de l'énonciation)	AVENIR (en fonction du moment de l'énonciation)
hier *la nuit passée* *il y a deux ans*	*aujourd'hui* *en ce moment* *cette semaine*	*demain* *dans trois minutes* *l'année prochaine*

Le PASSÉ, proche ou lointain, est déterminé en fonction du moment de l'énonciation.

Le MAINTENANT correspond au moment de l'énonciation et peut avoir une durée plus ou moins longue. Le « maintenant » sert de point de repère pour nous permettre de comprendre les marques de temps d'un énoncé.

L'AVENIR, proche ou lointain, est également déterminé en fonction du moment de l'énonciation.

Dans une communication différée (par exemple, un message transmis par boîte vocale), des mots comme « aujourd'hui », « demain » et « hier » posent un problème d'interprétation. L'émetteur doit alors fournir certains renseignements (date, heure) au récepteur pour que ce dernier puisse connaître le moment de l'énonciation.

Certaines expressions de temps peuvent être interprétées peu importe le cadre d'énonciation.

Observons ces deux énoncés :

En 1970, *Thérèse Casgrain a été nommée au Sénat.*

Le roman d'aventures Robinson Crusoé *a été publié en Angleterre **au début du XVIIIe siècle**.*

- Les expressions *en 1970* et *au début du XVIIIe siècle* se comprennent par elles-mêmes. Leur interprétation ne dépend pas du moment où l'énoncé a été produit.

Les expressions désignant une *date* ou une *époque* ne sont donc pas des marques d'énonciation.

Les temps du verbe

Observons le temps des trois verbes dans les énoncés de la page précédente :

*On **a nommé** une directrice.*

*On **nomme** une directrice.*

*On **nommera** une directrice.*

- Le passé composé *a nommé* situe l'événement dans le passé.
- Le présent *nomme* situe l'événement dans le « maintenant ».
- Le futur simple *nommera* situe l'événement dans l'avenir.

Les temps du verbe ne peuvent que situer un événement dans le passé, dans le « maintenant » ou dans l'avenir. Ce sont aussi des marques de temps, mais qui ne donnent cependant pas autant de précisions que les expressions de temps.

Comparons ces énoncés :

Je <u>me suis levée</u> à sept heures.

***Ce matin**, je <u>me suis levée</u> à sept heures.*

Je <u>pars</u> en vacances.

*Je <u>pars</u> en vacances **demain**.*

Julien <u>habitera</u> chez ses parents.

***Jusqu'à la fin de la panne d'électricité**, Julien <u>habitera</u> chez ses parents.*

- Dans les trois ensembles d'exemples, le second énoncé est chaque fois plus précis que le premier.
- Dans les deux premiers ensembles d'exemples, l'expression de temps qu'on a ajoutée au second énoncé (*ce matin*, *demain*) précise le moment où s'est produit ou bien où se produira l'événement.
- Dans le troisième exemple, l'expression *jusqu'à la fin de la panne d'électricité* précise la durée de l'événement.

Pour préciser le moment ou la durée d'un événement, on doit souvent ajouter au verbe une expression de temps.

Notons que le temps présent du verbe exprime parfois que le contenu de l'énoncé est valable sans limite de temps. Exemple :

La lumière <u>se propage</u> en ligne droite.

La lumière s'est toujours propagée en ligne droite, elle se propage encore en ligne droite et elle se propagera toujours en ligne droite.

LES MARQUES DE LIEU

Un énoncé peut aussi contenir des expressions qui renvoient à l'endroit où se trouve l'émetteur de l'énoncé. Ces expressions sont des **marques de lieu**.

Dans l'exemple de la page 7, Alex dit à Cathy :
Il y a trop de bruit ici.

Nous savons que *ici* désigne la cafétéria de l'école parce qu'on l'a précisé dans la mise en situation.

Observons ces deux énoncés :
Ici, *on a eu une tempête.*
Je vais passer par là.

- Nous ne pouvons pas comprendre le sens exact de *ici* et de *là* parce que nous ne connaissons pas la situation de communication dans laquelle l'énoncé est produit.

Les expressions de lieu qui ne peuvent se comprendre en dehors d'une situation de communication sont donc des marques de lieu de l'énonciation.

Observons maintenant ces autres énoncés :
*Je passerai par **Tadoussac**.*
*À **Sainte-Agathe-des-Monts**, nous avons eu une tempête de neige.*

- Les mots *Tadoussac* et *Sainte-Agathe-des-Monts* désignent des lieux géographiques précis.
- On peut comprendre le sens exact de ces mots sans connaître la situation de communication dans laquelle les énoncés sont produits.

Les expressions qui désignent un lieu par son nom peuvent être comprises en dehors de la situation de communication. Ces expressions ne sont donc pas des marques d'énonciation.

LES MARQUES DE PERSONNE

Les **marques de personne** sont des mots qui s'interprètent en fonction des personnes qui participent à une communication.

Un énoncé peut contenir des expressions qui renvoient aux interlocuteurs, c'est-à-dire aux personnes qui participent à la communication. Ces expressions sont appelées **marques de personne**.

Les noms personnels

Observons les énoncés suivants en prêtant attention aux marques de personne en caractères gras :

Je te remercie de ta compréhension.

Votre attitude me rassure beaucoup.

Quand est-ce qu'on se voit ?

- Dans ces trois énoncés, les mots en caractères gras désignent directement les interlocuteurs en présence :
  - *je* désigne l'émetteur, et *te* le récepteur ;
  - *me* désigne l'émetteur ;
  - *on* désigne l'émetteur et le récepteur.
- Ces mots jouent le même rôle que des noms propres puisqu'ils désignent les seules personnes qui participent à la communication.
- Ces mots ne sont pas des pronoms puisqu'ils ne remplacent aucun mot.

Dans un énoncé, les marques de personne qui *désignent directement* les interlocuteurs sont appelées *noms personnels*.

Les noms personnels sont :
- « je », « me », « moi », qui désignent toujours l'émetteur ;
- « tu », « te », « toi », qui désignent toujours le récepteur ;
- « nous », « on » (parfois), qui désignent l'émetteur avec quelqu'un d'autre ou un groupe d'émetteurs ;
- « vous », qui désigne un groupe de récepteurs, ou un seul récepteur qu'on vouvoie.

Il ne faut pas confondre les *noms personnels* « je », « tu », « nous », « vous » et parfois « on », qui désignent les personnes qui participent à une situation de communication, avec les *pronoms* « il », « ils », « elle », « elles », « lui », « eux », « se », qui ne désignent pas des interlocuteurs. Les pronoms remplacent toujours un mot ou un groupe de mots.

Nom personnel :	Pronom :
Je lis un roman.	*Simon est assis au salon. Il lit un roman.*
Je désigne l'émetteur.	*Il* remplace le prénom Simon.

Un cas particulier : le mot « on »

Le mot « on » n'est pas toujours une marque de personne.

Quand « on » a la même valeur que « nous », c'est une marque de personne, car il faut recourir à la situation de communication pour en comprendre le sens. C'est le cas dans l'énoncé suivant :

*Quand est-ce qu'**on** se voit ?* (*on* désigne nous)

Quand « on » est indéfini, qu'il ne désigne pas une personne qui participe à la communication, ce n'est pas une marque de personne. Par exemple, il n'est pas nécessaire de connaître le cadre de l'énonciation pour comprendre le sens du mot « on » dans les énoncés suivants :

***On** a souvent besoin d'un plus petit que soi.* (*on* désigne l'être humain en général)
***On** dit que l'hiver sera très froid.* (*on* désigne les gens)

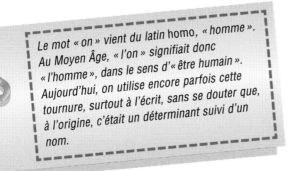

Le mot « on » vient du latin homo, « homme ». Au Moyen Âge, « l'on » signifiait donc « l'homme », dans le sens d'« être humain ». Aujourd'hui, on utilise encore parfois cette tournure, surtout à l'écrit, sans se douter que, à l'origine, c'était un déterminant suivi d'un nom.

Les déterminants possessifs

Dans un énoncé, d'autres mots renvoient aux interlocuteurs. Par exemple, observons les phrases suivantes :

*Je te remercie de **ta** compréhension.*
***Mon** attitude vous rassure beaucoup.*

- ***Ta** compréhension* renvoie à la compréhension du récepteur.
- ***Mon** attitude* renvoie à l'attitude de l'émetteur.

Les mots *ta* et *mon* sont des déterminants possessifs. Ces déterminants sont des marques de personne.

Les déterminants possessifs qui renvoient aux interlocuteurs sont :
- « mon », « ma », « mes », qui renvoient toujours à l'émetteur ;
- « ton », « ta », « tes », qui renvoient toujours au récepteur ;
- « notre », « nos », qui renvoient à l'émetteur avec quelqu'un d'autre ou à un groupe d'émetteurs ;
- « votre », « vos », qui renvoient à un groupe de récepteurs, ou à un seul récepteur qu'on vouvoie.

Synthèse LE CADRE DE L'ÉNONCIATION

La situation de communication

L'**énonciation** est l'action de prendre la parole. Un **énoncé** est le résultat de l'énonciation. Tout énoncé s'inscrit dans un **cadre d'énonciation**.

Le cadre d'énonciation d'un énoncé se compose des éléments suivants :
- les interlocuteurs, c'est-à-dire les personnes qui participent à la communication (émetteur et récepteur) ;
- le moment de l'énonciation ;
- le lieu de l'énonciation.

Les marques de l'énonciation

Les mots ou les expressions d'un énoncé qui renvoient aux éléments du cadre de l'énonciation sont appelés **marques de l'énonciation**. Pour comprendre les marques de l'énonciation, il faut connaître la situation de communication dans laquelle un énoncé a été produit.

Un énoncé peut contenir trois sortes de marques :
- des marques de temps, qui renvoient au moment de l'énonciation ;
- des marques de lieu, qui renvoient au lieu de l'énonciation ;
- des marques de personne, qui renvoient aux interlocuteurs.

Les **marques de temps** sont :
- les expressions de temps (hier, en ce moment, dans deux heures, etc.) ;
- les temps du verbe (présent, imparfait, passé simple, futur simple, etc.).

Ces marques de temps situent un événement avant, pendant ou après le moment de l'énonciation.

Les expressions de temps donnent plus de précisions que les temps du verbe, pour exprimer aussi bien le moment que la durée d'un événement :
Je resterai chez toi.
*Je resterai chez toi **demain**.*
*Je resterai chez toi **aussi longtemps que tu auras besoin de moi**.*

Les **marques de lieu** sont les expressions de lieu d'un énoncé qui s'interprètent en fonction de la situation de communication dans laquelle l'énoncé est produit :

*Il fait très froid **ici**.*

Les **marques de personne** désignent les personnes qui participent à une situation de communication. Ce sont :

- les *noms personnels* (je, me, moi, nous, tu, te, toi, vous et on quand il signifie nous) ;
- certains *déterminants possessifs* (mon, ma, mes, notre, nos, ton, ta, tes, votre et vos).

Chapitre 2

L'interprétation des énoncés

Une question de relation...

Plusieurs énoncés peuvent avoir la même valeur, mais être de formes différentes. Selon la relation qui unit l'émetteur et le récepteur, le ton peut changer — c'est ce que nous montre l'exemple donné ici. Mais d'autres indices peuvent également nous aider à comprendre un message. Nous verrons lesquels dans ce chapitre.

Traitement des notions

Au chapitre précédent, nous nous sommes intéressés au cadre de l'énonciation. Dans ce chapitre-ci et le suivant, nous nous pencherons sur les énoncés.

C'est l'émetteur qui décide du contenu de son énoncé ainsi que de la façon de le formuler en fonction du but qu'il vise. D'autres facteurs entrent en ligne de compte dans ce choix : la relation que l'émetteur veut établir avec le récepteur, et les circonstances dans lesquelles a lieu la communication, par exemple.

Quant au récepteur, il lui appartient d'interpréter l'énoncé qu'il écoute ou qu'il lit. Pour ce faire, il dispose de plusieurs indices ; certains figurent explicitement dans l'énoncé, tandis que d'autres doivent être cherchés en dehors de celui-ci.

LA DIVERSITÉ DES ÉNONCÉS

La possibilité de transmettre ou de recevoir des messages différents est pratiquement illimitée. Les énoncés produits dans chaque situation de communication sont différents par leur contenu et en raison des interlocuteurs qui changent et des circonstances qui varient selon le moment et le lieu où l'énoncé est produit. Les énoncés diffèrent aussi parce que les messages transmis établissent un lien entre l'émetteur et le récepteur ; ce lien peut se manifester de différentes manières dans un énoncé.

L'INTENTION DE L'ÉMETTEUR

L'**intention** de communication d'un émetteur est le but qu'il vise lorsqu'il produit un énoncé.

Quand nous parlons ou que nous écrivons, nous ne le faisons pas sans raison, nous avons un but, une **intention**.

Observons ces groupes d'énoncés et tentons de dégager le but poursuivi par l'émetteur dans chacun d'eux :

Tu peux compter sur moi.
Je viendrai te voir mardi.

Je voudrais savoir quand tu vas me téléphoner.
N'est-ce pas demain que Luc revient ?

Fais tes devoirs.
J'aimerais que tu m'appelles demain.

J'ai hâte que les vacances d'été arrivent.

Quelle belle performance !

- Dans le premier groupe d'énoncés, l'émetteur s'engage à faire quelque chose.
- Dans le deuxième groupe d'énoncés, l'émetteur veut obtenir de l'information de la part du récepteur.
- Dans le troisième groupe d'énoncés, l'émetteur incite le récepteur à faire quelque chose.
- Dans le quatrième groupe d'énoncés, l'émetteur affirme quelque chose.

Chaque énoncé véhicule donc l'intention de son émetteur. Par ailleurs, l'émetteur dispose de toute une gamme d'énoncés pour traduire cette intention.

Observons les énoncés suivants :

Voudrais-tu fermer la porte, s'il te plaît ?

Si tu fermais la porte ?

Tu ne fermerais pas la porte ?

La porte ne va pas se fermer toute seule !

Pitié ! Le froid entre !

La porte !

Ferme la porte.

On serait mieux si la porte était fermée.

- Tous ces énoncés traduisent la même intention, celle d'amener le récepteur à fermer la porte.
- Tous ces énoncés sont pourtant différents dans leur forme.

Une même intention peut donc être exprimée par des énoncés différents. Ces énoncés ont alors la même *valeur*.

L'émetteur choisit la forme de l'énoncé qui va porter son intention en tenant compte de plusieurs facteurs, entre autres :

- de la relation qu'il veut établir avec le récepteur ;
- des circonstances de la communication ;
- de la volonté ou non de prendre position sur le contenu de son énoncé.

Voyons chacun de ces facteurs en détail.

Des énoncés de formes différentes, une même valeur : c'est un peu comme pour notre monnaie. Un dollar peut prendre la forme d'une seule pièce de un dollar, de quatre pièces de 25 cents, de 10 pièces de 10 cents, etc. Toutes ces formes ont la même valeur : un dollar.

LA RELATION ENTRE L'ÉMETTEUR ET LE RÉCEPTEUR

Reprenons deux des énoncés de la page précédente par lesquels une personne cherche à en inciter une autre à fermer une porte, et demandons-nous ce que nous disent ces énoncés sur la relation qui unit l'émetteur et le récepteur :

Pouvez-vous fermer la porte, s'il vous plaît ?

Ferme la porte.

- La relation entre l'émetteur et le récepteur n'est pas la même dans les deux cas.
- Dans le premier énoncé, on peut imaginer une personne adulte s'adressant à une autre personne adulte peu familière, ou une ou un jeune s'adressant à une personne adulte.
- Dans le second énoncé, un lien de familiarité s'établit entre les deux interlocuteurs ; on peut penser à quelqu'un s'adressant à une amie ou à un ami, à un parent s'adressant à son enfant, etc.

L'émetteur choisit la forme de son énoncé en fonction de la relation qu'il veut établir avec le récepteur.

LES CIRCONSTANCES DE LA COMMUNICATION

Les circonstances dans lesquelles nous nous exprimons interviennent aussi dans la façon dont nous formulons nos énoncés. Par exemple, dans une situation d'urgence, nous sommes souvent plus directs. Ainsi, une personne qui, en temps normal, dirait à une autre « Pourriez-vous fermer la porte, s'il vous plaît ? » lui lancera peut-être « Fermez la porte ! » si elle vient de constater qu'il s'est mis à pleuvoir.

Nous ne nous exprimons pas non plus de la même façon à l'oral et à l'écrit. Certains énoncés, qu'on dit et qu'on entend quotidiennement, sont commandés par les conventions qui régissent les relations sociales. Par exemple, « Salut, ça va ? », « Excusez-moi de vous déranger », « Oh ! pardon ! » ont une valeur de formule de politesse. Même à l'écrit, la façon de s'exprimer varie. Par exemple, nous ne dirons pas les choses de la même façon dans une lettre personnelle et dans une lettre de demande d'emploi.

Un énoncé peut aussi être modulé en fonction d'autres variables, comme l'état d'esprit ou l'humeur de l'émetteur. Par exemple, un parent qui a déjà demandé trois fois à son enfant de fermer la porte va peut-être finir par s'écrier, excédé : « La porte ne va pas se fermer toute seule ! »

LA MODALISATION D'UN ÉNONCÉ

Nous avons vu plus haut qu'un émetteur peut avoir comme intention de communication celle d'affirmer quelque chose. Un énoncé par lequel l'émetteur affirme quelque chose s'appelle **assertion**. Quand il affirme quelque chose, l'émetteur peut décider d'intervenir dans un énoncé pour donner son point de vue sur ce qu'il affirme.

Observons les assertions qui suivent en prêtant attention aux mots en caractères gras dans le second énoncé de chaque ensemble :

La traversée dure quatre heures.

*La traversée **devrait** durer quatre heures.*

Ce livre est passionnant.

*Ce livre **semble** passionnant.*

Il a plu toute la matinée.

***Malheureusement**, il a plu toute la matinée.*

Ce comédien n'a jamais joué dans un téléroman.

***Il est dommage que** ce comédien n'ait jamais joué dans un téléroman.*

- Dans les seconds énoncés des deux premiers ensembles, l'émetteur indique que ce qu'il dit n'est pas sûr mais seulement probable (*devrait, semble*).
- Dans les seconds énoncés des deux derniers ensembles, l'émetteur donne son appréciation sur le fait qu'il rapporte (*malheureusement, il est dommage que*).

La prise de position de l'émetteur à l'intérieur d'un énoncé s'appelle **modalisation** de l'énoncé.

On distingue deux sortes de modalisation :
- la modalisation de probabilité ;
- la modalisation d'appréciation.

La modalisation de probabilité

Examinons de quelles façons l'émetteur peut modaliser un énoncé pour donner un caractère probable à l'information qu'il transmet :

C'est une erreur.

*Ce **doit** être une erreur.*

*Ce **peut** être une erreur.*

*Cela **paraît** être une erreur.*

Anne n'est pas encore arrivée. Elle a manqué l'avion.

*Anne n'est pas encore arrivée. Elle **aura manqué** l'avion.*

Elle est partie.

*Elle est **sans doute** partie.*

*Elle est **sûrement** partie.*

***Il se peut qu**'elle soit partie.*

- Pour exprimer la probabilité, l'émetteur a utilisé les marques de modalisation suivantes :
  - les verbes « devoir » et « pouvoir » (ces verbes ont été utilisés ici comme auxiliaires de modalité et non dans leur sens habituel de « être dans l'obligation de » et de « être capable de ») ;
  - le verbe « paraître » ;
  - le futur antérieur (*aura manqué*) ;
  - des adverbes (*sans doute, sûrement*) ;
  - une construction impersonnelle (*il se peut qu'*).

La modalisation d'appréciation

Voyons maintenant de quelles façons l'émetteur peut modaliser un énoncé pour marquer son appréciation sur l'information qu'il transmet :

Son parachute ne s'est pas ouvert.

***Malheureusement**, son parachute ne s'est pas ouvert.*

J'ai réussi mon examen d'anglais.

*À **ma grande surprise**, j'ai réussi mon examen d'anglais.*

Personne n'a été blessé.

***Par bonheur**, personne n'a été blessé.*

Tu as pris une bonne décision.

Quelle bonne décision tu as prise !

- Pour marquer son appréciation, l'émetteur a utilisé :
  - un adverbe (*malheureusement*) ;
  - des groupes de mots (*à ma grande surprise, par bonheur*) ;
  - une phrase exclamative qui marque une intensité, un haut degré dans l'appréciation positive (*Quelle bonne décision tu as prise !*).

LES INDICES QUI GUIDENT L'INTERPRÉTATION D'UN ÉNONCÉ

Nous venons de voir que l'émetteur a un large éventail d'énoncés à sa disposition pour exprimer une intention de communication.

De son côté, le récepteur doit interpréter l'énoncé produit par l'émetteur. Pour ce faire, il a besoin d'indices. Certains sont explicites, c'est-à-dire contenus dans l'énoncé même, comme le verbe ou le type de phrase. D'autres ne figurent pas dans l'énoncé et doivent plutôt être cherchés en dehors de celui-ci; c'est le cas de l'intonation de l'émetteur et de la situation de communication elle-même.

> Quand il mène une enquête, le détective est à la recherche d'indices afin de comprendre ce qui s'est passé. De la même façon, le récepteur est à la recherche d'indices lui permettant d'interpréter un énoncé. Pour ce faire, il doit décoder les marques de l'énonciation.

LE VERBE DE L'ÉNONCÉ

Certains verbes utilisés au présent avec le nom personnel « je » sont explicites et concrétisent l'intention de l'émetteur. Le récepteur sait d'emblée ce que l'émetteur veut dire. Exemples :

Je te conseille de partir tôt.

Je vous défends de sortir.

Je te félicite de tes bons résultats.

Je te permets d'emprunter ma voiture.

Je vous plains d'être tombée malade.

LE TYPE DE PHRASE

Le type de phrase utilisé dans un énoncé donne aussi au récepteur un indice de l'intention de l'émetteur.

Observons ces énoncés ainsi que des réactions possibles du récepteur :

Émetteur		Récepteur
Ce film est ennuyeux.	(type déclaratif)	*C'est vrai.*
		Je ne suis pas d'accord.
		Vraiment, tu exagères.
Viens avec moi.	(type impératif)	*D'accord.*
		Il n'en est pas question.
		Je vais y penser.
Quelle décision a-t-elle prise ?	(type interrogatif)	*Elle a décidé de rester.*
		Elle a donné congé aux élèves.
		Je ne sais pas.

- Chaque type de phrase donne au récepteur la possibilité de réagir de différentes façons :
  - la phrase de type déclaratif lui donne la possibilité de manifester son accord ou son désaccord avec ce qui est affirmé ;
  - la phrase de type impératif lui donne la possibilité d'accepter ou de refuser ce qui lui est demandé ;
  - la phrase de type interrogatif lui donne la possibilité de fournir ou non de l'information.

Cependant, il arrive que l'émetteur puisse choisir l'un ou l'autre type de phrase pour traduire une même intention. Par exemple, un jeune rentre chez lui après une partie de hockey ; sa mère veut savoir s'il a bien joué. Elle peut dire :

Je voudrais savoir si tu as bien joué. (type déclaratif)

Dis-moi si tu as bien joué. (type impératif)

As-tu bien joué ? (type interrogatif)

Au chapitre 11, nous verrons plus en détail les différents types de phrases.

L'INTONATION DE L'ÉMETTEUR

À l'oral, le récepteur peut se laisser guider par l'intonation utilisée par l'émetteur pour comprendre l'intention de celui-ci. Par exemple, la voix qui monte à la fin d'un énoncé peut indiquer de la surprise, de l'étonnement. À l'inverse, la voix qui baisse à la fin d'un énoncé peut exprimer de la déception.

Le ton de l'émetteur peut donc orienter l'interprétation d'un énoncé par le récepteur. À l'écrit, l'émetteur dispose des signes de ponctuation pour marquer certaines variations de l'intonation. Exemples :

Le spectacle de fin d'année fut une réussite. (affirmation)

Le spectacle de fin d'année fut une réussite ? (recherche d'une information)

Ces énoncés sont identiques. Seule la ponctuation finale renseigne le récepteur sur le ton, donc sur l'intention à dégager de chaque énoncé.

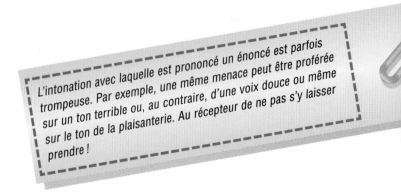

L'intonation avec laquelle est prononcé un énoncé est parfois trompeuse. Par exemple, une même menace peut être proférée sur un ton terrible ou, au contraire, d'une voix douce ou même sur le ton de la plaisanterie. Au récepteur de ne pas s'y laisser prendre !

LA SITUATION DE COMMUNICATION

Pour interpréter un énoncé, il faut aussi tenir compte de la personnalité des interlocuteurs, de la relation qu'ils entretiennent ainsi que des circonstances de la communication.

Imaginons la question suivante :

As-tu de l'argent sur toi ?

Cette question peut recevoir des interprétations très différentes selon qu'elle est posée :
- par une personne serviable (*Si tu n'as pas d'argent, je peux t'en prêter.*) ;
- par une personne qui a besoin d'argent (*Peux-tu me prêter de l'argent ?*) ;
- dans une situation où il faut avoir de l'argent (*Si tu as de l'argent, que dirais-tu d'aller au cinéma ?*) ;
- dans un endroit peu sûr (*J'espère que tu n'as pas d'argent sur toi.*).

Nous voyons donc qu'en plus de la personnalité des interlocuteurs et de la relation qu'il y a entre eux le lieu et le moment où est produit un énoncé peuvent être déterminants quand il s'agit d'interpréter correctement cet énoncé.

Synthèse L'INTERPRÉTATION DES ÉNONCÉS

La diversité des énoncés

Quand il prend la parole, l'émetteur vise un but, il a une **intention** de communication. On peut classer les énoncés selon différentes intentions :

- les énoncés par lesquels l'émetteur s'engage à faire quelque chose ;
- les énoncés par lesquels l'émetteur veut obtenir de l'information de la part du récepteur ;
- les énoncés par lesquels l'émetteur incite le récepteur à faire quelque chose ;
- les énoncés dans lesquels l'émetteur affirme quelque chose.

Un émetteur a une grande variété d'énoncés à sa disposition pour traduire une intention de communication.

Il choisit la forme de son énoncé en fonction :

- de la **relation** qu'il veut établir avec le récepteur (distance, déférence, familiarité, complicité, etc.) ;
- des **circonstances** de la communication (le moment, le lieu, l'urgence ou non, etc.) ;
- de la volonté ou non de prendre à son compte de l'information qu'il donne, c'est-à-dire la **modalisation** de son énoncé.

On dit d'énoncés qui sont de formes différentes mais qui réalisent la même intention qu'ils ont la même *valeur*.

L'émetteur peut modaliser son énoncé de deux façons :

- il peut indiquer que l'information qu'il rapporte est probable (*La pluie a **sans doute** causé d'importants dégâts.*) ;
- il peut exprimer un jugement, une appréciation sur l'information qu'il donne (***Il est dommage que** la pluie ait causé d'importants dégâts.*).

Les indices qui guident l'interprétation d'un énoncé

Le récepteur dispose d'indices pour interpréter un énoncé qu'il écoute ou qu'il lit, autrement dit pour découvrir l'intention de l'émetteur.

Deux types d'indices se trouvent dans l'énoncé lui-même : le verbe de l'énoncé et le type de phrase utilisés par l'émetteur.

- Le **verbe de l'énoncé** peut être explicite quant à l'intention de l'émetteur.
- Le **type de phrase** utilisé dans un énoncé donne au récepteur un indice de l'intention de l'émetteur. Le type déclaratif est l'indice d'une affirmation ; le type impératif est l'indice d'une incitation à agir ; le type interrogatif est l'indice d'une question. Il faut noter que l'émetteur peut traduire une même intention à l'aide de types de phrases différents.

Deux autres types d'indices doivent être cherchés en dehors de l'énoncé : l'intonation de l'émetteur et la situation de communication.

- **L'intonation de l'émetteur** peut être l'indice de la surprise, du plaisir ou, à l'inverse, de la déception ou du découragement qu'éprouve l'émetteur.
- Pour interpréter un énoncé, il faut aussi tenir compte de la **situation de communication**, c'est-à-dire de la personnalité des interlocuteurs, de la relation qui existe entre eux ainsi que du lieu et du moment où se déroule la communication.

Chapitre 3
Les discours rapportés

PARTIE I
L'énonciation

Les instruments
d'analyse des
phrases

CHAPITRE 7
Les catégories
dans le groupe
nominal

CHAPITRE 1
Le cadre de
l'énonciation

CHAPITRE 5
Les constituants
de la PHRASE P

CHAPITRE 2
L'interprétation
des énoncés

CHAPITRE 8
Les catégories
dans le groupe
verbal

CHAPITRE 3
Les discours
rapportés

CHAPITRE 6
Les accords
dans la
phrase de base

Elle m'a dit : « Que t'a-t-il dit que je lui avais dit ? »

Qui dit quoi ? Il existe deux manières de rapporter ce qui a été dit ou écrit : c'est ce qu'on appelle le « système du discours rapporté ». Comment s'y retrouver ? C'est ce qu'explique le chapitre 3. Voyons de plus près quelles sont les règles à suivre pour formuler clairement un message qui contient lui-même un autre message.

Traitement des notions

On peut communiquer avec autrui sur une foule de sujets. Parmi tous les sujets possibles, il y a ce qui est *dit* ou *écrit*. L'émetteur peut communiquer, par exemple :

- ce qu'il a déjà dit ;
- ce qu'il dira peut-être ;
- ce qu'il aurait pu dire ;
- ce qu'il s'est dit à lui-même ;
- ce que quelqu'un a dit un jour ;
- ce que quelqu'un a écrit.

Tous ces propos, réels ou fictifs, sont alors *rapportés*, c'est-à-dire retransmis à quelqu'un dans le cadre d'une nouvelle situation de communication, oralement ou par écrit.

LE SYSTÈME DU DISCOURS RAPPORTÉ

Pour comprendre ce qu'est le discours rapporté, imaginons qu'une élève, Audrey, glisse le billet suivant sur le pupitre d'une autre élève, Lucie :

Lucie,

Simon m'a dit : «Viens étudier chez moi ce soir. »

Audrey

NOUS CONSTATONS QUE

- Dans ce billet, il y a deux messages :
  - le message dans lequel Audrey fait part à Lucie de la demande de Simon ;
  - le message par lequel Simon demande à Audrey d'aller étudier chez lui ; ce message est inséré dans celui d'Audrey.

> Le **discours rapporté** est l'insertion, dans une situation de communication en cours, d'un message provenant d'une autre situation de communication.

Un message peut donc être inséré dans un autre message. L'ensemble forme un système qu'on appelle **discours rapporté**.

Comme on le voit dans l'exemple ci-dessus, le discours rapporté met en présence deux situations de communication différentes.

On peut schématiser le système du discours rapporté comme suit :

SITUATION EN COURS

MESSAGE

ÉMETTEUR		RÉCEPTEUR
É Audrey	**SITUATION RAPPORTÉE** **MESSAGE** **é** Simon *Viens étudier chez moi ce soir.* **r** Audrey	**R** Lucie

Dans la **situation rapportée**, l'émetteur (é) Simon transmet un message au récepteur (r) Audrey.

Dans la **situation en cours**, l'émetteur (É) Audrey rapporte au récepteur (R) Lucie ce que l'émetteur (é) Simon a dit au récepteur (r) Audrey.

Voyons maintenant comment se construit le discours rapporté en observant les énoncés suivants :

Myriam me demande d'aller l'attendre au train de 14 heures.

Julie m'a dit hier en sortant de la répétition : « Ton enthousiasme me paraît excessif. »

Elle balbutia : « J'étais malade, madame. »

Il avait insinué dans un rapport écrit que je n'étais pas apte à faire ce travail.

Le médecin explique pourquoi Vincent va mieux.

- Chaque énoncé est composé de deux parties :
  - une partie qui est produite dans la situation en cours et qui introduit le message de la situation rapportée (*Myriam me demande, Julie m'a dit hier en sortant de la répétition, elle balbutia, il avait insinué dans un rapport écrit, le médecin explique*) ;
  - une partie qui contient les paroles provenant de l'autre situation (*aller l'attendre au train de 14 heures, « Ton enthousiasme me paraît excessif. », « J'étais malade, madame. », je n'étais pas apte à faire ce travail, Vincent va mieux*).

Le discours rapporté contient habituellement deux parties :

- une expression qui introduit les paroles rapportées, dites ou écrites ;
- les paroles rapportées.

Reprenons les énoncés ci-dessus et observons comment sont introduites les paroles rapportées :

Myriam me demande *d'aller l'attendre au train de 14 heures.*

Julie m'a dit hier en sortant de la répétition *: « Ton enthousiasme me paraît excessif. »*

Elle balbutia *: « J'étais malade, madame. »*

Il avait insinué dans un rapport écrit *que je n'étais pas apte à faire ce travail.*

Le médecin explique *pourquoi Vincent va mieux.*

- Dans l'expression qui introduit les paroles rapportées des énoncés ci-dessus :
  - l'émetteur (é) (*Myriam, Julie, elle, il, le médecin*) et parfois le récepteur (r) (*me, m'*) des messages rapportés sont désignés ;
  - le verbe exprime tantôt l'intention de l'émetteur du message rapporté (*demande, dit, explique*), tantôt le ton de l'émetteur du message rapporté (*balbutia*), tantôt le point de vue de l'émetteur qui rapporte le message (*insinué*) ;
  - ce verbe se construit avec un complément (on demande « quelque chose », on dit « quelque chose », on balbutie « quelque chose », on insinue « quelque chose », on explique « quelque chose »).

Observons maintenant, toujours dans les mêmes exemples, comment les paroles sont rapportées.

- Les paroles sont rapportées de deux façons :
  - parfois elles sont reliées à l'expression introductrice à l'aide du deux-points (:) et des guillemets (« ») : dans l'énoncé *Julie m'a dit hier en sortant de la répétition : « Ton enthousiasme me paraît excessif. »*, par exemple ;
  - parfois elles sont reliées à l'expression introductrice à l'aide d'un mot (*d'*, *que*, *pourquoi*) : dans l'énoncé *Le médecin explique pourquoi Vincent va mieux*, par exemple.

Si nous résumons ce que nous venons de voir, nous retiendrons que l'expression introductrice :

- fait mention de l'émetteur du message rapporté (é) ;
- fait parfois mention du récepteur du message rapporté (r) ;
- contient souvent un verbe de parole.

En outre, les paroles rapportées peuvent être reliées à l'expression introductrice de deux manières :

- soit à l'aide de signes de ponctuation : le deux-points et les guillemets ;
- soit à l'aide d'un mot introducteur (« de », « que », « comment », etc.).

Les paroles rapportées complètent le verbe de parole qui figure dans l'expression introductrice.

LE DISCOURS RAPPORTÉ DIRECT

Le **discours rapporté direct** est le type de discours rapporté dans lequel un émetteur cite textuellement les paroles qu'il rapporte.

Nous avons observé que les paroles rapportées peuvent être reliées à l'expression introductrice de deux manières. Il s'agit maintenant de découvrir les caractéristiques propres à chacune de ces manières. Une première façon de faire, le **discours rapporté direct**, cite textuellement les paroles de quelqu'un. Observons un exemple de ce type et analysons comment l'émetteur introduit et rapporte des paroles au récepteur :

Mélissa a dit hier à Théo : « Ton enthousiasme me paraît excessif. »

- Les paroles rapportées, « *Ton enthousiasme me paraît excessif.* » :
  - sont reproduites telles qu'elles ont été prononcées ;
  - sont précédées d'un deux-points et encadrées par des guillemets ;
  - occupent la position de complément du verbe *a dit* (Mélissa a dit « quelque chose » à Théo).

Comme nous l'avons constaté, dans le discours rapporté direct, l'émetteur de la situation en cours (É) reproduit le message tel qu'il a été dit ou écrit par l'émetteur de l'énoncé rapporté (é).

En général, les paroles rapportées sont introduites par un deux-points et encadrées par des guillemets. On peut aussi faire suivre le deux-points d'un tiret au début de la ligne suivante. On place un nouveau tiret à chaque changement d'interlocuteur. Exemple :

Et Blanquette répondit :
– Oui, monsieur Seguin.
– Est-ce que l'herbe te manque ici ?
– Oh ! non ! monsieur Seguin[1].

L'énoncé *Mélissa a dit hier à Théo : « Ton enthousiasme me paraît excessif. »* permet de schématiser le système du discours rapporté direct de la façon suivante :

Dans cet exemple :

- l'émetteur et le récepteur de la situation en cours (É et R) ne sont pas nommés ;
- l'émetteur et le récepteur de la situation rapportée (é et r) sont nommés dans le message de la situation en cours (*Mélissa* = é et *Théo* = r) ;
- les paroles rapportées contiennent des marques d'énonciation qui renvoient à l'émetteur et au récepteur de la situation rapportée (*me* = Mélissa = é ; *ton* = Théo = r).

La situation rapportée a son propre cadre d'énonciation, différent de celui de la situation en cours.

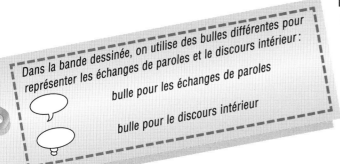

Les auteurs de romans utilisent parfois le discours rapporté direct pour exprimer la pensée d'un personnage, ce qu'un personnage se dit à lui-même. C'est ce qu'on appelle le discours intérieur. Exemple :

Pendant la lecture du Coran, Karim parle à Maha dans sa tête. Bon, je vais partir, mais toi, il te restera le murmure du vent dans le genévrier. Il faut que je parte. Je n'ai rien à faire ici, tu vois[2].

Notons qu'ici l'auteure n'a pas utilisé le deux-points et les guillemets pour introduire le discours intérieur de Karim.

---

1. Alphonse Daudet, *Lettres de mon moulin*, Paris, Librio, 1994, p. 26.
2. Michèle Marineau, *La route de Chlifa*, Montréal, Québec/Amérique Jeunesse, 1992, p. 226-227.

LE DISCOURS RAPPORTÉ INDIRECT

Une autre façon de rapporter des paroles est de les reformuler en fonction de la situation en cours et d'utiliser un mot comme «quand», «que», «comment», etc. C'est le **discours rapporté indirect**. Observons les caractéristiques de cette façon de faire dans les énoncés suivants :

Myriam m'a dit que tu avais une surprise pour moi.

Émile prétend qu'il a raison.

Luc nous a avoué comment il avait réussi son coup.

- L'émetteur ne cite pas textuellement les paroles qu'il rapporte.
- Les paroles rapportées ne sont pas précédées d'un signe de ponctuation, mais d'un mot (*que*, *comment*).
- L'énoncé contient un verbe de parole (*dit*, *prétend*, *a avoué*) qui permet de repérer la présence d'un discours rapporté.
- L'émetteur de la situation en cours (É) est parfois le récepteur de la situation rapportée (r) : *m'*, *moi*, une partie du *nous*.
- Le récepteur de la situation en cours (R) est parfois désigné : *tu*, une partie du *nous*.
- L'émetteur de la situation rapportée (é) est toujours nommé : *Myriam*, *Émile*, *Luc*.

En résumé, dans le discours rapporté indirect, l'émetteur ne cite pas textuellement les paroles rapportées, mais les reformule dans ses propres mots. Seule la présence d'un verbe de parole dans l'énoncé («dire», «prétendre», «avouer», «demander», «écrire», etc.) permet de repérer le discours rapporté indirect.

Les paroles rapportées sont liées à l'expression introductrice par un mot introducteur («quand», «que», «comment», etc.).

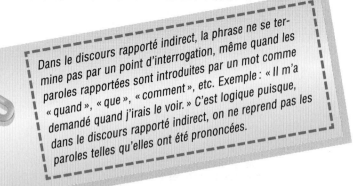

Dans le discours rapporté indirect, la phrase ne se termine pas par un point d'interrogation, même quand les paroles rapportées sont introduites par un mot comme «quand», «que», «comment», etc. Exemple : «Il m'a demandé quand j'irais le voir.» C'est logique puisque, dans le discours rapporté indirect, on ne reprend pas les paroles telles qu'elles ont été prononcées.

L'énoncé *Myriam m'a dit que tu avais une surprise pour moi* permet de schématiser le discours rapporté indirect de la façon suivante :

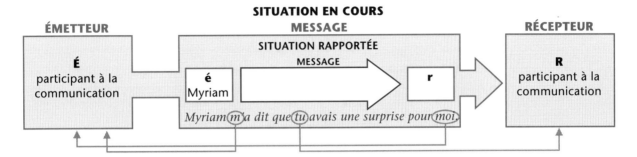

Dans cet exemple :

- l'émetteur et le récepteur de la situation en cours (É et R) ne sont pas nommés ;
- l'émetteur de la situation en cours (É) est désigné par les marques de personne *m'* et *moi* ;
- le récepteur de la situation en cours (R) est désigné par *tu* ;
- l'émetteur de la situation rapportée (é) est nommé *(Myriam)* ;
- le récepteur de la situation rapportée (r) est la même personne que l'émetteur (É).

La situation rapportée a le même cadre d'énonciation que la situation en cours.

Dans le discours rapporté indirect, l'émetteur É interprète le message qu'il rapporte et le reformule en fonction de la situation en cours. On ne peut donc pas remonter d'un discours indirect à un discours direct. Par exemple, l'énoncé *Tamara nous a avoué qu'elle s'était ennuyée* nous donne le sens général de ce que Tamara a dit, mais on ne sait pas quels termes exacts elle a utilisés. A-t-elle dit : « C'était vraiment ennuyeux ! » ou « Je ne me suis jamais autant ennuyée ! » ou autre chose encore ?

LA MODALISATION PAR LE DISCOURS RAPPORTÉ

> La **modalisation par le discours rapporté** est la façon dont un émetteur exprime la distance qu'il prend à l'égard du message qu'il rapporte.

Nous avons vu que, quand il affirme quelque chose, l'émetteur peut donner son point de vue sur ce qu'il affirme. C'est ce qu'on appelle la modalisation (voir page 21). Dans le discours rapporté, on observe un phénomène semblable où l'émetteur prend ses distances à l'égard du message qu'il rapporte : c'est la **modalisation par le discours rapporté**.

Observons les exemples suivants :

Selon la radio, il est tombé plus de trente centimètres de neige aujourd'hui.

Si j'en crois la radio, il est tombé plus de trente centimètres de neige aujourd'hui.

Il serait tombé plus de trente centimètres de neige aujourd'hui.

NOUS CONSTATONS QUE

- En utilisant les expressions *selon la radio*, *si j'en crois la radio*, et un verbe au conditionnel (*il serait tombé*), l'émetteur signale qu'il rapporte de l'information, lue ou entendue, et qu'il ne la prend pas nécessairement à son compte.

Les principales marques de modalisation par le discours rapporté sont :

- des expressions (« selon », « à en croire », « au dire de », etc.) ;
- le conditionnel, qui permet à l'émetteur (É) de marquer son incertitude ou, dans certains cas, d'éviter de révéler la source de l'information rapportée.

On trouve souvent le discours rapporté modalisé dans les textes de vulgarisation scientifique qui rapportent des résultats de recherche. Exemple :

> Utilisée pour contrer l'apnée du sommeil (un arrêt momentané de la respiration), l'ablation des amygdales permettrait à certains enfants de mieux réussir à l'école, selon une étude parue dans la revue *Podiatrics*[3].

En utilisant le conditionnel et l'expression « selon une étude », l'auteur de l'article indique qu'il ne prend pas à son compte l'information rapportée.

---

3. *La Presse*, 13 septembre 1998.

Synthèse LES DISCOURS RAPPORTÉS

Le système du discours rapporté

On appelle **discours rapporté** l'insertion, dans une situation de communication en cours, d'un message provenant d'une autre situation de communication.

Le discours rapporté met donc en relation deux situations de communication :
- la **situation en cours** (émetteur É ; récepteur R) ;
- la **situation rapportée** (émetteur é ; récepteur r).

Voici un tableau qui montre comment se construit le système du discours rapporté.

LE SYSTÈME DU DISCOURS RAPPORTÉ			
Expression introductrice			**Paroles rapportées**
Émetteur	**Récepteur**	**Verbe de parole**	**Discours rapporté direct**
Julie	*m'*	*a dit hier*	*: « Ton enthousiasme me paraît excessif. »*
Elle		*balbutia*	*: « J'étais malade, madame. »*
Émetteur	**Récepteur**	**Verbe de parole**	**Discours rapporté indirect**
Myriam	*me*	*demande*	*d'aller l'attendre au train de 14 heures.*
Il		*avait écrit*	*que je n'étais pas apte à faire ce travail.*
Le médecin		*explique*	*pourquoi Vincent va mieux.*

Le discours rapporté direct

Le discours rapporté direct permet de **citer textuellement** les paroles provenant d'une autre situation de communication.

On peut schématiser le discours rapporté direct de la façon suivante :

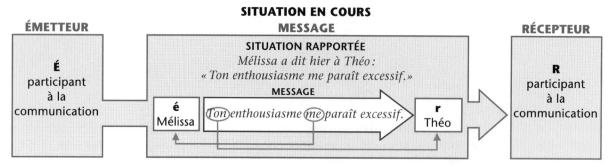

Le discours rapporté indirect

Le discours rapporté indirect oblige l'émetteur à **reformuler** le message rapporté.

On peut schématiser le discours rapporté indirect de la façon suivante :

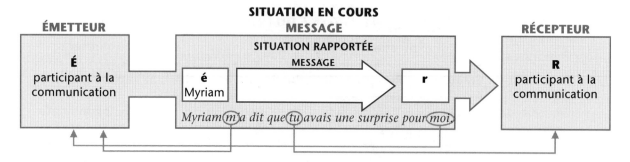

La modalisation par le discours rapporté

On parle de modalisation par le discours rapporté quand l'émetteur de la situation en cours ne prend pas à son compte l'information rapportée, mais la met au compte de quelqu'un d'autre.

L'émetteur peut modaliser un discours rapporté de deux façons :
- à l'aide d'expressions (« selon », « à en croire », « au dire de », etc.) ;
- à l'aide du conditionnel présent ou passé.

PARTIE II
La grammaire de la phrase

SECTION 1
La PHRASE P

SECTION 2
Les catégories dans
la PHRASE P

SECTION 3
Les réalisations de
la PHRASE P

CHAPITRE 4
Les instruments
d'analyse des
phrases

CHAPITRE 7
Les catégories
dans le groupe
nominal

CHAPITRE 11
Les types de
phrases

CHAPITRE 8
Les catégories
dans le groupe
verbal

CHAPITRE 12
Les transformations
d'enchaînement

CHAPITRE 5
Les constituants
de la PHRASE P

CHAPITRE 9
Les catégories dans
les groupes adjectival,
prépositionnel,
adverbial

CHAPITRE 13
Les transformations
de subordination

CHAPITRE 6
Les accords
dans la
phrase de base

CHAPITRE 10
Les accords dans
le groupe nominal

CHAPITRE 14
Les accords
dans la phrase
transformée

PARTIE II
La grammaire de la phrase

SECTION 1
La PHRASE P

SECTION 2
Les catégories dans la PHRASE P

SECTION 3
Les réalisations de la PHRASE P

CHAPITRE 4
Les instruments d'analyse des phrases

CHAPITRE 7
Les catégories dans le groupe nominal

CHAPITRE 11
Les types de phrases

CHAPITRE 5
Les constituants de la PHRASE P

CHAPITRE 8
Les catégories dans le groupe verbal

CHAPITRE 12
Les transformations d'enchaînement

CHAPITRE 9
Les catégories dans les groupes adjectival, prépositionnel, adverbial

CHAPITRE 13
Les transformations de subordination

CHAPITRE 6
Les accords dans la phrase de base

CHAPITRE 10
Les accords dans le groupe nominal

CHAPITRE 14
Les accords dans la phrase transformée

Mise en place : La PHRASE P

Dans la première partie, nous nous sommes intéressés à l'énonciation ainsi qu'aux énoncés, c'est-à-dire à des phrases produites dans des situations de communication données. Nous avons cherché à dégager la valeur des énoncés, en tenant compte des personnes qui les produisent et des circonstances dans lesquelles ils sont produits. Nous avons donc situé des phrases dans le cadre de leur énonciation.

Nous analyserons maintenant la structure de ces phrases afin d'en dégager les règles de construction. Ce type d'analyse est le domaine de la syntaxe. Nous aurons recours au sens des phrases, mais sans retourner à la situation de communication dans laquelle elles sont produites. On peut illustrer la relation entre l'énonciation et la syntaxe par le schéma suivant :

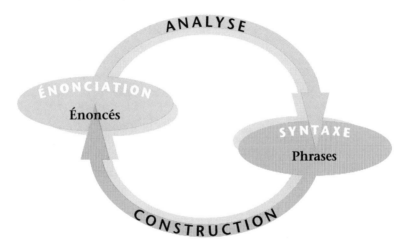

D'une part, les phrases réalisées (les phrases, dites ou écrites, de la langue) sont utilisées dans des situations de communication données : ce sont des énoncés. Ces énoncés sont construits selon des règles syntaxiques précises. D'autre part, ces énoncés servent de matériau d'analyse à la syntaxe, qui en dégage les règles de construction. C'est un peu comme un mécanisme sans fin, où il n'y a ni point de départ ni point d'arrivée.

Dans cette section, nous verrons que les phrases sont composées de groupes de mots disposés dans un ordre déterminé. Nous utiliserons des outils d'analyse pour mettre en lumière les propriétés de ces groupes. Nous étudierons les réalisations possibles de ces groupes et nous verrons que les relations qui unissent les groupes obligatoires sont marquées par des accords.

Chapitre 4

Les instruments d'analyse des phrases

SECTION 1
La PHRASE P

CHAPITRE 4
Les instruments
d'analyse des
phrases

CHAPITRE 5
Les constituants
de la PHRASE P

CHAPITRE 6
Les accords
dans la
phrase de base

CHAPITRE 9
Les catégories dans
les groupes adjectival,
prépositionnel,
adverbial

CHAPITRE 10
Les accords dans
le groupe nominal

CHAPITRE 13
Les transformations
de subordination

CHAPITRE 14
Les accords
dans la phrase
transformée

Évaluer les chances de survie!

Une suite de mots ne donne pas nécessairement une phrase. Pour qu'un énoncé soit intelligible, il doit comporter certains groupes de mots essentiels. De plus, les groupes de mots d'une phrase, qu'ils soient essentiels ou non, doivent être organisés selon une structure déterminée.

Nous nous intéresserons dans ce chapitre à deux instruments qui nous permettent d'analyser des phrases et de poser un «diagnostic»: il s'agit des opérations syntaxiques et de la PHRASE P.

Traitement des notions

> Une **phrase** est une suite de groupes de mots organisés selon une structure déterminée.

La syntaxe permet d'analyser les combinaisons des groupes de mots dans une phrase et les relations entre ces groupes. Du point de vue de la syntaxe, une **phrase** est une suite de groupes de mots organisés selon une structure déterminée.

Examinons les phrases suivantes :

Ces trois enfants ont inventé un nouveau jeu.

Hier, nous avons parlé à ces trois enfants.

Moi vouloir jus.

Le vestibule éclaire la planète.

Les deux premières phrases composent chacune un tout acceptable sur les plans de la construction et du sens. Elles sont donc grammaticales.

Les deux autres phrases, qui pourraient être compréhensibles dans des situations de communication précises (un enfant qui commence à parler, un poème, etc.), ne sont pas acceptables. En effet, on sent bien que la phrase *Moi vouloir jus* n'est pas conforme aux règles de construction des phrases. Quant à la phrase *Le vestibule éclaire la planète*, elle est bien construite, mais elle n'a pas de sens. On dit d'une phrase qui est mal construite ou qui n'a pas de sens qu'elle est *agrammaticale*. Pour marquer qu'une phrase est agrammaticale, on la fait précéder d'un astérisque.

Dans ce chapitre, nous examinerons donc les règles qui permettent d'assembler les groupes de mots pour former des phrases, ainsi que le rôle joué par chacun de ces groupes.

LES OPÉRATIONS SYNTAXIQUES

> Les **opérations syntaxiques** sont des outils linguistiques qui permettent d'analyser les phrases.

Pour faire l'analyse des phrases, on dispose d'outils linguistiques pratiques, appelés **opérations syntaxiques**. Les opérations syntaxiques présentées dans ce chapitre sont utilisées pour déterminer la frontière des groupes de mots et leurs principales propriétés. Ces opérations sont :

- le remplacement ;
- l'effacement ;
- le déplacement ;
- l'addition.

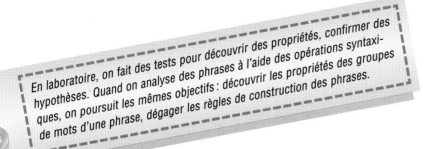

En laboratoire, on fait des tests pour découvrir des propriétés, confirmer des hypothèses. Quand on analyse des phrases à l'aide des opérations syntaxiques, on poursuit les mêmes objectifs : découvrir les propriétés des groupes de mots d'une phrase, dégager les règles de construction des phrases.

LE REMPLACEMENT

Le **remplacement** consiste à substituer un mot ou un groupe de mots à un mot ou à un groupe de mots.

Le **remplacement** est une opération syntaxique qui consiste à substituer un mot ou un groupe de mots à un mot ou à un groupe de mots.

Pour vérifier si une séquence (une suite) de mots forme bien ce qu'on appelle un groupe de mots, essayons de remplacer les plus longues séquences de mots possibles par *un seul mot* dans la phrase suivante. Nous ne cherchons pas un synonyme de la séquence, mais un mot qui peut prendre sa place tout en gardant la phrase grammaticale.

Les amis de ma sœur disent des mots de bienvenue.

Les amis de ma sœur	*disent*	*des mots de bienvenue.*
Ils	*disent*	*des mots de bienvenue.*

Les amis de ma sœur	*disent*	*des mots de bienvenue.*
* **Ils**	***courent***	*des mots de bienvenue.*

Les amis de ma sœur	*disent des mots de bienvenue.*
Ils	***courent*** .

NOUS CONSTATONS QUE

- Cette phrase comprend deux grandes séquences : *les amis de ma sœur* et *disent des mots de bienvenue.*
- On a pu remplacer chacune de ces séquences par un seul mot et garder la phrase grammaticale : *les amis de ma sœur* **par** *ils*, **et** *disent des mots de bienvenue* **par** *courent*.

Dans la même phrase, remplaçons d'autres séquences par un seul mot :

Les	*amis de ma sœur*	*disent des mots de bienvenue.*
Les	***garçons***	*disent des mots de bienvenue.*

Les amis	*de ma sœur*	*disent des mots de bienvenue.*
Les amis	***sportifs***	*disent des mots de bienvenue.*

Les amis de	*ma sœur*	*disent des mots de bienvenue.*
Les amis de	***Nathalie***	*disent des mots de bienvenue.*

NOUS CONSTATONS QUE

- La première des deux grandes séquences de la phrase, *les amis de ma sœur,* contient des séquences plus petites : *amis de ma sœur*, qu'on a remplacée par *garçons* ; *de ma sœur*, qu'on a remplacée par *sportifs* ; *ma sœur*, qu'on a remplacée par *Nathalie*.

Appliquons le remplacement des plus longues séquences de mots par un seul mot dans la phrase suivante :

Les amis de ma sœur disent des mots de bienvenue avant le spectacle.

Les amis de ma sœur	*disent des mots de bienvenue*	*avant le spectacle.*
Ils	**courent**	**maintenant.**

- Cette phrase comprend trois grandes séquences : *les amis de ma sœur*, *disent des mots de bienvenue* et *avant le spectacle*.
- On a pu remplacer chacune de ces séquences par un seul mot et garder la phrase grammaticale : *les amis de ma sœur* **par** *ils* ; *disent des mots de bienvenue* **par** *courent* ; *avant le spectacle* **par** *maintenant*.

Appliquons encore à la phrase suivante le remplacement des plus longues séquences possibles par un seul mot :

Cette fille ressemble à son père depuis sa naissance.

Cette fille	*ressemble à son père*	*depuis sa naissance.*
Elle	**chante**	**aujourd'hui.**
*Cette fille	**lentement**	*depuis sa naissance.*

- Cette phrase comprend trois grandes séquences : *cette fille*, *ressemble à son père* et *depuis sa naissance*.
- On a pu remplacer chacune de ces trois séquences par un seul mot et garder la phrase grammaticale : *cette fille* **par** *elle* ; *ressemble à son père* **par** *chante* ; *depuis sa naissance* **par** *aujourd'hui*.
- Mais lorsqu'on remplace *ressemble à son père* **par** *lentement*, la phrase devient agrammaticale.

Appliquons le remplacement à une autre séquence dans la même phrase :

Cette fille		*ressemble **à son père***	*depuis sa naissance.*
Cette fille	**lui**	*ressemble*	*depuis sa naissance.*

- La grande séquence *ressemble à son père* contient une plus petite séquence, *à son père*, qu'on a remplacée par *lui*.

RÉGULARITÉS
- Toute séquence de mots qu'on peut remplacer par un seul mot forme ce qu'on appelle un **groupe de mots**.
- L'opération de remplacement d'un groupe de mots par un seul mot permet donc de déterminer les frontières de ce groupe de mots.
- Un groupe peut être formé d'un ou de plusieurs mots.

L'EFFACEMENT

L'**effacement** est une opération syntaxique qui consiste à supprimer un mot ou un groupe de mots dans une phrase pour vérifier si sa présence est obligatoire ou facultative.

Voyons si les groupes que nous avons délimités à l'aide du remplacement peuvent être effacés sans rendre la phrase agrammaticale :

Les amis de ma sœur disent des mots de bienvenue.

Les amis de ma sœur	*disent des mots de bienvenue.*
* ∅	*disent des mots de bienvenue.*
*Les amis de ma sœur	∅ .

- Dans cette phrase, on ne peut pas effacer l'un ou l'autre des deux grands groupes *les amis de ma sœur* et *disent des mots de bienvenue* parce que leur effacement rend la phrase agrammaticale. La présence de ces deux groupes dans la phrase est donc obligatoire.

Les amis de ma sœur	*disent*	*des mots de bienvenue.*
*Les amis de ma sœur	*disent*	∅ .

- Dans le groupe *disent des mots de bienvenue*, on ne peut pas effacer le groupe *des mots de bienvenue* parce que son effacement rend la phrase agrammaticale. La présence de ce groupe dans la phrase est donc obligatoire.

Essayons maintenant d'effacer des groupes dans la phrase suivante et observons si la phrase reste grammaticale :

L'enfant pense aux vacances de Noël depuis une semaine.

L'enfant	*pense aux vacances de Noël*	*depuis une semaine.*
* ∅	*pense aux vacances de Noël*	*depuis une semaine.*
*L'enfant	∅	*depuis une semaine.*
L'enfant	*pense aux vacances de Noël*	∅ .

- Dans cette phrase, le seul groupe qu'on peut effacer tout en gardant la phrase grammaticale est le groupe *depuis une semaine*. Ce groupe est donc facultatif.
- L'effacement de l'un ou l'autre des deux autres groupes, *l'enfant* et *pense aux vacances de Noël*, rend la phrase agrammaticale. Ces groupes sont donc obligatoires.

- Un groupe de mots a la propriété d'être **obligatoire** ou **facultatif**.
- L'opération d'effacement met en évidence le caractère obligatoire ou facultatif d'un groupe de mots dans une phrase.

LE DÉPLACEMENT

Le **déplacement** est une opération syntaxique qui consiste à changer de place un mot ou un groupe de mots dans une phrase pour vérifier s'il peut être placé à différents endroits.

Essayons de déplacer des groupes de mots dans la phrase suivante et observons si la phrase reste grammaticale :

Les amis de ma sœur disent des mots de bienvenue.

*Disent des mots de bienvenue les amis de ma sœur.

*Des mots de bienvenue les amis de ma sœur disent.

- Dans cette phrase, les groupes désignés précédemment comme des groupes obligatoires, *les amis de ma sœur*, *disent des mots de bienvenue* et *des mots de bienvenue,* ne peuvent pas être déplacés, car leur déplacement rend la phrase agrammaticale.

Essayons de déplacer des groupes dans la phrase suivante :

L'enfant pense aux vacances de Noël depuis une semaine.

 Depuis une semaine, *l'enfant pense aux vacances de Noël.*

 L'enfant, **depuis une semaine**, *pense aux vacances de Noël.*

*Pense aux vacances de Noël depuis une semaine **l'enfant**.

*Pense aux vacances de Noël l'enfant depuis une semaine.

- Le groupe désigné précédemment comme un groupe facultatif, *depuis une semaine*, est déplaçable. Il peut être placé à plusieurs endroits dans la phrase : au début de la phrase, entre le groupe *l'enfant* et le groupe *pense aux vacances de Noël*, et à la fin de la phrase.

- Les groupes désignés précédemment comme des groupes obligatoires, *l'enfant* et *pense aux vacances de Noël,* ne peuvent pas être déplacés, car leur déplacement rend la phrase agrammaticale.

L'ADDITION

L'**addition** est une opération syntaxique qui consiste à ajouter un mot ou un groupe de mots à un mot, à un groupe de mots ou à une phrase.

Essayons d'ajouter des mots ou des groupes de mots à la phrase suivante :

Les amis de ma sœur disent des mots de bienvenue.

Ce matin, *les amis de ma sœur disent des mots de bienvenue.*

Ce matin, *les* **meilleurs** *amis de ma sœur disent des mots de bienvenue.*

Ce matin, *les meilleurs amis de ma sœur* **aînée** *disent des mots de bienvenue.*

Ce matin, *les meilleurs amis de ma sœur aînée disent des mots de bienvenue* ***aux invités de marque.***

NOUS CONSTATONS QUE

- On peut ajouter un groupe de mots, *ce matin*, à la phrase.
- On peut aussi ajouter un mot ou un groupe de mots à un groupe :
  - le mot *meilleurs* a été ajouté au groupe *les amis de ma sœur* ;
  - le mot *aînée* a été ajouté au groupe *les meilleurs amis de ma sœur* ;
  - le groupe *aux invités de marque* a été ajouté au groupe *disent des mots de bienvenue.*

RÉGULARITÉS

- On peut ajouter un mot ou un groupe de mots à une phrase.
- On peut ajouter un mot ou un groupe de mots à l'intérieur d'un groupe de mots dans une phrase. Cette opération **confirme** qu'une séquence de mots forme bien un **groupe de mots**.
- Tout mot ou groupe de mots qu'on peut ajouter et ensuite enlever en gardant la phrase grammaticale est considéré comme un mot ou un groupe de mots facultatif.
- L'opération d'addition **confirme** aussi que la phrase peut contenir **plusieurs groupes facultatifs**.

Notons que l'addition sera surtout utilisée dans la troisième section (« Les réalisations de la PHRASE P ») pour expliquer les transformations dans une phrase.

LA PHRASE P

Les opérations syntaxiques nous ont permis de découvrir que la phrase comporte des groupes obligatoires et des groupes facultatifs. Nous avons aussi constaté que les groupes obligatoires sont fixes et que certains groupes facultatifs sont mobiles. Nous allons maintenant observer de plus près les groupes obligatoires et les groupes facultatifs de la phrase.

LA PHRASE DE BASE

Comparons les phrases suivantes :

Ce voyageur invente des histoires étranges.

Est-ce que ce voyageur invente des histoires étranges ?

Ce voyageur n'invente pas d'histoires étranges.

Ce voyageur invente-t-il des histoires étranges ?

- Ces phrases présentent des variations. En effet, certaines phrases contiennent des mots qui n'apparaissent pas dans d'autres (*est-ce que, n'… pas, -t-il*).
- Cependant, dans chacune d'elles, on trouve les deux mêmes groupes : *ce voyageur* et *invente des histoires étranges.*

Les constituants obligatoires de la phrase de base

Reprenons la phrase *Ce voyageur invente des histoires étranges*, qui est constituée des deux groupes communs à toutes les phrases ci-dessus : *ce voyageur* et *invente des histoires étranges.* Essayons d'effacer tour à tour chacun de ces deux groupes :

Ce voyageur   invente des histoires étranges.

*   ø   *invente des histoires étranges.*

*Ce voyageur   ø   .

- On ne peut effacer aucun de ces deux groupes.

Essayons à présent de déplacer ces groupes :

Ce voyageur invente des histoires étranges.

**Invente des histoires étranges ce voyageur.*

- On ne peut pas déplacer ces groupes.

Observons de plus près chacun des deux groupes :

Ce voyageur   invente des histoires étranges.

- Dans le premier groupe, *ce voyageur*, le mot principal est un nom : *voyageur.*
- Dans le deuxième groupe, *invente des histoires étranges*, le mot principal est un verbe : *invente.*

RÉGULARITÉS

- Toutes les phrases sont construites à partir d'une structure commune qui comporte deux groupes de mots, **obligatoires** et **fixes**.
- Chacun de ces deux groupes possède un mot principal ou *noyau* :
  - le *mot principal* ou *noyau* du premier groupe est *généralement* un **nom** : on l'appelle donc **groupe nominal** ou **GN** ;
  - le *mot principal* ou *noyau* du deuxième groupe est *toujours* un **verbe** : on l'appelle donc **groupe verbal** ou **GV**.

La relation entre le groupe nominal et le groupe verbal

NOUS CONSTATONS QUE

Nous venons de voir que toutes les phrases ont une structure commune. On appelle cette stucture **phrase de base** et on la désigne par la lettre « P ».

Examinons maintenant de plus près les deux groupes obligatoires qui constituent la phrase de base :

Ce voyageur   invente des histoires étranges.

- Le premier groupe, le groupe nominal *ce voyageur*, indique ici *de qui on parle.*
- Le deuxième groupe, le groupe verbal *invente des histoires étranges,* indique *ce qui est dit à propos de qui on parle.*

On dit que le premier groupe est le sujet et que le deuxième groupe est le prédicat. On peut représenter la relation entre le sujet et le prédicat de la façon suivante :

sujet ———————— **prédicat**
Ce voyageur   invente des histoires étranges.

L'existence de toute phrase repose sur cette relation fondamentale entre un **groupe nominal sujet** et un **groupe verbal**. Le terme « sujet », dans l'expression « groupe nominal sujet », et le terme « prédicat » expriment une *relation* ; ils renvoient aux rôles que jouent le groupe nominal et le groupe verbal.

On dit alors que le groupe nominal est le *sujet* du groupe verbal. On exprime cette relation en ajoutant la lettre « s » à l'abréviation GN : **GNs**. On peut donc réécrire la phrase de base de la façon suivante :

$$P \rightarrow GNs + GV$$

et la représenter ainsi :

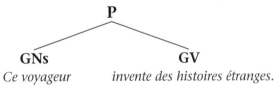

P
GNs   GV
Ce voyageur   invente des histoires étranges.

De nombreuses phrases réalisées correspondent telles quelles à la phrase de base. Exemples :

GNs	GV
Deux lampes	*éclairent la table.*
Notre voisine	*dort.*
Ce meuble	*est ancien.*

RÉGULARITÉS
- Chaque groupe obligatoire occupe une **position** dans la phrase de base :
  - le GNs occupe la première position et joue le rôle de sujet ;
  - le GV occupe la deuxième position et joue le rôle de prédicat.
- Une relation de solidarité unit les deux groupes obligatoires : le groupe nominal sujet est nécessaire au groupe verbal, et le groupe verbal est nécessaire au groupe nominal sujet.

LE COMPLÉMENT DE LA PHRASE DE BASE

Voyons maintenant les groupes facultatifs et mobiles qu'on peut ajouter aux deux groupes obligatoires qui forment la phrase de base.

À l'aide des opérations d'effacement et de déplacement, déterminons quels sont les groupes facultatifs et les groupes mobiles dans la phrase suivante :

Deux lampes éclairent la table chaque soir pour le souper.

Effacement :

Deux lampes	*éclairent la table*	*chaque soir*	*pour le souper.*
* ø	*éclairent la table*	*chaque soir*	*pour le souper.*
*Deux lampes	ø	*chaque soir*	*pour le souper.*
Deux lampes	*éclairent la table*	ø	*pour le souper.*
Deux lampes	*éclairent la table*	*chaque soir*	ø .

Déplacement :

Chaque soir, deux lampes éclairent la table pour le souper.

Deux lampes, chaque soir, éclairent la table pour le souper.

Chaque soir, pour le souper, deux lampes éclairent la table.

- Les groupes *deux lampes* et *éclairent la table* ne peuvent pas être effacés. Ce sont donc des groupes obligatoires.

- Les groupes *chaque soir* et *pour le souper* peuvent être effacés. Ce sont donc des groupes facultatifs.

- En plus de pouvoir être effacés, les groupes *chaque soir* et *pour le souper* peuvent être déplacés. Ils peuvent être placés à trois endroits : à la fin de la phrase, au début de la phrase ou encore à l'intérieur de la phrase. Ce sont donc des groupes mobiles.

- Lorsqu'un groupe facultatif est placé au début de la phrase, il est généralement suivi d'une virgule.

- Lorsqu'un groupe facultatif est placé en milieu de phrase, il est généralement encadré par des virgules.

Du point de vue du sens, le **complément de phrase** ajoute de l'information aux deux groupes obligatoires de la phrase de base. Du point de vue de la syntaxe, le nombre de compléments de phrase est illimité.

À la phrase de base, composée du groupe nominal sujet et du groupe verbal, nous venons donc d'ajouter un troisième groupe, facultatif et mobile, le complément de phrase. On appelle **PHRASE P** l'ensemble formé par ces trois constituants. On peut donc réécrire la PHRASE P de la façon suivante :

$$\text{PHRASE P} \rightarrow \text{GNs} + \text{GV} + \text{(Compl. P)}$$

On place le complément de phrase entre parenthèses pour signaler son caractère facultatif.

LES REPRÉSENTATIONS DE LA PHRASE P

La PHRASE P sert de *modèle* pour analyser les phrases de la langue dans toute leur diversité et pour construire des phrases grammaticales. Toute phrase grammaticale est conforme à ce modèle.

Pour rassembler les observations faites sur la PHRASE P et les présenter d'une façon à la fois synthétique et fonctionnelle, on peut utiliser plusieurs sortes de représentations : par exemple, le tableau, la formulation linguistique et le schéma en arbre. On a recours à l'une ou à l'autre de ces représentations selon le genre d'analyse qu'on veut faire.

Le tableau

On peut représenter la PHRASE P à l'aide d'un tableau, comme ceci :

PHRASE P		
Phrase de base		**(Compl. P)**
GNs constituant obligatoire	**GV** constituant obligatoire	constituant facultatif et mobile
Deux lampes	*éclairent la table*	*pour le souper.*

La formulation linguistique

On peut aussi représenter la PHRASE P sous la forme qui suit, en utilisant les règles de réécriture de la linguistique :

$$\text{PHRASE P} \rightarrow \text{GNs} + \text{GV} + \text{(Compl. P)}$$

Pour lire les règles de réécriture, on doit connaître la signification des symboles.
Le symbole → signifie « est formée de », « est constituée de ».
Le symbole + signifie « suivi de ».
Le symbole ( ) signifie que le groupe qu'il contient est facultatif.

Le schéma en arbre

Le schéma en arbre permet de représenter visuellement les relations qui unissent les divers groupes d'une phrase. Par des embranchements à gauche et à droite de chaque nœud, l'arbre prévoit le nombre de groupes et leur position dans un ordre déterminé; la position des éléments dans l'arbre correspond aux rôles que jouent les groupes dans la phrase analysée.

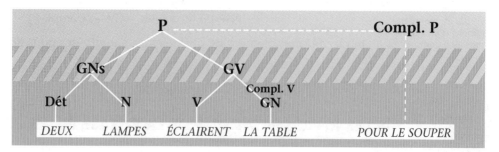

Niveau de la structure globale de la phrase

Niveaux de la structure des groupes

- Le premier nœud de cet arbre renversé se trouve à la lettre « P », qui signifie « phrase de base ». Ce nœud donne naissance à deux branches, qui le relient à deux autres nœuds.
- Le nœud GNs occupe la première position; le nœud GV occupe la deuxième position.
- Le complément de phrase est relié au nœud P parce qu'il s'ajoute à *toute* la phrase de base, et la ligne pointillée illustre son caractère facultatif. Il apparaît toujours à la droite du nœud P. Le schéma ne peut pas illustrer la mobilité du complément de phrase; cette propriété peut être mise en évidence à l'aide du déplacement.
- On écrit en majuscules la phrase qui correspond à la PHRASE P, qui est le modèle, et on n'indique aucune marque de ponctuation.

Il ne faut pas confondre une phrase réalisée et la PHRASE P. On ne cherche pas à modifier l'arbre afin qu'il coïncide avec une phrase réalisée particulière. On compare cette phrase au modèle afin de relever les différences qui la séparent de celui-ci, puis on explique ces différences à l'aide des opérations syntaxiques.

Le schéma en arbre permet de mettre en évidence:
- le « moule » que constitue la phrase de base;
- la relation fondamentale entre le groupe nominal sujet et le groupe verbal;
- l'organisation hiérarchique de la phrase;
- le caractère facultatif du complément de phrase.

Le schéma en arbre permet de représenter les niveaux successifs de la construction syntaxique des phrases. Il fait aussi bien apparaître que la PHRASE P est une configuration ou un ensemble ordonné qui obéit à des lois. Ces lois régissent le nombre des groupes, leur position ainsi que la relation qui existe entre eux.

La phrase

Une phrase est une suite de groupes de mots organisés selon une structure déterminée. Les **groupes de mots** qui composent une phrase possèdent des **propriétés** :
- un groupe de mots peut être **obligatoire** ou **facultatif** ;
- un groupe de mots peut être **fixe** ou **mobile**.

Une phrase est grammaticale lorsqu'elle est conforme aux règles de construction des phrases et qu'elle a du sens. Une phrase est donc *agrammaticale* quand elle est mal construite ou qu'elle n'a pas de sens. Pour marquer qu'une phrase est agrammaticale, on la fait précéder d'un astérisque.

Les instruments d'analyse des phrases

On dispose de deux instruments pour analyser les phrases réalisées : les opérations syntaxiques et la PHRASE P.

Les opérations syntaxiques

L'application d'une opération syntaxique à une phrase qu'on veut analyser a pour effet de garder ou non la phrase grammaticale. Ce résultat nous permet alors de déterminer ou de vérifier certaines règles de construction.

OPÉRATIONS SYNTAXIQUES		
OPÉRATION	**DÉFINITION**	**UTILITÉ**
Remplacement	Substitution d'un mot à un mot ou à un groupe de mots.	Sert à délimiter une séquence de mots qui forme un groupe.
	Substitution d'un groupe de mots à un mot ou à un groupe de mots.	Sert à déterminer le rôle d'un mot ou d'un groupe dans une phrase.
Effacement	Suppression d'un mot ou d'un groupe de mots.	Sert à déterminer le caractère obligatoire ou facultatif d'un groupe.
Déplacement	Changement de place d'un mot ou d'un groupe de mots.	Sert à déterminer le caractère fixe ou mobile d'un groupe.
Addition	Ajout d'un mot ou d'un groupe de mots à un mot, à un groupe de mots ou à une phrase.	Sert à confirmer qu'une séquence de mots forme bien un groupe.
		Sert à confirmer qu'une phrase peut contenir plusieurs groupes facultatifs.

L'addition sera surtout utilisée dans la troisième section («Les réalisations de la PHRASE P») pour expliquer les transformations dans une phrase.

La PHRASE P

La **phrase de base** est la structure qui contient les deux parties obligatoires communes à toutes les phrases de la langue: le **groupe nominal sujet** ou GNs, et le **groupe verbal** ou GV. Ces deux groupes ont une position fixe dans la phrase de base: le GNs occupe la première position et le GV occupe la deuxième position.

Phrase de base		
GNs	+	GV
obligatoire		obligatoire
fixe		fixe
1er groupe		2e groupe

Un ou des groupes peuvent s'ajouter aux groupes obligatoires et fixes. On appelle ce ou ces groupes des **compléments de phrase** (Compl. P). Ils forment un troisième groupe facultatif et mobile.

La PHRASE P est la structure formée de la phrase de base, GNs + GV, et de un ou plusieurs compléments de phrase, qui occupent la position à la droite de la phrase de base.

PHRASE P		
Phrase de base	+	(Compl. P)
		facultatif
		mobile

La PHRASE P sert de modèle pour analyser toutes les phrases réalisées.

Les représentations de la PHRASE P permettent de mettre en évidence le nombre de groupes, leur position dans un ordre déterminé et la relation qui existe entre eux.

On peut représenter la PHRASE P de plusieurs façons: sous forme de tableau, sous forme de formulation linguistique, sous forme de schéma en arbre.

Le tableau:

PHRASE P		
Phrase de base		(Compl. P)
GNs	GV	
constituant obligatoire	constituant obligatoire	constituant facultatif et mobile
Deux lampes	*éclairent la table*	*pour le souper.*

La formulation linguistique :

> PHRASE P → GNs + GV + (Compl. P)

→   signifie « est formée de », « est constituée de ».
+   signifie « suivi de ».
( )   signifie que le groupe qu'il contient est facultatif.

Le schéma en arbre :

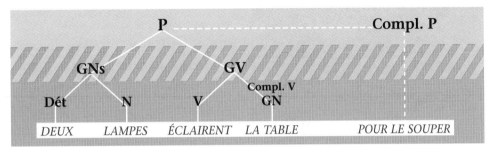

On choisit l'une ou l'autre de ces représentations selon les besoins de l'analyse syntaxique qu'on veut faire.

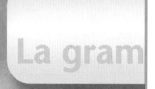

Chapitre 5

Les constituants de la PHRASE P

SECTION 1
La PHRASE P

CHAPITRE 4
Les instruments
d'analyse des
phrases

CHAPITRE 5
Les constituants
de la PHRASE P

CHAPITRE 6
Les accords
dans la
phrase de base

CHAPITRE 10
Les accords dans
le groupe nominal

CHAPITRE 14
Les accords
dans la phrase
transformée

Opération : urgence !

Pour être viable, une phrase doit être structurée selon des règles déterminées, qui régissent l'organisation des groupes de mots qui la constituent. À leur tour, ces groupes de mots, qu'ils soient obligatoires ou facultatifs, ne sont pas construits au hasard.

Dans ce chapitre, nous apprendrons comment reconnaître les constituants de la PHRASE P, et comment analyser leur structure. Encore une fois, nous utiliserons divers procédés et opérations qui nous permettront d'établir qu'une phrase est saine ou, au contraire, qu'elle a un problème qui met en question son existence même !

Traitement des notions

Les opérations syntaxiques nous ont permis de découvrir que toutes les phrases ont une structure commune dont les deux constituants, le groupe nominal sujet et le groupe verbal, sont obligatoires et fixes. Cette structure commune est la phrase de base.

Nous avons aussi observé qu'à cette phrase de base s'ajoutent parfois un ou des groupes facultatifs et mobiles, appelés compléments de phrase.

À l'aide de ces observations, nous avons construit un modèle à partir duquel on peut analyser toutes les phrases réalisées : la PHRASE P. La représentation de la PHRASE P sous forme de schéma en arbre permet de mettre en évidence la position qu'occupe chacun des trois groupes dans une phrase :

Dans ce chapitre, nous examinerons successivement les trois constituants de la PHRASE P. Nous chercherons comment les reconnaître avec certitude, puis nous analyserons leurs réalisations possibles.

LE GROUPE NOMINAL SUJET

Rappelons les propriétés du groupe nominal sujet :

- Le groupe nominal sujet est un *constituant obligatoire* de la PHRASE P, puisque son effacement dans une phrase rend cette phrase agrammaticale :

    GNs

    Les élèves   *travaillent.*

    *   ø   *travaillent.*

- Le groupe nominal sujet a une *position fixe*, puisque son déplacement dans une phrase rend cette phrase agrammaticale :

    GNs

    Les élèves   *travaillent.*

    *Travaillent   *les élèves.*

- Le groupe nominal sujet est le constituant qui occupe la *première position* dans la PHRASE P :

GNs

Les élèves   travaillent.

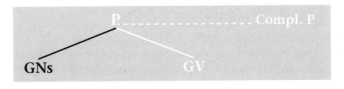

Structure
globale
de la phrase

LA RECONNAISSANCE DU GROUPE NOMINAL SUJET

Les opérations d'effacement et de déplacement permettent de reconnaître le groupe qui occupe la position GNs dans une phrase. Nous allons maintenant analyser de façon plus précise des groupes qui occupent la position GNs dans la PHRASE P afin d'ajouter d'autres critères de reconnaissance de ce groupe dans des phrases réalisées.

Les mots qui sont toujours sujets

Observons les mots en caractères gras dans les phrases suivantes :

Je pars en voyage.   **Louison aime je.*
Tu ne dis rien.   **Daniela remercie tu.*
On invente un jeu.   **Julie parle avec on.*
Il part en vacances ce soir.   **Kim part avec il.*
Ils dorment peu.   **C'est l'anniversaire de ils.*

Nous sommes en retard.   *Le vieil homme nous salue.*
Vous aimez le hockey.   *Luc vous remercie.*
Elle prend congé.   *Elle n'emporte rien avec elle.*
Elles boivent du café.   *Pars avec elles.*
Cela ne convient pas.   *Il ne faut pas faire cela.*

- Dans le premier groupe de phrases, les noms personnels *je, tu et on*, et les pronoms *il* et *ils* sont sujets.
- Dans le deuxième groupe de phrases, les noms personnels *nous* et *vous*, et les pronoms *elle, elles* et *cela* peuvent être sujets, c'est-à-dire occuper la position GNs, mais ils peuvent aussi occuper une autre position dans la phrase.

RÉGULARITÉS
- Les noms personnels « je » et « tu », le mot « on », ainsi que les pronoms « il » et « ils » sont des **indices du sujet** puisqu'ils sont toujours sujets.
- Les noms personnels « nous » et « vous » ainsi que des pronoms comme « elle », « elles », « ce » et « cela » peuvent être sujets ou jouer un autre rôle dans la phrase.

Rappelons que les noms personnels sont des marques qui renvoient à l'émetteur et au récepteur d'un énoncé (voir le chapitre 1, « Le cadre de l'énonciation », p. 12).

Le remplacement par le pronom « il » ou « ils »

Nous savons que, pour déterminer qu'une séquence est bien un groupe de mots et pour établir les frontières de ce groupe, on utilise l'opération de remplacement.

Nous venons de voir aussi que le pronom « il » ou « ils » est toujours sujet. Donc, pour trouver le sujet dans une phrase réalisée, il suffit de remplacer tout le groupe de mots qu'on croit être le sujet par le pronom « il » ou « ils » ou un pronom de type « il ». Un pronom de type « il » est un pronom qui peut remplacer un groupe en position GNs : « elle », « ce » ou « cela ». Si la phrase reste grammaticale, la séquence remplacée est bien le groupe nominal sujet.

Dans les phrases suivantes, remplaçons toute la séquence que nous croyons être le sujet par le pronom « il » ou « ils » ou un pronom de type « il » (« elle », « ce » ou « cela ») pour vérifier si ce groupe est le sujet.

GNs	GV	(Compl. P)
Les pieds de cette table	*branlent.*	
Ils	*branlent.*	
L'enfant et le chien	*se promènent*	*dans le parc.*
Ils	*se promènent*	*dans le parc.*
« Avec »	*est une préposition.*	
C'	*est une préposition.*	
Les feuilles	*sont emportées par le vent*	*à l'automne.*
Elles	*sont emportées par le vent*	*à l'automne.*
Celles qui sont entrées	*portaient des insignes.*	
Elles	*portaient des insignes.*	
Fuir	*était la seule solution.*	
C'	*était la seule solution.*	
Que Diane soit partie	*prouve qu'elle était fâchée.*	
Cela	*prouve qu'elle était fâchée.*	
Le long de la voie ferrée	*gisaient des carcasses de voitures.*	
* **Il**	*gisaient des carcasses de voitures.*	
De la montagne	*jaillissait un torrent tumultueux.*	
* **Elle**	*jaillissait un torrent tumultueux.*	

- Les groupes *les pieds de cette table* et *l'enfant et le chien* ont pu être remplacés par le pronom sujet *ils*. Ces groupes sont donc sujets.

- Les groupes *« avec »*, *les feuilles, celles qui sont entrées, fuir* et *que Diane soit partie* ont pu être remplacés par les pronoms sujets *ce, elles* et *cela*. Ces groupes sont donc sujets.

- Les groupes *le long de la voie ferrée* et *de la montagne* n'ont pas pu être remplacés par les pronoms sujets *il* et *elle*. Ces groupes ne sont donc pas sujets.

Dans ces phrases, la plupart des groupes en position GNs sont des groupes nominaux, c'est-à-dire des groupes dont le noyau appartient à la catégorie du nom (voir le chapitre 7, « La structure du groupe nominal »), à l'exception de *fuir* et de *que Diane soit partie*. Le cas de « *avec* » est particulier : la préposition « avec » est devenue temporairement un nom.

L'encadrement par « c'est... qui »

Dans une phrase, on peut aussi mettre en évidence le groupe nominal sujet en l'insérant dans l'expression « c'est... qui », comme l'illustre le schéma ci-dessous :

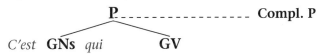

Nous allons examiner si l'encadrement d'un groupe par « c'est... qui » permet de reconnaître tous les groupes qui sont sujets. Voyons d'abord si les groupes désignés comme sujets dans les exemples des pages précédentes acceptent tous l'encadrement par « c'est... qui » (ou « ce sont... qui ») :

GNs	GV	(Compl. P)
Je	*pars en voyage.*	
C'est moi **qui**	*pars en voyage.*	
Les pieds de cette table	*branlent.*	
Ce sont les pieds de cette table **qui**	*branlent.*	
L'enfant et le chien	*se promènent*	*dans le parc.*
Ce sont l'enfant et le chien **qui**	*se promènent*	*dans le parc.*
« Avec »	*est une préposition.*	
C'est « avec » **qui**	*est une préposition.*	
Les feuilles	*sont emportées par le vent*	*à l'automne.*
Ce sont les feuilles **qui**	*sont emportées par le vent*	*à l'automne.*
Celles qui sont entrées	*portaient des insignes.*	
Ce sont celles qui sont entrées **qui**	*portaient des insignes.*	
Fuir	*était la seule solution.*	
C'est fuir **qui**	*était la seule solution.*	
Que Diane soit partie	*prouve qu'elle était fâchée.*	
C'est que Diane soit partie **qui**	*prouve qu'elle était fâchée.*	

- Dans ces phrases, tous les groupes dont nous avons dit qu'ils sont sujets acceptent l'encadrement par « c'est… qui » ou « ce sont… qui ».
- Le nom personnel sujet *je* accepte l'encadrement par « c'est… qui » en prenant la forme *moi*.

Reprenons maintenant les deux phrases de la page 64 dans lesquelles nous n'avions pas déterminé le groupe qui est sujet et essayons d'y encadrer différents groupes par « c'est… qui » ou « ce sont… qui » :

GNs	GV	(Compl. P)
*C'est le long de la voie ferrée **qui**	*gisaient des carcasses de voitures.*	
Ce **sont** des carcasses de voitures **qui**	*gisaient*	*le long de la voie ferrée.*
*C'est de la montagne **qui**	*jaillissait un torrent tumultueux.*	
C'est un torrent tumultueux **qui**	*jaillissait*	*de la montagne.*

NOUS CONSTATONS QUE

- Les groupes *des carcasses de voitures* et *un torrent tumultueux* acceptent l'encadrement par « c'est… qui ». Ils sont donc sujets.
- Les groupes *le long de la voie ferrée* et *de la montagne* n'acceptent pas l'encadrement par « c'est… qui ». Ils ne sont donc pas sujets.

RÉGULARITÉS
- Le groupe nominal sujet est le seul groupe d'une phrase qui accepte l'encadrement par « c'est… qui » ou « ce sont… qui ». Pour cette raison, **l'encadrement par « c'est… qui » est considéré comme le critère absolu de reconnaissance du sujet.**
- Tout groupe de mots qui peut être encadré par l'expression « c'est… qui » ou « ce sont… qui » est donc sujet.

LES RÉALISATIONS POSSIBLES DU GROUPE NOMINAL SUJET

Maintenant que nous pouvons reconnaître le groupe nominal sujet dans une phrase, voyons de quels éléments peut se composer ce groupe. Dans les phrases rencontrées jusqu'à présent, la plupart des sujets étaient des groupes nominaux ayant un nom ou un pronom comme noyau : *les **pieds** de cette table*, ***celles** qui sont entrées*, *je*, etc.

Cependant, nous avons aussi rencontré d'autres groupes que des groupes nominaux en position GNs. Exemples : ***Fuir** était la seule solution*, ***Que Diane soit partie** prouve qu'elle était fâchée*. Quand ils sont en position GNs, ces groupes sont des équivalents de groupes nominaux, puisqu'ils jouent le même rôle que des groupes nominaux sujets.

Dans l'équipe de hockey de son école, Claude est habituellement ailier droit. Son entraîneur lui demande un jour d'occuper la position de centre à la place de Dominique. Claude change alors de rôle pour la partie, mais pas d'identité : il est toujours Claude.

Voyons quelles sont les différentes réalisations possibles des groupes nominaux sujets dont le noyau est un nom, et celles des groupes nominaux sujets dont le noyau appartient à une autre catégorie que celle du nom.

Les groupes nominaux sujets dont le noyau est un nom

Examinons la composition du groupe nominal sujet dans les phrases suivantes :

GNs	GV	(Compl. P)
Les élèves	*jouent aux échecs.*	
Le mieux	*est l'ennemi du bien.*	
L'enfant et le chien	*se promènent*	*dans le parc.*

- Dans les deux premières phrases, le groupe nominal sujet est constitué d'un déterminant et d'un nom (*les élèves, le mieux*).
- Dans la troisième phrase, le groupe nominal sujet est constitué de deux noms ayant chacun un déterminant et unis par « et » (*l'enfant et le chien*).

Observons la composition du groupe nominal sujet dans ces autres phrases :

GNs	GV	(Compl. P)
Julien	*observe les oiseaux.*	
Tu	*dors.*	
On	*commence l'école*	*à huit heures.*
« Avec »	*est une préposition.*	

- Dans ces phrases, la position GNs est occupée par un groupe nominal constitué d'un nom seul.
- Dans la première phrase, ce nom est un nom propre (*Julien*) ; dans les deux suivantes, c'est un nom personnel (*tu, on*) ; et dans la troisième, c'est une préposition devenue temporairement un nom.

Observons encore la composition du groupe nominal sujet dans ces phrases-ci :

GNs	GV	(Compl. P)
Il	*joue au volley-ball*	*dans le gymnase.*
Plusieurs	*croient la réforme ambitieuse.*	
Celui-ci	*joue le rôle de sujet.*	

- Dans ces phrases, les pronoms *il*, *plusieurs* et *celui-ci* sont sujets.

Observons encore d'autres phrases pour voir si le groupe nominal sujet peut contenir d'autres éléments qu'un déterminant et un nom ou qu'un pronom :

GNs	GV	(Compl. P)
*Les adolescents **enthousiastes***	*préparent leur exposé*	*à la bibliothèque.*
*Les pieds **de cette table***	*branlent.*	
*Le livre **qui m'intéresse***	*coûte très cher.*	
*Plusieurs **d'entre eux***	*croient la réforme ambitieuse.*	

NOUS CONSTATONS QUE

- Le groupe nominal qui est en position GNs peut contenir des éléments qui viennent le compléter, lui ajouter de l'information : *enthousiastes* complète *les adolescents* ; *de cette table* complète *les pieds* ; *qui m'intéresse* complète *le livre* ; *d'entre eux* complète *plusieurs*.

RÉGULARITÉS

- La **position GNs** est généralement occupée par un **groupe nominal**.
- Ce groupe nominal peut être constitué d'un déterminant et d'un nom (Dét + N), d'un nom (N) ou d'un pronom (Pro) et, éventuellement, d'un groupe qui le complète (Compl. N). Par convention, ce groupe facultatif est placé à la droite du groupe nominal dans le schéma en arbre de la PHRASE P.
- La règle de réécriture est la suivante :

GNs → GN

$$\text{GN} \rightarrow \left\{ \begin{array}{l} \text{Dét + N} \\ \text{N} \\ \text{Pro} \end{array} \right\} + \text{(Compl. N)}$$

On représente les différentes réalisations du groupe nominal sujet par des schémas comme les suivants :

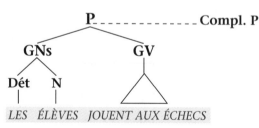

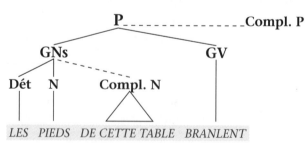

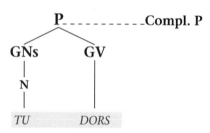

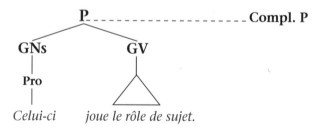

Les groupes nominaux sujets dont le noyau n'est pas un nom

Il arrive que la position GNs soit occupée par un groupe de mots qui n'est pas un groupe nominal, c'est-à-dire un groupe dont la structure n'est pas Dét + N, N ou Pro.

Trouvons le groupe nominal sujet dans les phrases suivantes :

GNs	GV	(Compl. P)
Fuir	*était la seule solution.*	
C'	*était la seule solution.*	
Qui dort	*dîne.*	
Il	*dîne.*	

- Le groupe *fuir* occupe la position GNs, puisqu'on a pu le remplacer par un pronom de type « il » (*c'*) ; le groupe *qui dort* occupe la position GNs, puisqu'on a pu le remplacer par *il*.

- On a pu remplacer ces deux groupes par « il » ou un pronom de type « il » ; *fuir* et *qui dort* équivalent donc à des groupes nominaux, ils jouent le même rôle que des groupes nominaux : ils sont sujets.

- *Fuir* est un groupe constitué d'un verbe à l'infinitif, et *qui dort* est un groupe constitué d'une phrase.

RÉGULARITÉS

- La **position GNs** peut être occupée par un **groupe nominal dont le noyau n'est pas un nom**. Le remplacement par « il » ou « ils » ou un pronom de type « il » indique que ce groupe joue le même rôle que le groupe nominal sujet.

- Ce groupe nominal sujet peut être constitué d'un verbe à l'infinitif ou d'une phrase.

On représente ces deux réalisations du groupe nominal sujet par des schémas comme les suivants :

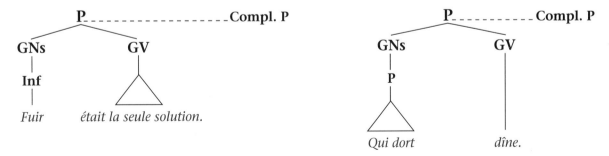

LE GROUPE VERBAL

Rappelons les propriétés du groupe verbal :

- Le groupe verbal est un *constituant obligatoire* de la PHRASE P, puisque son effacement dans une phrase rend celle-ci agrammaticale :

                      GV

  Les élèves   travaillent.

  *Les élèves   ø   .

- Le groupe verbal est *fixe*, puisque son déplacement dans une phrase rend celle-ci agrammaticale :

                      GV

  Les élèves   travaillent.

  *Travaillent   les élèves.

- Le groupe verbal occupe la *deuxième position* dans la PHRASE P :

                      GV

  Les élèves   travaillent.

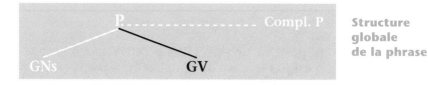

Structure globale de la phrase

LA RECONNAISSANCE DU GROUPE VERBAL

Les propriétés du groupe verbal peuvent aider à reconnaître le groupe qui occupe cette position dans une phrase, mais elles ne sont pas suffisantes. Par exemple, elles ne permettent pas d'établir les limites du groupe verbal : ce qui en fait partie et ce qui n'en fait pas partie. Il faut donc avoir recours à d'autres critères.

Le remplacement par un groupe verbal constitué d'un verbe seul

Dans les phrases suivantes, essayons de déterminer les limites du groupe verbal en remplaçant toute la séquence qu'on croit être le groupe verbal par un autre groupe verbal formé d'un verbe seul (« dormir », « éternuer », etc.). On ne cherche pas ici un synonyme du groupe verbal mais un mot qui peut prendre la place de celui-ci tout en gardant la phrase grammaticale. Utilisons, par exemple, le verbe « dormir » :

Hugo donne un livre à Anne pour son anniversaire.

GNs	GV	
Hugo	*donne*	*un livre à Anne pour son anniversaire.*
**Hugo*	***dort***	*un livre à Anne pour son anniversaire.*
Hugo	*donne un livre*	*à Anne pour son anniversaire.*
**Hugo*	***dort***	*à Anne pour son anniversaire.*
Hugo	*donne un livre à Anne*	*pour son anniversaire.*
Hugo	***dort***	*pour son anniversaire.*

Tu parles de cette émission à Nathalie.

GNs	GV	
Tu	*parles*	*de cette émission à Nathalie.*
**Tu*	***dors***	*de cette émission à Nathalie.*
Tu	*parles de cette émission*	*à Nathalie.*
**Tu*	***dors***	*à Nathalie.*
Tu	*parles de cette émission à Nathalie.*	
Tu	***dors*.**	

- Dans le premier exemple, le verbe « dormir » (*dort*) remplace la séquence *donne un livre à Anne*. C'est donc toute cette séquence qui forme le groupe verbal. Le groupe *pour son anniversaire* ne fait pas partie du groupe verbal.
- Dans le deuxième exemple, le verbe « dormir » (*dors*) remplace la séquence *parles de cette émission à Nathalie*. C'est donc toute cette séquence qui forme le groupe verbal.

L'identification des constituants du groupe verbal

Nous venons de voir une façon qui nous permet de délimiter un groupe verbal. Nous avons constaté que le groupe verbal peut contenir d'autres constituants que le verbe. Pour nous assurer qu'un groupe de mots est bien un constituant du groupe verbal, essayons d'effacer le ou les groupes qui suivent le groupe nominal sujet et le verbe.

GNs	GV		(Compl. P)
Tu	*répares*	*ton vélo.*	
**Tu*	*répares*	*ø .*	
Adelina	*est*	*dans sa chambre*	*depuis son retour.*
**Adelina*	*est*	*ø*	*depuis son retour.*
Adelina	*est*	*dans sa chambre*	*ø .*

GNs	GV			(Compl. P)
Micheline	*donne*	*un cadeau*	*à son fils*	*pour son anniversaire.*
Micheline	*donne*	ø	*à son fils*	*pour son anniversaire.*
Micheline	*donne*	*un cadeau*	ø	*pour son anniversaire.*
Micheline	*donne*	*un cadeau*	*à son fils*	ø .
Olivier	*est*	*champion de badminton.*		
Olivier	*est*	ø	.	
Dominique	*tient*	*beaucoup*	*à cet ami.*	
Dominique	*tient*	ø	*à cet ami.*	
Dominique	*tient*	*beaucoup*	ø .	

- Dans le premier exemple, on ne peut pas effacer le groupe *ton vélo*.
- Dans le deuxième exemple, on ne peut pas effacer le groupe *dans sa chambre*, mais on peut effacer le groupe *depuis son retour*.
- Dans le troisième exemple, on ne peut pas effacer le groupe *un cadeau* ni le groupe *à son fils*, mais on peut effacer le groupe *pour son anniversaire*.
- Dans le quatrième exemple, on ne peut pas effacer le groupe *champion de badminton*.
- Dans le dernier exemple, on peut effacer le groupe *beaucoup*, mais on ne peut pas effacer le groupe *à cet ami*.

Essayons maintenant de remplacer les groupes en caractères gras par le pronom « le », « la », « les », « lui », « leur », « en » ou « y ».

GNs	GV		(Compl. P)
Tu		*répares **ton vélo**.*	
Tu	*le*	*répares.*	
Adelina		*est **dans sa chambre***	*depuis son retour.*
Adelina	*y*	*est*	*depuis son retour.*
Micheline		*donne **un cadeau à son fils***	*pour son anniversaire.*
Micheline	***le lui** donne*		*pour son anniversaire.*
Olivier	*est*	***champion de badminton**.*	
Olivier	*l'*	*est.*	
Les maisons		*sont **bien entretenues**.*	
Les maisons	*le sont.*		
Dominique		*tient beaucoup **à cet ami**.*	
Dominique	*y*	*tient beaucoup.*	

NOUS CONSTATONS QUE

- Tous les groupes qu'on ne peut pas effacer peuvent être remplacés par un pronom :
  - *ton vélo* est remplacé par *le* ;
  - *dans sa chambre* est remplacé par *y* ;
  - *un cadeau* est remplacé par *le* ;
  - *à son fils* est remplacé par *lui* ;
  - *champion de badminton* est remplacé par *l'* ;
  - *bien entretenues* est remplacé par *le* ;
  - *à cet ami* est remplacé par *y*.
- Tous les autres groupes (*depuis son retour*, *pour son anniversaire* et *beaucoup*) qu'on peut effacer ne peuvent pas être remplacés par un pronom.

RÉGULARITÉS

- Un groupe verbal a toujours pour noyau un **verbe**.
- Toute séquence de mots qui peut être remplacée par un groupe constitué d'un verbe seul forme un **groupe verbal**.
- En général, les constituants d'un groupe verbal autres que le verbe ne peuvent pas être effacés et peuvent être remplacés par un pronom.

LES RÉALISATIONS POSSIBLES DU GROUPE VERBAL

Maintenant que nous pouvons reconnaître le groupe verbal dans une phrase, voyons de quels éléments peut se composer ce groupe.

Verbe + complément de verbe

Un **complément de verbe** est un groupe de mots qui fait partie du groupe verbal et dont le rôle est de compléter le verbe.

Certains verbes exigent d'être complétés par un ou deux groupes. On a alors la structure **verbe + complément de verbe**.

Observons cette structure du groupe verbal dans les phrases suivantes :

GNs	GV		(Compl. P)
	V	**Compl. V**	
Julien	*dort.*		
Tu	*achètes*	*un ordinateur.*	
Adelina	*est*	*dans sa chambre*	*depuis son retour.*
Micheline	*donne*	*un cadeau à son fils*	*pour son anniversaire.*
Étienne	*parle*	*de ses vacances à ses amis.*	

- Dans la première phrase, le groupe verbal contient seulement le verbe *dort*.
- Dans la deuxième phrase, le verbe *achètes* est complété par le groupe *un ordinateur*.
- Dans la troisième phrase, le verbe *est* est complété par le groupe *dans sa chambre*.
- Dans la quatrième phrase, le verbe *donne* est complété par deux groupes : *un cadeau* et *à son fils*.
- Dans la dernière phrase, le verbe *parle* est complété par deux groupes : *de ses vacances* et *à ses amis*.

On représente ces différentes structures du groupe verbal par les schémas suivants :

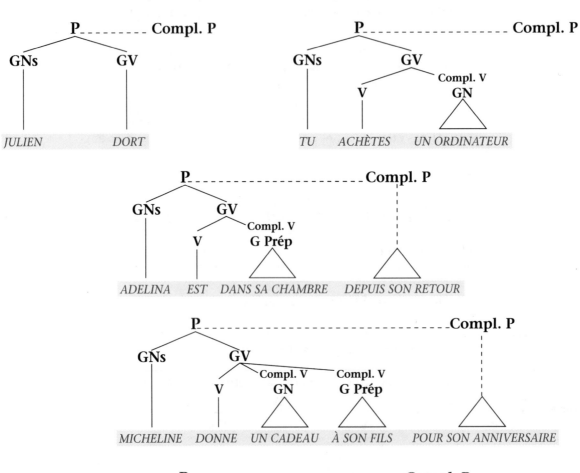

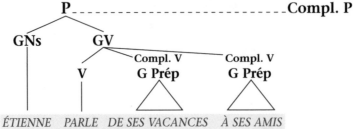

Verbe « être » + attribut

Quand le verbe est « être » ou un autre verbe de même type (« sembler », « paraître », etc.), le groupe qui l'accompagne attribue une caractéristique, un état, une propriété au sujet. On a alors la structure **verbe « être » + attribut**.

Dans les phrases suivantes, essayons de remplacer le verbe par « être » :

GNs	GV		(Compl. P)
	V^être	Attr	
Mes cousins	***semblent***	*contents de leur visite.*	
Mes cousins	***sont***	*contents de leur visite.*	
Ces maisons	***paraissent***	*en bon état.*	
Ces maisons	***sont***	*en bon état.*	
Ces équipements	***deviendront***	*une nécessité*	*dans un an.*
Ces équipements	***seront***	*une nécessité*	*dans un an.*

- On peut remplacer les verbes *semblent*, *paraissent* et *deviendront* par le verbe « être » (*sont*, *sont*, *seront*). Ces verbes sont donc des équivalents du verbe « être ».

Dans les phrases suivantes, essayons de remplacer les groupes attributs par un adjectif ou par un groupe adjectival (un groupe dont le noyau est un adjectif) :

GNs	GV	
	V^être	Attr
Pierre	*est*	*champion de badminton.*
Pierre	*est*	***gagnant.***
Ces maisons	*paraissent*	*en bon état.*
Ces maisons	*paraissent*	***bien entretenues.***
Ces équipements	*deviendront*	*une nécessité.*
Ces équipements	*deviendront*	***nécessaires.***
La cabane	*est*	*loin.*
La cabane	*est*	***éloignée.***

- Les groupes *champion de badminton*, *en bon état*, *une nécessité* et *loin* peuvent être remplacés par un groupe adjectival (*gagnant*, *bien entretenues*, *nécessaires* et *éloignée*).

On représente la structure V^être + Attr par un schéma comme celui-ci :

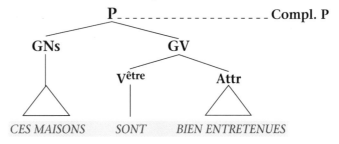

- Un groupe verbal comprend obligatoirement un verbe et soit aucun, soit un, soit deux **compléments de verbe**.
- Quand le verbe du groupe verbal est « **être** » ou un verbe équivalent (« sembler », « paraître », etc.), le groupe qui suit ce verbe est appelé **attribut**.
- L'attribut est un groupe obligatoire et fixe dans la PHRASE P.
- Le groupe en position Attr est un groupe adjectival ou un groupe qui peut être remplacé par un adjectif ou par un groupe adjectival.

Le groupe verbal peut aussi contenir des groupes facultatifs qu'on appelle modificateurs de groupe verbal. Nous verrons plus loin dans ce chapitre comment les reconnaître. Pour avoir plus de précisions sur le groupe adjectival, voir le chapitre 9, « Les catégories dans les groupes adjectival, prépositionnel, adverbial », et pour en savoir plus sur les distinctions syntaxiques dans le groupe verbal, voir le chapitre 8, « Les catégories dans le groupe verbal ».

LE COMPLÉMENT DE PHRASE

Rappelons les propriétés du complément de phrase :

- Le complément de phrase est un *constituant facultatif* de la PHRASE P puisqu'il peut être effacé dans une phrase sans que celle-ci devienne agrammaticale :

GNs	**GV**	**(Compl. P)**
Les élèves	*travaillent*	*le matin.*
Les élèves	*travaillent*	ø .

- Le complément de phrase est un groupe *mobile* :

	GNs	**GV**	**(Compl. P)**
	Les élèves	*travaillent*	*le matin.*
Le matin,	*les élèves*	*travaillent.*	

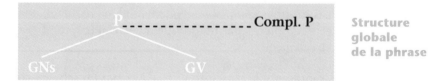

Structure globale de la phrase

LA RECONNAISSANCE DU COMPLÉMENT DE PHRASE

Les opérations d'effacement et de remplacement sont de bons outils pour nous permettre de reconnaître un complément de phrase. Cependant, ces opérations ne sont pas toujours suffisantes pour déterminer à coup sûr si un groupe est un complément de phrase ou non.

Il faut donc chercher un meilleur moyen de reconnaître avec certitude un complément de phrase. Ce dernier n'est pas lié à un verbe : comme son nom l'indique, il complète *toute* une phrase de base (GNs + GV) ; il ne fait donc pas partie de P, ce qui est bien visible dans les schémas en arbre. Pour le reconnaître, il faut arriver à le dissocier de la phrase de base qu'il complète. Comment ? En remplaçant GNs + GV par « cela » et en ajoutant « se passe » avant le groupe qui semble être le complément de phrase.

> Le **dédoublement** de la phrase de base par « cela » est l'outil qui permet de reconnaître le complément de phrase.

Cette opération de remplacement permet le **dédoublement** de la phrase de base. Le dédoublement est un outil sûr pour nous permettre de reconnaître un complément de phrase. Exemple :

Julien dort dans le hamac.

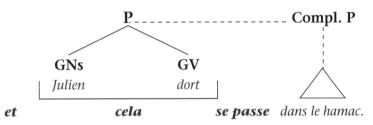

et   **cela**   **se passe** *dans le hamac.*

Appliquons le dédoublement à des groupes dans les phrases suivantes :

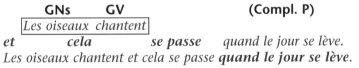

      GNs   **GV**   **(Compl. P)**
      Lucie chasse
et   *cela*   *se passe*   *le matin.*
Lucie chasse et cela se passe **le matin.**

      GNs   **GV**   **(Compl. P)**
      Les oiseaux chantent
et   *cela*   *se passe*   *quand le jour se lève.*
Les oiseaux chantent et cela se passe **quand le jour se lève.**

- Dans la première phrase, le groupe *le matin* est un complément de phrase puisqu'il peut être placé après *et cela se passe.*

- Dans la seconde phrase, le groupe *quand le jour se lève* est un complément de phrase puisqu'il peut être placé après *et cela se passe.*

Appliquons encore le dédoublement à des groupes dans la phrase suivante et observons les résultats :

GNs	GV	(Compl. P)

Les élèves   jouent aux échecs chaque jour

et **cela** *se passe* après le dîner.
Les élèves jouent aux échecs chaque jour et cela se passe **après le dîner**.

GNs	GV	(Compl. P)

Les élèves   jouent aux échecs

et **cela** *se passe* chaque jour.
Les élèves jouent aux échecs et cela se passe **chaque jour**.

GNs	GV	(Compl. P)

Les élèves   jouent

et **cela** *se passe* aux échecs.
*Les élèves jouent et cela se passe **aux échecs**.

- Les groupes *après le dîner* et *chaque jour* sont des compléments de phrase puisqu'ils peuvent être placés après *et cela se passe*.

- Le groupe *aux échecs* n'est pas un complément de phrase puisqu'il ne peut pas être placé après *et cela se passe*.

- L'application du dédoublement s'arrête lorsqu'il ne reste que les constituants de la phrase de base.

RÉGULARITÉS
- Le complément de phrase est le seul groupe auquel on peut appliquer le **dédoublement** de la phrase de base.

- Pour effectuer le dédoublement de la phrase de base, il faut la représenter par un seul mot : « **cela** ».

- Le dédoublement est un outil sûr pour reconnaître le ou les compléments de phrase.

Le complément de phrase peut prendre plusieurs formes. Il est le plus souvent un groupe prépositionnel ou un groupe adverbial. Nous verrons les différentes réalisations du complément de phrase dans les chapitres suivants.

LA DIFFÉRENCE ENTRE LE COMPLÉMENT DE PHRASE ET LE MODIFICATEUR DE GROUPE VERBAL

Nous avons vu précédemment que certaines phrases contiennent des groupes facultatifs. Exemple :

Dominique   tient beaucoup à cet ami.

Dominique   tient   ø   à cet ami.

Dominique y tient beaucoup.

Appliquons le dédoublement à cette phrase pour vérifier si *beaucoup* est un complément de phrase :

GNs	**GV**	**(Compl. P)**
Dominique tient à cet ami		
et	*cela*	*se passe*	*beaucoup.*

Dominique tient à cet ami et cela se passe **beaucoup.*

- *Beaucoup* n'est pas un complément de phrase puisqu'il ne peut pas être placé après *et cela se passe*.

> **Un modificateur de groupe verbal** est un groupe facultatif qui fait partie d'un groupe verbal et dont le rôle est de modifier le sens du groupe verbal.

Le mot *beaucoup* vient modifier le sens du groupe verbal en lui apportant une précision. Un mot ou un groupe de mots qui joue ce rôle dans un groupe verbal s'appelle **modificateur de groupe verbal**.

Synthèse LES CONSTITUANTS DE LA PHRASE P

La PHRASE P est constituée de la phrase de base, GNs + GV, à laquelle peuvent s'ajouter un ou plusieurs compléments de phrase (Compl. P).

Le groupe nominal sujet et le groupe verbal sont les constituants obligatoires et fixes de la PHRASE P. Le groupe nominal sujet y occupe la première position et le groupe verbal, la deuxième position. Le complément de phrase est un constituant facultatif et mobile de la PHRASE P. Par convention, il est toujours à la droite de P dans les schémas en arbre.

Le schéma en arbre qui représente la PHRASE P illustre le caractère obligatoire ou facultatif de chaque constituant ainsi que la position de chacun dans la PHRASE P.

Les critères de reconnaissance des trois groupes

Il existe plusieurs critères qui nous permettent d'établir quel groupe occupe la position GNs, lequel occupe la position GV et lequel occupe la position (Compl. P) dans une phrase réalisée. Ces critères apparaissent dans le tableau suivant.

CRITÈRES DE RECONNAISSANCE		
GNs	**GV**	**(Compl. P)**
PROPRIÉTÉS • Obligatoire. • Fixe. • Occupe la première position dans la PHRASE P.	• Obligatoire. • Fixe. • Occupe la deuxième position dans la PHRASE P.	• Facultatif. • Mobile. • Occupe la position à la droite de P dans la PHRASE P.
AUTRES CRITÈRES • Certains mots sont toujours sujets : «je», «tu», «on», «il». • Remplacement par «il» ou «ils», ou un pronom de type «il» («elle», «ce» ou «cela»). • Seul groupe qui accepte l'encadrement par «c'est… qui».	• Remplacement par un verbe seul. • Remplacement des groupes qui accompagnent le verbe par un pronom («le», «la», «les», «lui», «leur», «en», «y»).	• Groupe qui peut être placé après «et cela se passe» lorsqu'on applique le dédoublement de la phrase de base.

Les réalisations possibles du groupe nominal sujet et du groupe verbal

Voici les différentes réalisations possibles du groupe nominal sujet et du groupe verbal :

Réalisations du GNs	Réalisations du GV

• Quand le groupe nominal sujet a un nom comme noyau : $\left\{\begin{array}{c} \text{Dét + N} \\ \text{N} \\ \text{Pro} \end{array}\right\}$ + (Compl. N)
 	
 Les feuilles tombent.
 Paris est la capitale de la France.
 Plusieurs ont échoué.
 Les pieds de cette table branlent.
 	
 • Quand le groupe nominal sujet n'a pas un nom comme noyau :
 – Inf
      Lire enrichit l'esprit.
 – P
      Qui sème le vent récolte la tempête.
	• V
	    Le lièvre s'enfuit.
	
	 • V + Compl. V
	    *Elle **mange un biscuit**.*
	    *Il **pense aux vacances**.*
	
	 • V + Compl. V + Compl. V
	    *Il **prête son crayon à sa voisine**.*
	    *Elle **parle de cette émission à Nathalie**.*
	
	 • V^{être} + Attr
	    *Notre voisin **est malade**.*
	    *Charlotte **semble heureuse**.*
	
	 • Le groupe verbal peut contenir un groupe facultatif, le modificateur de groupe verbal.
	    *Katia marche **lentement**.*

Chapitre 6

Les accords dans la phrase de base

La gram

SECTION 1
La PHRASE P

CHAPITRE 4
Les instruments
d'analyse des
phrases

CHAPITRE 5
Les constituants
de la PHRASE P

CHAPITRE 6
Les accords
dans la
phrase de base

CHAPITRE 8
Les catégories
dans le groupe
verbal

CHAPITRE 9
Les catégories dans
les groupes adjectival,
prépositionnel,
adverbial

CHAPITRE 10
Les accords dans
le groupe nominal

CHAPITRE 12
Les transformations
d'enchaînement

CHAPITRE 13
Les transformations
de subordination

CHAPITRE 14
Les accords
dans la phrase
transformée

Cacophonie ou harmonie ?

Le concert aurait dû être commencé depuis une demi-heure, mais le rideau était toujours baissé. Dans la salle, les auditeurs et les auditrices discutaient à voix basse, un peu gênés mais de plus en plus impatients. Polis, quelques retardataires gagnaient leur place en passant devant celles et ceux qui étaient déjà assis et qui relisaient le programme pour la énième fois.

Derrière le rideau, les musiciennes et les musiciens tentaient d'accorder leurs instruments. Les gens, pourtant habitués à ces sons discordants, se demandaient quand l'harmonie finirait par se manifester. Personne ne reconnaissait l'orchestre qui se produisait avec succès tous les mardis depuis des années.

Soudain, le rideau s'agita violemment, puis se déchira, livrant à l'assistance un spectacle ahurissant : les musiciennes et les musiciens couraient dans tous les sens et essayaient de rattraper violons, flûtes, bassons, saxophones et tambours en colère, qui, leur ayant échappé, filaient vers la sortie.

Ce soir-là, les membres de l'orchestre avaient mal accordé leurs instruments. Ils en avaient perdu la maîtrise.

L'orchestre le plus complet, composé des meilleurs instruments qui soient, ne pourra rendre une œuvre si les instruments ne sont pas accordés et si les musiciennes et les musiciens ne jouent pas à l'unisson.

On peut dire la même chose d'une phrase. Même si tous les groupes de mots essentiels sont présents, même s'ils sont complets, le message risque d'être embrouillé si les différents accords qui relient les mots entre eux ne sont pas correctement appliqués.

Le chapitre qui suit traitera de ces principaux accords dans la phrase de base. Regardons-les attentivement.

Traitement des notions

Nous avons vu que les deux constituants obligatoires de la phrase de base, le groupe nominal sujet et le groupe verbal, sont unis par une relation fondamentale. On illustre cette relation dans un schéma en arbre de la façon suivante :

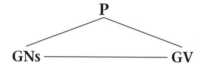

Cette relation est marquée par l'accord du verbe avec le groupe nominal sujet. L'accord du verbe avec le groupe nominal sujet signifie que le verbe change pour prendre les marques de personne, de nombre et de genre du sujet.

Dans ce chapitre, nous examinerons ces accords :

- l'accord du verbe avec le nombre et la personne du sujet ;
- l'accord du participe passé employé avec l'auxiliaire « être » avec le genre et le nombre du sujet ;
- l'accord de l'attribut avec le genre et le nombre du sujet.

L'ACCORD DU VERBE AVEC LE SUJET

Le groupe nominal sujet porte toujours une personne, un nombre et un genre. Par exemple, dans la phrase *Les enfants jouent*, le groupe nominal sujet *les enfants* est de la 3ᵉ personne, son nombre est le pluriel et son genre est le masculin.

Le groupe nominal sujet impose sa personne et son nombre au verbe. Le schéma suivant illustre les constituants d'une phrase qui sont touchés par cet accord, soit le groupe nominal sujet et le verbe :

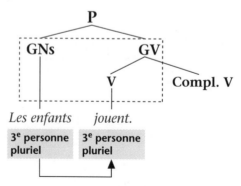

> Quand on remplace un groupe nominal sujet par le pronom « il » ou « ils », on doit retourner à son antécédent pour savoir s'il faut lui donner la marque du singulier ou du pluriel. Exemples : « L'enfant joue ; **il** s'amuse. » « Les enfants jouent ; **ils** s'amusent. »

Au chapitre 5, nous avons utilisé l'opération de remplacement par le pronom « il » ou « ils », ou un pronom de type « il » (« elle », « ce » ou « cela ») en position GNs pour déterminer quels sont les groupes nominaux sujets autres que les mots qui occupent toujours la position GNs comme « je », « tu » et « on ».

Nous allons maintenant utiliser la même opération pour dégager le nombre (singulier ou pluriel) du groupe nominal sujet dans des phrases. Notons que c'est l'émetteur de l'énoncé qui décide du nombre à donner au groupe nominal sujet, en fonction de son intention et de la situation de communication.

Dans les phrases suivantes, remplaçons le groupe nominal sujet par « il » ou « ils » ou un pronom de type « il » et observons la marque du nombre portée par le verbe :

GNs	GV
L'ami de mes frères	*participe à la course.*
Il	*partici**pe** à la course.*
Celles qui sont entrées	*portaient des insignes.*
Elles	*porta**ient** des insignes.*
Beaucoup	*croient au bonheur.*
Ils	*croi**ent** au bonheur.*
La fille et le chien	*se promènent.*
Ils	*se promè**nent**.*
Qui sème le vent	*récolte la tempête.*
Il	*récol**te** la tempête.*
Fuir	*était la seule solution.*
C'	*était la seule solution.*

- Dans ces phrases, le nombre du groupe nominal sujet apparaît clairement ; il est donc facile d'accorder le verbe. Ainsi :
  - *l'ami de mes frères* a été remplacé par *il* parce que c'est le singulier qui se dégage du noyau *ami* ; le verbe est donc au singulier (*participe*) ;
  - *celles qui sont entrées* a été remplacé par *elles* parce que c'est le pluriel qui se dégage du groupe nominal sujet *celles qui sont entrées* ; le verbe est donc au pluriel (*portaient*) ;
  - *beaucoup* a été remplacé par *ils* parce que le mot « beaucoup » exprime le pluriel ; le verbe est donc au pluriel (*croient*) ;
  - *la fille et le chien* a été remplacé par *ils* parce que le mot « et » indique que le groupe nominal sujet est composé de deux parties (un groupe nominal singulier + un groupe nominal singulier = un groupe nominal pluriel) ; le verbe est donc au pluriel (*se promènent*) ;
  - *qui sème le vent* a été remplacé par *il* parce qu'il est sous-entendu « celui » *qui sème le vent* ; le verbe est donc au singulier (*récolte*) ;
  - *fuir* a été remplacé par *c'*, ou « cela » ; le verbe est donc au singulier (*était*).

- Quand le sujet est un groupe qui peut être remplacé par «il» ou «ils» ou un pronom de type «il», le verbe prend la marque de la **troisième personne**.
- Le verbe s'accorde avec le **nombre** du groupe nominal sujet:
  - il prend la marque du singulier quand le groupe nominal sujet peut être remplacé par «il» ou un pronom de type «il»;
  - il prend la marque du pluriel quand le groupe nominal sujet peut être remplacé par «ils» ou un pronom de type «ils».

Observons maintenant des groupes nominaux sujets dont le nombre est moins aisé à dégager:

GNs	GV
Le directeur ou son adjoint	*prononcera le discours.*
Il	*prononce**ra** le discours.*
La mer ou la montagne	*lui conviendront.*
Elles	*lui conviendr**ont**.*
Une foule de visiteurs	*défilait en silence.*
Elle	*défila**it** en silence.*
Une foule de visiteurs	*faisaient la queue.*
Ils	*faisai**ent** la queue.*

- Quand le groupe nominal sujet est composé de deux parties unies par le mot «ou», le verbe se met tantôt au singulier et tantôt au pluriel. Dans la première phrase, le verbe est au singulier (*prononcera*) parce que c'est le directeur ou son adjoint qui prononcera le discours, mais pas les deux. Dans la deuxième phrase, la mer et la montagne peuvent convenir toutes les deux pour les vacances, donc le verbe est au pluriel (*conviendront*).
- Les deux dernières phrases ont le même groupe nominal sujet, *une foule de visiteurs*. Lorsqu'on remplace *une foule de visiteurs* par *elle*, on considère que c'est la foule qui est concernée; le verbe est au singulier. Lorsqu'on remplace *une foule de visiteurs* par *ils*, on considère que ce sont les visiteurs qui sont concernés; le verbe est au pluriel.

Dans ces deux dernières phrases, c'est le sens du verbe et de son complément qui détermine si c'est *foule* ou *visiteurs* qui est le nom noyau du groupe nominal.

Dans *une **foule** de visiteurs défilait en silence*, *foule* est un nom collectif considéré comme le noyau du groupe nominal sujet: c'est la foule qui défilait.

Dans ***une foule de** visiteurs faisaient la queue*, *foule* fait partie du déterminant quantifiant *une foule de* qui accompagne le nom noyau *visiteurs*: ce sont les visiteurs qui faisaient la queue (voir le chapitre 7, «La catégorie "déterminant"»).

- Quand le groupe nominal sujet est constitué de **plusieurs parties réunies par « ou »**, le verbe prend la marque du singulier ou du pluriel selon le sens à donner au mot « ou » :
  - si « ou » a un sens d'addition, le verbe porte la marque du pluriel ;
  - si « ou » a un sens d'exclusion, le verbe porte la marque du singulier.
- Quand le groupe nominal sujet contient un **nom collectif**, le verbe est au singulier ou au pluriel, selon le sens qu'on donne à la phrase.

En position GNs, les noms personnels et le pronom « il » donnent au verbe leur personne. Par exemple, « je » donne au verbe la marque de la première personne, et « il » donne au verbe la marque de la troisième personne.

Les noms personnels « je », « tu », « nous » et « vous » donnent en plus au verbe le nombre (singulier ou pluriel) qui est intégré à leur personne (pour les personnes de la conjugaison, voir le chapitre 8). Par exemple, dans *nous racontons* :

- *nous* est à la fois une marque de personne et une marque de nombre ;
- la terminaison *-ons* à la fin du verbe est également à la fois une marque de personne et une marque de nombre, comme le sujet *nous*.

Observons le verbe lorsque la personne du groupe nominal sujet change :

GNs	GV
Je	**suis** *dans ma chambre.*
Tu	**es** *dans ta chambre.*
On	*raconte des histoires.*
Nous	*racont**ons** des histoires.*
Vous	*racont**ez** des histoires.*

- Le verbe prend la marque de la personne et du nombre du sujet :
  - *suis* est à la même personne que *je* ;
  - *es* est à la même personne que *tu* ;
  - *raconte* est à la même personne que *on* ;
  - *racontons* est à la même personne que *nous* ;
  - *racontez* est à la même personne que *vous*.

Observons maintenant ce qui se passe quand le groupe nominal sujet est formé de plusieurs mots de personne différente :

GNs	GV
*Sophie, son frère et **moi***	*part**ons** en voyage.*
*Lui, toi et **moi***	*part**ons** en voyage.*
*Sophie et **moi***	*part**ons** en voyage.*
*Lui et **toi***	*part**ez** en voyage.*
***Toi** et les autres*	*part**ez** en voyage.*
*Elle et **toi***	*part**ez** en voyage.*

- Dans les trois premières phrases, c'est le nom personnel sujet *moi* qui domine. Comme le groupe nominal sujet est constitué de plusieurs personnes, le verbe est au pluriel (*-ons* est la marque de la 4e personne : *nous*).

- Dans les trois dernières phrases, c'est le nom personnel *toi* qui domine. Comme le groupe nominal sujet est constitué de plusieurs personnes, le verbe est au pluriel (*-ez* est la marque de la 5e personne : *vous*).

RÉGULARITÉS

- Quand le groupe nominal sujet est le **nom personnel** « je », « tu », « nous » ou « vous », le verbe prend la marque de la personne ainsi que la marque du nombre intégrée à la personne du sujet. La personne et le nombre sont transmis au verbe dans une seule et même marque.

- Quand un sujet est constitué de **plusieurs personnes**, il y a une personne qui domine et, comme il y a plusieurs personnes, le verbe doit être au pluriel :
  - la 1re personne a priorité sur la 2e et la 3e personnes : le verbe est alors à la 4e personne (nous) ;
  - la 2e personne a priorité sur la 3e personne : le verbe est alors à la 5e personne (vous).

L'ACCORD DU PARTICIPE PASSÉ AVEC LE GENRE ET LE NOMBRE DU SUJET

Aux formes composées, le verbe est constitué de deux éléments :
- un auxiliaire (Aux) ;
- le participe passé (pp) du verbe conjugué.

L'auxiliaire et le participe passé forment un tout, qui est un verbe conjugué à une forme composée. Par exemple, le verbe « sortir » se conjugue avec l'auxiliaire « être » (*Je suis sorti*) et le verbe « donner » se conjugue avec l'auxiliaire « avoir » (*J'ai donné un concert*).

Du point de vue de l'accord :
- l'auxiliaire se comporte comme un verbe : il prend les marques de la personne et du nombre du sujet ;
- le participe passé d'un verbe conjugué avec l'auxiliaire « être » prend les marques du genre et du nombre du sujet ;
- le participe passé d'un verbe conjugué avec l'auxiliaire « avoir » ne prend pas les marques du genre et du nombre du sujet.

L'ACCORD DU PARTICIPE PASSÉ
D'UN VERBE CONJUGUÉ AVEC «ÊTRE»

Dans le schéma suivant, le cadre pointillé montre les constituants du groupe verbal qui sont touchés par l'accord avec le sujet quand le verbe est composé de l'auxiliaire «être» suivi d'un participe passé:

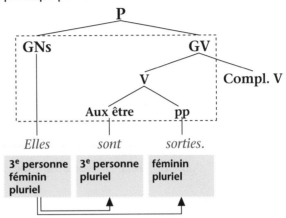

Observons les verbes conjugués à une forme composée dans ces phrases:

GNs	GV
Kim et Duc	**sont arrivés** *du Vietnam.*
Leur mère	**est venue** *les voir.*
Andréi	**est parti** *en classe de neige.*
Nous (nous = Lise et moi)	**sommes venues** *de Montréal.*
On (on = Éric et moi)	**est nés** *dans la région de Charlevoix.*

- L'auxiliaire «être» a pris partout la personne et le nombre du sujet:
  - *sont* est de la 3e personne du pluriel comme le groupe nominal sujet *Kim et Duc*;
  - *est* est de la 3e personne du singulier comme le groupe nominal sujet *leur mère*;
  - *est* est de la 3e personne du singulier comme le groupe nominal sujet *Andréi*;
  - *sommes* est de la 4e personne comme le groupe nominal sujet *nous*;
  - *est* est de la 3e personne du singulier comme le groupe nominal sujet *on*.

- Les participes passés des verbes ont pris partout le genre et le nombre du sujet:
  - *arrivés* est au masculin et au pluriel parce que le groupe nominal sujet est composé de deux parties dont l'une est de genre féminin (*Kim*) et l'autre, de genre masculin (*Duc*); dans ce cas, le masculin a priorité;
  - *venue* est au féminin et au singulier comme le groupe nominal sujet *leur mère*;
  - *parti* est au masculin et au singulier comme le groupe nominal sujet *Andréi*;
  - *venues* a pris le même genre et le même nombre que les personnes désignées par le groupe nominal sujet *nous* (Lise et moi, le mot «moi» désignant ici une femme);
  - *nés* a pris le même genre et le même nombre que les personnes désignées par le groupe nominal sujet *on* (Éric et moi).

Les accords dans la phrase de base

- Quand un verbe est conjugué à une **forme composée** :
  - l'auxiliaire prend toujours la marque de la personne et du nombre du groupe nominal sujet ;
  - le participe passé des verbes conjugués avec l'auxiliaire « être » prend toujours la marque du genre et du nombre du groupe nominal sujet ; quand le groupe nominal sujet est constitué de parties de genre différent, le masculin a priorité.

L'ACCORD DU PARTICIPE PASSÉ D'UN VERBE TOUJOURS PRONOMINAL

> Un **verbe pronominal** est un verbe qui contient un pronom de même personne que le sujet.

Certains verbes se conjuguent toujours avec l'auxiliaire « être » et ont un type particulier. Il s'agit des **verbes pronominaux.**

Comme son nom l'indique, le verbe pronominal est un verbe qui contient un pronom. Dans le dictionnaire, l'infinitif du verbe pronominal est toujours accompagné du pronom « se ».

Certains verbes, comme « s'enfuir », « se souvenir », « s'évanouir », « s'écrouler », « se méfier », « se démener », sont toujours pronominaux. Ils ne peuvent exister sans leur pronom. Exemples :

Nous nous méfions de lui.
*Nous méfions de lui.

Il s'est souvenu de son rendez-vous.
*Il est souvenu de son rendez-vous.

Le pronom des verbes pronominaux n'occupe aucune position particulière dans la PHRASE P. Il forme avec le verbe un tout indivisible.

Observons le pronom et le participe passé des verbes toujours pronominaux dans les phrases suivantes :

GNs	GV
Je	*me suis démené pour trouver ce travail.*
Tu	*t'es écroulée de fatigue.*
Elles	*se sont enfuies de chez elles.*
Nous (nous = elle et moi)	*nous sommes souvenus de cette rencontre.*
Vous (vous = lui et toi)	*vous étiez méfiés de son attitude.*
Les élèves	*se sont absentés plusieurs fois.*

- Dans toutes ces phrases, le pronom du verbe pronominal est toujours de la même personne que le sujet : *je* et *me* sont de la 1re personne, *tu* et *te* sont de la 2e personne, *elles* et *se* sont de la 3e personne, *nous* et *nous* sont de la 4e personne, *vous* et *vous* sont de la 5e personne, *les élèves* et *se* sont de la 3e personne du pluriel.

- Le participe passé de ces verbes pronominaux prend la marque du genre et du nombre du groupe nominal sujet.

- Quand un verbe à la forme composée est un verbe **toujours pronominal**, c'est-à-dire un verbe toujours accompagné d'un pronom :
  - l'auxiliaire prend la marque de la personne et du nombre du groupe nominal sujet ;
  - le participe passé prend la marque du genre et du nombre du groupe nominal sujet ;
  - le pronom est toujours de la même personne que le sujet.

Nous n'avons vu ici que l'accord des verbes toujours pronominaux. Les verbes occasionnellement pronominaux, c'est-à-dire qui peuvent avoir ou non une construction pronominale, seront traités au chapitre 14. Le pronom qui accompagne le verbe est alors considéré comme un complément de verbe.

LE PARTICIPE PASSÉ D'UN VERBE CONJUGUÉ AVEC « AVOIR »

Observons maintenant le participe passé de verbes conjugués avec l'auxiliaire « avoir » :

GNs	GV
Les Dubé	*ont voyagé dans les pays asiatiques.*
Hanh	*a écrit un livre sur les réfugiés.*
Elle	*a appris à travailler seule.*
Nous	*avons choisi des patins à roues alignées.*
J'	*aurais apprécié ce spectacle.*
Vous	*avez succédé à Paul dans cette fonction.*

- Les participes passés de ces verbes ne s'accordent pas avec le groupe nominal sujet. Le groupe nominal sujet n'a aucune influence sur eux.

- Le participe passé d'un verbe conjugué avec l'auxiliaire **« avoir »** ne s'accorde **jamais** avec le sujet.

Certains participes passés conjugués avec l'auxiliaire « avoir » peuvent s'accorder avec un groupe nominal complément de verbe selon la position occupée par ce complément. Observons les exemples suivants :

J'ai remis une disquette à Claude.

*Quels films as-tu **vus** ?*

*J'ai entendu des oiseaux. Je les ai **vus** sur la clôture.*

Dans ces phrases, deux participes passés (*vus*) des verbes conjugués avec l'auxiliaire « avoir » s'accordent. Nous verrons ces accords au chapitre 14.

L'ACCORD DE L'ATTRIBUT AVEC LE GENRE ET LE NOMBRE DU SUJET

La position Attr est celle qui suit le verbe « être » ou un verbe équivalent (« sembler », « paraître », etc.). Dans le schéma ci-dessous, la ligne pointillée montre les constituants du groupe verbal qui sont touchés par l'accord avec le sujet quand le groupe verbal a la structure verbe « être » + attribut :

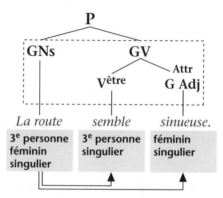

Observons les groupes qui occupent la position Attr dans ces phrases :

GNs	GV
Ces sportives	*étaient **persévérantes**.*
Ils	*paraissent **engagés dans la bonne voie**.*
Ces animaux	*sont **des chevaux**.*
Les ordinateurs	*sont devenus **une nécessité**.*
Les enfants	*semblent **en bonne santé**.*

- Dans les deux premières phrases, la position Attr est occupée par un groupe adjectival (*persévérantes* et *engagés dans la bonne voie*) : *persévérantes* est au féminin pluriel comme le groupe nominal sujet *ces sportives* ; *engagés* est au masculin pluriel comme le groupe nominal sujet *ils*.
- Dans les troisième et quatrième phrases, la position Attr est occupée par un groupe nominal (*des chevaux* et *une nécessité*) : *des chevaux* est au pluriel comme le groupe nominal sujet *ces animaux* ; *une nécessité* est au singulier même si le groupe nominal sujet *les ordinateurs* est au pluriel.
- Dans la dernière phrase, la position Attr est occupée par un groupe prépositionnel (*en bonne santé*) : ce groupe ne s'accorde pas.

RÉGULARITÉS
- Lorsque la position Attr est occupée par un **groupe adjectival**, l'adjectif s'accorde avec le genre et le nombre du sujet.
- Lorsque la position Attr est occupée par un **groupe nominal**, le nom s'accorde ou non avec le genre et le nombre du sujet, selon le sens.
- Lorsque la position Attr est occupée par un **groupe prépositionnel**, c'est-à-dire un groupe introduit par une préposition, le sujet n'a aucune influence sur ce groupe.

Synthèse LES ACCORDS DANS LA PHRASE DE BASE

L'accord du verbe avec le sujet

- Quand le sujet est un groupe qui peut être remplacé par «il» ou «ils» ou un pronom de type «il», le verbe prend la marque de la 3e personne.

- Dans ce cas, le verbe:
  - prend la marque du singulier quand le groupe nominal sujet peut être remplacé par «il» ou un pronom de type «il»;
  - prend la marque du pluriel quand le groupe nominal sujet peut être remplacé par «ils» ou un pronom de type «ils».

- Quand le groupe nominal sujet est constitué de plusieurs parties réunies par «ou», le verbe prend la marque du singulier ou du pluriel selon le sens à donner au mot «ou». Si «ou» a un sens d'addition, le verbe porte la marque du pluriel. Si «ou» a un sens d'exclusion, le verbe porte la marque du singulier.

- Quand le groupe nominal sujet contient un nom collectif, le verbe est au singulier ou au pluriel, selon le sens qu'on donne à la phrase.

- Quand le groupe nominal sujet est le nom personnel «je», «tu», «nous» ou «vous», le verbe prend la marque de la personne ainsi que la marque du nombre intégrée à la personne du sujet. La personne et le nombre sont transmis au verbe dans une seule et même marque.

- Quand un sujet est constitué de plusieurs personnes, il y a une personne qui domine et, comme il y a plusieurs personnes, le verbe doit être au pluriel:
  - la 1re personne a priorité sur la 2e et la 3e personnes: le verbe est alors à la 4e personne («nous»);
  - la 2e personne a priorité sur la 3e personne: le verbe est alors à la 5e personne («vous»).

L'accord du participe passé avec le genre et le nombre du sujet

L'accord du participe passé d'un verbe conjugué avec «être»

- Quand un verbe est conjugué à une forme composée:
  - l'auxiliaire prend toujours la marque de la personne et du nombre du groupe nominal sujet;
  - le participe passé des verbes conjugués avec l'auxiliaire «être» prend toujours la marque du genre et du nombre du groupe nominal sujet; quand le groupe nominal sujet est constitué de parties de genre différent, le masculin a priorité.

L'accord du participe passé d'un verbe toujours pronominal

- Quand un verbe à la forme composée est un verbe toujours pronominal, c'est-à-dire un verbe toujours accompagné d'un pronom :
  - l'auxiliaire prend la marque de la personne et du nombre du groupe nominal sujet ;
  - le participe passé prend la marque du genre et du nombre du groupe nominal sujet ;
  - le pronom est toujours de la même personne que le sujet.

Le participe passé d'un verbe conjugué avec « avoir »

- Le participe passé d'un verbe conjugué avec l'auxiliaire « avoir » ne s'accorde jamais avec le sujet.

L'accord de l'attribut avec le genre et le nombre du sujet

- Lorsque la position Attr est occupée par un groupe adjectival, l'adjectif s'accorde avec le genre et le nombre du sujet.
- Lorsque la position Attr est occupée par un groupe nominal, le nom s'accorde ou non avec le genre et le nombre du sujet, selon le sens.
- Lorsque la position Attr est occupée par un groupe prépositionnel, c'est-à-dire un groupe introduit par une préposition, le sujet n'a aucune influence sur ce groupe.

PARTIE II
La grammaire de la phrase

Mise en place : Les catégories dans la PHRASE P

Dans la section 1, nous avons mis en place un modèle d'analyse des phrases, la PHRASE P. Ce modèle d'analyse comprend deux niveaux : celui de la structure globale et celui des constituants. Lorsqu'on analyse une phrase à l'aide de ce modèle et qu'on la représente sous forme de schéma en arbre, on met en évidence ses différents niveaux hiérarchiques. Le **premier niveau** d'analyse est celui de la structure globale de la phrase : GNs + GV + (Compl. P). Quand nous avons présenté chacun des constituants de la PHRASE P pour en examiner la composition, nous avons travaillé au **deuxième niveau** d'analyse.

Dans cette deuxième section, nous approfondirons les niveaux d'analyse. Nous regarderons de plus près chaque groupe pour en examiner les constituants et étudier les **catégories** de mots dont font partie ces constituants. Nous nous rendrons ainsi jusqu'aux mots. Les catégories de mots sont classées en deux ensembles : les catégories lexicales et les catégories grammaticales.

Les catégories **lexicales** forment des listes ouvertes de mots. Ce sont les catégories du **nom**, du **verbe** et de l'**adjectif**. En effet, on peut toujours créer de nouveaux noms, de nouveaux verbes ou de nouveaux adjectifs, soit par emprunt à d'autres langues, soit par dérivation.

Le mot « calme », qui figure dans les trois phrases suivantes, appartient dans chaque cas à une catégorie lexicale différente :

*La lecture **calme** les nerfs.* (catégorie « verbe »)

*Ton **calme** m'étonne.* (catégorie « nom »)

*La malade était très **calme**.* (catégorie « adjectif »)

Si nous remplaçons le mot *calme*, dans chaque phrase, par un autre mot qui garde la phrase grammaticale, nous pouvons avoir les équivalences suivantes :

La lecture calme (tranquillise, apaise, etc.) les nerfs.

Ton calme (ta tranquillité, ta sérénité, etc.) m'étonne.

La malade était très calme (tranquille, paisible, etc.).

Nous constatons que les mots d'une série qui peuvent remplacer *calme* ont des points en commun. Par exemple, les mots de la dernière série, *calme, tranquille, paisible*, peuvent :

- occuper la même position dans la PHRASE P et sont donc aptes à jouer le rôle d'attribut après le verbe « être » ;
- être tous précédés du mot *très* ;
- prendre la marque du pluriel (*calmes, tranquilles, paisibles*).

Des mots comme *calme*, *tranquille*, *paisible* possèdent donc des **propriétés communes**. Ce sont les ensembles de mots qui ont en commun un certain nombre de propriétés qui forment ce qu'on appelle des « catégories ». Par exemple, *calme*, *tranquille*, *paisible* appartiennent à la catégorie « adjectif ».

Parmi les propriétés qui fondent une catégorie de mots, on distingue :
- les propriétés syntaxiques, qui concernent la **syntaxe**, car il existe une relation entre la position des mots dans la PHRASE P et les catégories auxquelles ils appartiennent ;
- les propriétés morphologiques, qui concernent la **forme**, car les catégories de mots ne possèdent pas toutes les mêmes possibilités morphologiques (par exemple, le verbe constitue une catégorie de mots parce qu'il peut prendre les marques des personnes et des temps de la conjugaison) ;
- les propriétés sémantiques, qui concernent le **sens**, car ce que peuvent signifier les mots varie d'une catégorie à l'autre.

D'autres catégories de mots sont des catégories **grammaticales**. Elles composent des ensembles d'unités qu'on ne peut pas augmenter ; elles forment donc des listes fermées de mots. Par exemple, la catégorie « déterminant » et la catégorie « préposition », que nous verrons plus loin, sont des catégories grammaticales.

Enfin, dans les chapitres qui suivent, mis à part la catégorie « adverbe », nous n'examinerons que les catégories de mots qui occupent des positions prévues dans le modèle PHRASE P. Une autre catégorie grammaticale, le « pronom », sera traitée dans les chapitres consacrés aux phrases transformées et à la grammaire du texte.

Chapitre 7

Les catégories dans le groupe nominal

N'ayons pas peur des mots : appelons les choses par leur nom !

Dans les trois prochains chapitres, nous verrons en détail les caractéristiques des différents mots qui composent les groupes de la phrase. Nous commencerons ici par les constituants du groupe nominal.

Il ne suffit pas de mettre un nom dans une phrase pour que les gens comprennent de quoi nous parlons. Nous verrons comment la structure du groupe nominal et les propriétés de ses différents constituants nous permettent de bien nommer ce dont nous voulons parler.

Traitement des notions

Ce chapitre est consacré au groupe nominal. Dans un premier temps, nous observerons quels sont les constituants du groupe nominal : le nom, qui en est le noyau, et le déterminant.

Ensuite, nous verrons quelles sont les positions qu'un groupe nominal peut occuper dans la PHRASE P, à tous les niveaux d'analyse.

Enfin, nous étudierons en détail les propriétés du nom et des déterminants.

LES PROPRIÉTÉS SYNTAXIQUES DU GROUPE NOMINAL

Le groupe nominal possède une structure dont le noyau est un nom et il peut occuper plusieurs positions dans la PHRASE P. Ce sont là ses deux propriétés syntaxiques.

LA STRUCTURE DU GROUPE NOMINAL

Parmi les groupes nominaux rencontrés jusqu'à présent, certains contiennent d'autres éléments que le nom noyau. Par exemple, le groupe nominal *les amis de ma sœur* contient :

- un déterminant (*les*) ;
- un nom noyau (*amis*) ;
- un complément de nom (*de ma sœur*), qui est un groupe prépositionnel (nous traiterons des groupes prépositionnels au chapitre 9).

On représente cette structure par le schéma suivant :

Un **complément de nom** est un groupe facultatif du groupe nominal dont le rôle est d'ajouter de l'information au nom. Dans la PHRASE P, on place le déterminant à la gauche du nom noyau et, par convention, on place le ou les compléments de nom à la droite du nom noyau, quelle que soit leur place dans la phrase réalisée. On relie le complément de nom au nœud GN à l'aide d'un trait pointillé, puisque, nous le verrons plus loin, le complément de nom forme un groupe facultatif.

> Un **complément de nom** est un groupe facultatif du groupe nominal dont le rôle est d'ajouter de l'information au nom.

À l'aide de schémas, observons la structure des groupes nominaux dans les trois phrases suivantes :

Angèle Dubeau, ma musicienne préférée, donne **un concert.**

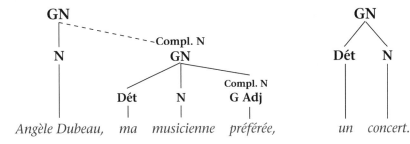

Les jeunes sœurs de ma voisine lisent **leur courrier électronique.**

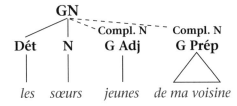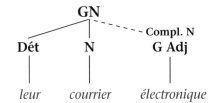

Le directeur de l'opéra présente **la cantatrice que je préfère.**

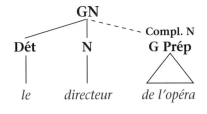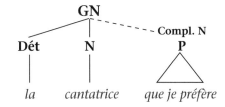

NOUS CONSTATONS QUE

- Tous les groupes nominaux contiennent un déterminant, à l'exception du groupe nominal *Angèle Dubeau.*
- Plusieurs groupes nominaux contiennent un complément de nom. L'un d'eux en contient deux (*les jeunes sœurs de ma voisine*).
- La position Compl. N peut être occupée par différents groupes :
  - par un groupe nominal : *ma musicienne préférée;*
  - par un groupe adjectival : *les jeunes sœurs de ma voisine, leur courrier électronique;*
  - par un groupe prépositionnel : *les jeunes sœurs de ma voisine, le directeur de l'opéra;*
  - par une phrase subordonnée : *la cantatrice que je préfère.*

Nous verrons les subordonnées au chapitre 13.

Essayons maintenant d'effacer les compléments de nom dans les phrases suivantes pour vérifier si ces groupes sont obligatoires ou facultatifs :

GNs	GV	(Compl. P)
*Les **jeunes** sœurs **de ma voisine***	*lisent leur courrier **électronique**.*	
Les ∅ sœurs ∅	*lisent leur courrier ∅*	*.*
*Le directeur **de l'opéra***	*présente la cantatrice **que je préfère**.*	
Le directeur ∅	*présente la cantatrice ∅*	*.*

- On peut effacer ces compléments de nom tout en gardant les phrases grammaticales.

RÉGULARITÉS

- La **structure du groupe nominal** obéit aux règles suivantes :
  - un *nom* est le noyau ;
  - un *déterminant* précède la plupart du temps le nom ;
  - un ou plusieurs *compléments de nom*, facultatifs, accompagnent le nom.
- La structure du groupe nominal se réécrit de la façon suivante :

  GN   →   Dét + N + (Compl. N)

  Compl. N → (GN) + (G Prép) + (G Adj) + (P)

LES POSITIONS POSSIBLES DU GROUPE NOMINAL DANS LA PHRASE P

Jusqu'à présent, nous avons surtout vu des groupes nominaux en position GNs. Cependant, un groupe nominal peut occuper plusieurs positions dans la PHRASE P et donc jouer plusieurs rôles dans une phrase.

À l'aide du schéma en arbre, observons les positions qu'occupent les groupes nominaux dans la phrase suivante :

L'amie de mon frère expose ses tableaux dès cette semaine.

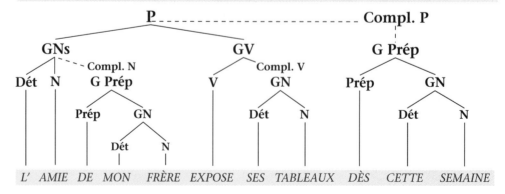

- Le groupe nominal *l'amie de mon frère* occupe la position GNs.
- Le groupe nominal *mon frère* fait partie du groupe prépositionnel *de mon frère*. Ce groupe prépositionnel occupe la position Compl. N.
- Le groupe nominal *ses tableaux* occupe la position Compl. V.
- Le groupe nominal *cette semaine* fait partie du groupe prépositionnel *dès cette semaine*. Ce groupe prépositionnel occupe la position Compl. P.

L'emboîtement d'un groupe nominal dans un groupe prépositionnel lui-même emboîté dans un autre groupe nominal fait penser à une matriochka, une poupée russe formée de poupées de plus en plus petites qui s'emboîtent les unes dans les autres. Ce phénomène porte le nom de « récursivité ».

Observons encore les positions des groupes nominaux dans la phrase suivante :

Angèle Dubeau est ma musicienne préférée.

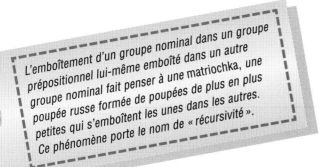

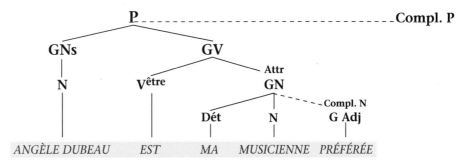

NOUS CONSTATONS QUE

- Le groupe nominal *Angèle Dubeau* occupe la position GNs.
- Le groupe nominal *ma musicienne préférée* occupe la position Attr.

RÉGULARITÉ

- Un **groupe nominal** peut occuper **plusieurs positions** dans la PHRASE P :
  - au premier niveau d'analyse, le groupe nominal occupe la position GNs ;
  - aux autres niveaux d'analyse, le groupe nominal peut occuper la position Compl. V ou la position Attr, ou faire partie d'un groupe prépositionnel.

LA CATÉGORIE « NOM »

Les noms forment une catégorie lexicale, c'est-à-dire une catégorie dont les mots appartiennent à une liste ouverte, illimitée, de mots. On peut sans cesse créer de nouveaux noms :

- soit par emprunt à une autre langue (par exemple, le mot arabe *bâboûch* a donné « babouche ») ;
- soit par dérivation, c'est-à-dire à partir de mots déjà existants ou de certains radicaux (« ficeler » : *ficelage* ; « cent » : *centaine*) ;
- soit par fusion de mots (« courrier électronique » : *courriel*).

Du point de vue de la *syntaxe*, le nom est le mot noyau du groupe nominal. Du point de vue du *sens*, les noms sont des mots qui renvoient à ce dont on parle, c'est-à-dire aux différents êtres, choses et notions du monde. Du point de vue de la *forme*, le nom porte un genre grammatical, le masculin ou le féminin.

LE NOM PROPRE ET LE NOM COMMUN

Le *nom propre* désigne un être (personne ou animal) ou une chose unique, et prend une majuscule. Il n'a pas de définition précise ; cela dépend à qui ou à quoi on attribue le nom. Par exemple, dans la phrase suivante, le nom « L'Assomption » est le nom d'une rivière, et le nom « Lanaudière » désigne une région :

*La rivière **L'Assomption** est située dans **Lanaudière**.*

Le nom propre peut être un prénom, un nom de famille, un nom de peuple, un surnom, etc. ; il désigne une personne, une chose, un lieu, une réalité géographique. Exemples :

Sophie *a vu trois films aujourd'hui.*

Raymond Plante *est un auteur très connu.*

Péribonka *est situé sur les bords du lac **Saint-Jean**.*

Le nom propre n'est généralement pas précédé d'un déterminant. Cependant, il en a parfois un, par exemple quand il désigne une réalité géographique ou un peuple :

*Le Saint-Laurent est un fleuve majestueux ; **les** Québécois en sont fiers.*

Un autre type de noms qui se rapprochent des noms propres sont les noms personnels (« je », « tu », « nous », « vous » et « on » dans certains cas). Les noms personnels renvoient aux personnes qui participent à la communication.

Le *nom commun* désigne un être (personne ou animal), une chose ou une notion qui appartient à un ensemble ou à une classe. On peut donner une définition à un nom commun. Exemples :

*L'**été**, les **plages** sont bondées de **vacanciers**.*

*Péribonka est situé sur les **bords** du **lac** Saint-Jean.*

En règle générale, le nom commun est précédé d'un déterminant; il a besoin d'un déterminant pour s'insérer dans une phrase. Il arrive cependant qu'il figure dans une phrase sans déterminant, mais ces cas sont limités. Exemples :

Justice sera rendue.

Garçons et filles sont admis.

Jeanne veut devenir **médecin.**

Il lui lança un regard sans **douceur.**

Nous avons mangé des pommes de **terre** *au dîner.*

LES TRAITS DISTINCTIFS DES NOMS COMMUNS

Les noms communs n'ont pas tous les mêmes caractéristiques. Il y a entre eux des distinctions de sens, qui ont des répercussions sur leurs formes et sur la syntaxe. Ces *traits* distinctifs permettent de définir les sous-catégories suivantes :

LES SOUS-CATÉGORIES DES NOMS COMMUNS	
Nom concret [+ concret] Nom qui désigne quelqu'un ou quelque chose de matériel, de perceptible par les sens : *nageur, wagon, farine,* etc.	**Nom abstrait [- concret]** Nom qui désigne quelque chose de non matériel, de non perceptible par les sens : *courage, croyance, crédibilité,* etc.
Nom humain [+ humain] Nom qui désigne quelqu'un : *athlète, enfant,* etc.	**Nom non humain [- humain]** Nom qui désigne quelque chose ou qui désigne un animal : *wagon, pommier, panthère, cheval,* etc.
Nom animé [+ animé] Nom qui désigne un être (personne ou animal) : *athlète, panthère,* etc.	**Nom non animé [- animé]** Nom qui désigne quelque chose : *wagon, pommier,* etc.
Nom comptable [+ comptable] Nom qui désigne une réalité pouvant être comptée, dénombrée : *pierre, poule, nageur,* etc. Le nom comptable peut être accompagné d'un déterminant qui indique une quantité déterminée : *trois pierres, quinze poules, dix nageurs,* etc. Le nom comptable peut recevoir la marque du pluriel : *pierres, poules, nageurs,* etc.	**Nom non comptable [- comptable]** Nom qui désigne une réalité ne pouvant pas être comptée, comme une matière, une substance : *farine, sel, essence,* etc. Le nom non comptable peut être accompagné d'un déterminant qui indique une quantité non déterminée : *un peu de farine, assez de sel, beaucoup d'essence,* etc. Le nom non comptable ne s'utilise qu'au singulier : *de la farine, du sel, dix litres d'essence,* etc. (Lorsqu'un nom non comptable est au pluriel, il désigne une autre réalité. Par exemple, dans *trois farines*, «farines» désigne des sortes de farine.)

On note les traits que possède un nom de la façon suivante :

farine = [+ concret], [- animé], [- comptable] ;

cerise = [+ concret], [- animé], [+ comptable] ;

athlète = [+ concret], [+ humain], [+ animé], [+ comptable] ;

chat = [+ concret], [- humain], [+ animé], [+ comptable].

L'opposition entre le trait humain et le trait non humain, entre le trait animé et le trait non animé impose des contraintes dans la construction de certains groupes ou de certaines phrases. En effet, il arrive qu'une position soit réservée à un nom ayant les traits [+ humain] et [+ animé], ou au contraire à un nom ayant le trait [- animé], cela en fonction du contexte de la phrase.

Par exemple, si l'on utilise le verbe « fumer » dans le sens de « être un fumeur ou une fumeuse », la position GNs doit être occupée par un nom ayant les traits [+ humain] et [+ animé] :

Paul fume la pipe.

Si l'on utilise le verbe « fumer » dans le sens de « dégager de la fumée », la position GNs doit être occupée par un nom ayant le trait [- animé] :

Cette cheminée fume.

Autre exemple : si l'on utilise le verbe « exploiter » dans le sens de « être un exploitant ou une exploitante », la position Compl. V doit être occupée par un nom ayant le trait [- animé] :

Cette personne exploite une mine.

Si l'on utilise le verbe « exploiter » dans le sens de « être un exploiteur ou une exploiteuse », la position Compl. V doit être occupée par un nom ayant les traits [+ humain] et [+ animé] :

Cette personne exploite ses employés.

Cette opposition entre le trait animé et le trait non animé impose aussi parfois une contrainte dans le choix du pronom interrogatif. En effet, quand on pose une question, si l'on attend une réponse contenant un nom ayant le trait [+ humain], donc [+ animé], on choisira le pronom interrogatif « qui » :

Qui regardes-tu ?

Je regarde le pompier.

Je regarde ma mère.

Si l'on attend plutôt comme réponse un nom ayant le trait [- humain], on choisira le pronom « que » :

Que regardes-tu ?

Je regarde les arbres.

Je regarde le cheval.

LES DISTINCTIONS DE GENRE

Le nom possède un genre grammatical, masculin ou féminin, qu'il transmet aux constituants du groupe dont il est le noyau. Le plus souvent, ce genre n'est pas marqué dans le nom. Exemple : « chemin » et « montagne ». Par contre, le genre est en général marqué dans le déterminant qui précède le nom. Exemple : *le chemin* (masculin), *la montagne* (féminin).

Aucun nom n'est le féminin ou le masculin d'un autre nom. Ainsi, *route* n'est pas le féminin de *chemin*, et *père* n'est pas le masculin de *mère*. Ce sont des noms différents, représentant des réalités différentes et portant chacun un genre.

Le genre des noms non animés

Le genre des noms non animés est arbitraire. En effet, rien ne peut vraiment expliquer pourquoi *sable* est un mot masculin et pourquoi *mer* est un mot féminin. En cas d'hésitation, il faut consulter un dictionnaire. Par exemple, quel est le genre des mots *en-tête* et *escalier* ? Ces deux mots sont masculins, mais rien de particulier dans le nom ne l'indique.

Le genre des noms animés

Le genre grammatical des noms animés correspond parfois au genre naturel, c'est-à-dire celui qui est déterminé par le sexe (mâle ou femelle). Exemples :
- les noms *père* et *lion* (masculins) et *mère* et *lionne* (féminins) ont un genre grammatical qui correspond au sexe de ce qu'ils désignent ;
- les noms *girafe* (féminin) et *zèbre* (masculin) ont un genre grammatical qui ne correspond pas nécessairement au sexe : il existe *des girafes mâles* et *des zèbres femelles.*

Lorsque le genre grammatical (masculin / féminin) correspond au genre naturel (mâle / femelle), on peut avoir, pour désigner les deux sexes :
- deux formes :
  avocat / avocate,
  lion / lionne,
  directeur / directrice,
  vendeur / vendeuse,
  maître / maîtresse,
  etc. ;
- deux noms différents :
  cerf / biche,
  neveu / nièce,
  homme / femme,
  etc. ;
- un nom à double genre :
  élève (*cet élève / cette élève*),
  enfant (*un enfant / une enfant*),
  etc.

Les noms qui ont la propriété d'avoir les deux genres sont appelés «noms épicènes». Le genre des noms épicènes peut être marqué par le déterminant et l'adjectif. Exemple : *un* élève **attentif**, **une** élève **attentive**.

Le genre des noms humains

Pour les noms humains, on remarque aujourd'hui une tendance à faire correspondre le genre grammatical au genre naturel. C'est surtout vrai dans le domaine des professions, où de nombreux noms n'avaient jusqu'à présent que le genre masculin parce que les métiers qu'ils désignaient étaient en général exercés par des hommes. On peut créer des formes féminines de plusieurs façons :

- en transformant des noms masculins en noms épicènes, c'est-à-dire en noms à double genre comme le nom « élève » :
  un ministre, une ministre,
  un architecte, une architecte,
  un journaliste, une journaliste,
  etc. ;

- en ajoutant une deuxième forme, féminine, à un nom qui n'a que la forme masculine :
  un député / une députée,
  un professeur / une professeure,
  un policier / une policière,
  un agent de bord / une agente de bord,
  etc. ;

Au Québec, cette tendance à créer des noms dont le genre grammatical coïncide avec le genre naturel est manifeste, particulièrement dans les textes officiels.

LA CATÉGORIE « DÉTERMINANT »

Les déterminants forment une catégorie grammaticale, c'est-à-dire une catégorie dont les mots appartiennent à une liste fermée. On ne peut pas augmenter cette liste.

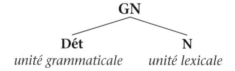

Du point de vue de la *syntaxe*, le déterminant fait toujours partie d'un groupe nominal. En général, sa présence est nécessaire pour qu'un nom commun puisse être employé dans une phrase, surtout en position GNs. Il suffit même de placer un déterminant devant un mot pour que ce mot devienne un nom.

Comparons les deux phrases suivantes :
*Nathalie travaille **mieux** en classe.*
*Le **mieux** est de partir.*

Dans la première phrase, le mot *mieux* est un adverbe. Dans la seconde phrase, il change de catégorie et devient un nom parce qu'on l'a fait précéder d'un déterminant. Le groupe nominal ainsi formé occupe la position GNs.

Du point de vue de la *forme*, certains déterminants portent les marques de genre et de nombre, ou la marque de nombre seulement, du nom qu'ils précèdent. Exemples : *le* tableau, ***des** élèves*, ***mon** école*, ***aucune** maison*, ***quelques** fenêtres*.

Les déterminants n'ont pas tous les mêmes caractéristiques. Il y a entre eux des distinctions de *sens* qui ont des répercussions sur la syntaxe.

Observons les groupes nominaux en caractères gras dans les phrases suivantes :
*Vois-tu **ces trois chats** ?*
***L'accident** a fait **trois victimes**.*
*Donnez-moi **un kilo de cerises**.*

- Le groupe nominal *ces trois chats* désigne des chats bien précis, identifiés. C'est le déterminant *ces* qui permet de savoir de quels chats on parle.
- Le groupe nominal *l'accident* désigne un accident précis, déjà connu. C'est le déterminant *l'* qui permet de savoir de quel accident on parle.
- Le groupe nominal *trois victimes* ne contient pas d'élément indiquant de quelles victimes on parle. Cependant, le déterminant *trois* en précise le nombre.
- Le groupe nominal *un kilo de cerises* ne contient pas d'élément indiquant de quelles cerises on parle. Cependant, le déterminant *un kilo de* en précise la quantité.

RÉGULARITÉ
- Les déterminants se divisent en deux sous-catégories :
  - les **déterminants identifiants**, qui permettent de distinguer, parmi d'autres, un être (personne ou animal), une chose, une notion ;
  - les **déterminants quantifiants**, qui expriment une quantité.

LES DÉTERMINANTS IDENTIFIANTS

Un **déterminant identifiant** est un déterminant qui identifie l'être (personne ou animal), la chose ou la notion dont on parle.

Un **déterminant identifiant** indique à qui ou à quoi renvoie le nom noyau d'un groupe nominal. Il permet d'identifier l'être (personne ou animal), la chose ou la notion dont on parle.

L'identification du référent peut s'établir par rapport :

- aux interlocuteurs, c'est-à-dire aux personnes qui participent à la communication :
  mon panier (le panier appartenant à l'émetteur) ;
  ce panier (le panier désigné par l'émetteur) ;
  le panier (le panier connu de l'émetteur et du récepteur) ;

- à la situation de communication :
  Cynthia *avait oublié* **son** *panier.*
  (le panier de Cynthia, la personne dont on parle) ;
  Il y avait **un panier** *sur la table.* **Ce** *panier était plein de cerises.*
  (le panier qui est sur la table, déjà présenté dans la phrase précédente) ;
  Il y avait un vase et **un panier.** **Le** *panier était plein de cerises.*
  (le panier dont on vient de parler).

Quand on écrit, on utilise un déterminant identifiant chaque fois qu'on veut désigner un être (personne ou animal), une chose ou une notion dont on a déjà parlé dans le texte. Quand on lit, un déterminant identifiant indique que la personne, la chose ou la notion dont il est question a déjà été mentionnée dans le texte ; on peut donc repérer le référent.

On distingue trois types de déterminants identifiants selon le rôle qu'ils jouent. Voyons-les en détail.

Les déterminants définis

Observons les déterminants en caractères gras dans les phrases suivantes :

Danny aime **la** *montagne.*

Le *café est trop chaud.*

Le *Biodôme est un endroit très fréquenté par* **les** *touristes.*

- Dans la phrase *Danny aime la montagne*, le déterminant *la* désigne une réalité connue, plus ou moins précise.
- Dans la phrase *Le café est trop chaud*, le déterminant *le* désigne un café précis.
- Dans la phrase *Le Biodôme est un endroit très fréquenté par les touristes*, le déterminant *le* désigne un bâtiment connu, précis. Le déterminant *les* renvoie à des personnes plus ou moins précises, ici les touristes.

Les déterminants possessifs

Observons les déterminants en caractères gras dans les phrases suivantes :

*J'ai perdu **mon** chien.*

*Mélissa a perdu **son** chien.*

*Mélissa et Simon ont perdu **leur** chien.*

- Dans *J'ai perdu mon chien*, le déterminant *mon* indique que le chien appartient à *je*, c'est-à-dire à l'émetteur.
- Dans *Mélissa a perdu son chien*, le déterminant *son* indique que le chien appartient à Mélissa, qui est une personne extérieure à la situation de communication.
- Dans *Mélissa et Simon ont perdu leur chien*, le déterminant *leur* indique que le chien appartient à Mélissa et à Simon, qui sont tous deux extérieurs à la situation de communication (voir le chapitre 1, « Le cadre de l'énonciation »).

Les déterminants démonstratifs

Observons les déterminants en caractères gras dans les phrases suivantes :

*Regarde **cette** voiture.*

*France est allée au Mexique. Elle désirait visiter **ce** pays depuis longtemps.*

- Dans *Regarde cette voiture*, le déterminant *cette* indique que la voiture est proche de l'émetteur et du récepteur, qu'ils peuvent la voir.
- Dans *Elle désirait visiter ce pays depuis longtemps*, le déterminant *ce* désigne le pays précisé dans la phrase précédente.

RÉGULARITÉ

- Il y a trois types de déterminants identifiants :
  - les **déterminants définis** : « le », « la », « les » ; les déterminants définis renvoient à une réalité du monde qui est connue du récepteur, que le récepteur peut identifier ;
  - les **déterminants possessifs** : « mon », « ma », « mes », « ton », « ta », « tes », « son », « sa », « ses », « notre », « nos », « votre », « vos », « leur », « leurs » ; les déterminants possessifs introduisent un groupe nominal qui est en rapport avec la situation de communication ; ils renvoient soit aux interlocuteurs soit à des personnes extérieures à la situation de communication ;
  - les **déterminants démonstratifs** : « ce », « cet », « cette », « ces » ; les déterminants démonstratifs introduisent un groupe nominal qui désigne quelqu'un ou quelque chose qui est proche dans l'espace ou dans le discours.

Les déterminants identifiants ont les *particularités syntaxiques* suivantes :

- Ils ne se combinent pas entre eux. Par exemple, on ne peut pas dire : *les mes disquettes.*

- Le groupe nominal introduit par un déterminant identifiant peut être détaché et repris par « il », « elle », « le », « la », « lui », « les », « leur », etc. (voir « Le type emphatique » au chapitre 11). Exemples :

  Mes disquettes, tu les trouveras sur le bureau.

  Ma disquette, je te l'enverrai demain.

  Le chien, est-ce qu'il est sorti ?

  Il me fait peur, ton chien.

  Ce chien, je ne l'ai jamais revu.

- Un déterminant identifiant peut se combiner avec certains déterminants quantifiants. Dans ce cas, le groupe nominal dont il fait partie contient à la fois l'identification de quelqu'un ou de quelque chose et l'indication d'une quantité. Exemples :

  Mes trois sœurs sont plus âgées que moi.

  Le peu d'argent que tu m'as donné suffit à peine à payer mes études.

Les déterminants définis changent parfois de *forme* :

- Les déterminants définis « le » et « la » s'élident devant certains noms commençant par un « h » et devant les noms commençant par une voyelle : *l'hôtel, l'oiseau, l'eau.*

- Les déterminants définis « le » et « les » se contractent avec les prépositions « de » et « à » pour devenir « du » (de + le), « des » (de + les), « au » (à + le), « aux » (à + les) : *l'eau du ruisseau, les fleurs des champs, au début de la semaine, je donne une récompense aux enfants.*

LES DÉTERMINANTS QUANTIFIANTS

Un **déterminant quantifiant** est un déterminant qui exprime une quantité.

On appelle **déterminant quantifiant** un déterminant qui donne une indication de quantité.

Les déterminants quantifiants peuvent se présenter sous la forme :

- d'*un seul mot*, exprimant un nombre plus ou moins précis :
  *un jeu, **trois** élèves, **plusieurs** joueurs, **des** légumes* ;

- d'*un groupe de mots*, exprimant le nombre ou la mesure, qui contient :
  - un adverbe : *trop de lumière, **beaucoup de** livres* ;
  - ou un groupe nominal : *un million d'habitants, **un kilo de** cerises, **une foule de** visiteurs, **un seau** d'eau.*

Observons, dans les phrases suivantes, l'expression de la quantité dans les groupes nominaux en caractères gras et voyons si le nom noyau est un nom comptable ou un nom non comptable :

*Je voudrais **une pêche**, **un kilo de cerises** ainsi que **quinze mandarines**, **plusieurs citrons** et **beaucoup de tomates**.*

*Pour faire des crêpes, tu as besoin de **un kilo de farine**, d'**un peu de lait** et de **quelques grammes de sel**.*

*Pour réaliser ce plat, il me faut **de la farine** et **des cerises**.*

- Dans la première phrase, les noms *pêche*, *cerises*, *mandarines*, *citrons* et *tomates* ont le trait comptable. Les déterminants *une*, *un kilo de*, *quinze*, *plusieurs* et *beaucoup de* indiquent un nombre ou une mesure, tantôt précis (*une*, *un kilo de*, *quinze*), tantôt imprécis (*plusieurs*, *beaucoup de*).

- Dans la deuxième phrase, les noms *farine*, *lait* et *sel* sont non comptables. Les déterminants *un kilo de*, *un peu de* et *quelques grammes de* donnent cette fois une indication de quantité qui est une mesure.

- Dans la troisième phrase, le nom *farine* est non comptable et le nom *cerises* est comptable. Le déterminant *de la* devant *farine* ne donne aucune indication de mesure. Le déterminant *des* devant *cerises* ne donne aucune indication de nombre.

RÉGULARITÉS

- Les **déterminants quantifiants** placés devant un nom comptable peuvent exprimer une quantité qui s'interprète en termes de **nombre**.

- Les déterminants quantifiants placés devant un nom comptable ou non comptable peuvent exprimer une quantité qui s'interprète en termes de **mesure**.

- Certains déterminants quantifiants n'expriment ni le nombre ni la mesure. Ils expriment une **quantité indéterminée**.

La structure des déterminants quantifiants

Observons les réponses qui peuvent être données à la question suivante :

*Combien **de cerises** veux-tu ?*

*J'en veux **beaucoup**.*

*J'en veux **un kilo**.*

*J'en veux **douze**.*

Observons maintenant les réponses données à la question suivante :

*Combien **de farine** veux-tu ?*

*J'en veux **beaucoup**.*

*J'en veux **un gramme**.*

- Dans les trois réponses à la première question, le mot *en* remplace *de cerises*.

- Dans les deux réponses à la deuxième question, le mot *en* remplace *de farine*.

Les catégories dans le groupe nominal   CHAPITRE 7   **113**

Observons enfin les réponses données à des questions exprimant une quantité indéterminée :

*Veux-tu **de la farine**?*

*Oui, j'**en** veux.*

*Veux-tu **des cerises**?*

*Oui, j'**en** veux.*

- Dans la première réponse, le mot *en* remplace *de la farine*.
- Dans la deuxième réponse, le mot *en* remplace *des (de les) cerises*.

- La **structure** du déterminant quantifiant comporte le mot « **de** », même si ce mot n'est pas toujours exprimé.
- Les déterminants quantifiants exprimant un nombre ou une mesure et les déterminants quantifiants exprimant une quantité indéterminée ont la **même structure**.

Prenons quelques exemples de déterminants quantifiants pour présenter leur structure commune.

LA STRUCTURE DES DÉTERMINANTS QUANTIFIANTS		
Indication de quantité	**de**	**Nom**
Mesure ou nombre exprimé		
un gramme	de	farine
assez	de	farine
un kilo	de	cerises
beaucoup	de	cerises
une	< >	cerise
treize	< >	cerises
plusieurs	< >	cerises
aucune	< >	cerise
Mesure ou nombre non exprimé		
ø	de la	farine
ø	des (= de les)	cerises

Certains déterminants quantifiants comme « un kilo de » peuvent devenir le noyau d'un groupe nominal. Exemple :

*Un **kilo** de cerises se vend deux dollars.*

Cependant, d'autres déterminants comme « la plupart de » sont toujours déterminants quantifiants. Exemple :

*La **plupart des** habitants seront évacués.*

On peut représenter la structure des déterminants quantifiants à l'aide des schémas suivants :

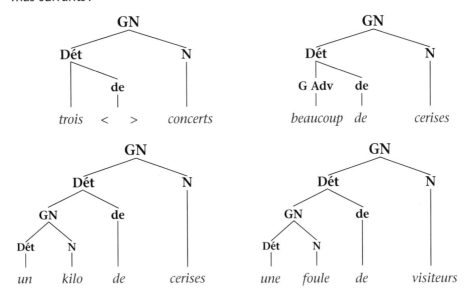

D'AUTRES DÉTERMINANTS

Quelques déterminants sont à classer à part parce qu'ils se distinguent à la fois des déterminants identifiants et des déterminants quantifiants ; il s'agit de « chaque », « nul », « tout », « différents », « divers », « maints ».

Les déterminants « chaque », « nul », « tout », « différents », « divers », « maints »

Nous savons qu'un groupe nominal introduit par un déterminant identifiant peut être repris par un pronom :

Mes disquettes, tu les trouveras sur le bureau.

Dans les phrases suivantes, essayons de reprendre par un pronom le groupe nominal introduit par le déterminant en caractères gras :

Je dois examiner chaque disquette.

*Chaque disquette, je dois l'examiner.

Ce classeur contient divers dossiers.

*Divers dossiers, ce classeur les contient.

- Les groupes nominaux qui contiennent les déterminants *chaque* et *divers* ne peuvent pas être repris par un pronom ; ces déterminants ne se comportent pas comme des déterminants identifiants.

Nous savons aussi que les déterminants quantifiants peuvent figurer dans une structure avec « en », comme dans la phrase suivante :

*J'ai ouvert **trois** lettres.*

*J'**en** ai ouvert **trois**.*

Essayons d'appliquer cette structure à un groupe nominal introduit par un des déterminants que nous examinons ici :

*J'ai consulté **différents** dossiers.*

J'en** ai consulté **différents**.*

- Le déterminant *différents* ne peut pas apparaître dans une structure avec « en » comme le déterminant quantifiant.

Les déterminants « chaque », « nul », « tout », « différents », « divers » et « maints » ne sont ni des déterminants identifiants ni des déterminants quantifiants.

Les déterminants interrogatifs et exclamatifs

Dans une phrase, un groupe nominal peut être précédé d'un mot interrogatif ou exclamatif. Exemples :

Combien d'*argent as-tu gagné ?*

Quel *itinéraire allons-nous choisir ?*

Quelle *belle surprise vous nous faites !*

Ces mots interrogatifs et exclamatifs sont des déterminants. Certains s'apparentent aux déterminants quantifiants, et d'autres aux déterminants identifiants. Sur le plan du sens, ces mots servent à :

- interroger sur une quantité ou sur une référence ;
- marquer un haut degré d'appréciation.

On appelle ces déterminants des déterminants interrogatifs et des déterminants exclamatifs. Ils ne font pas partie de la PHRASE P. Ils sont le résultat des transformations qui marquent les types de phrases. Nous verrons ces transformations au chapitre 11.

Synthèse   LES CATÉGORIES DANS LE GROUPE NOMINAL

Le groupe nominal

La structure du groupe nominal

Dans la PHRASE P, le groupe nominal a la structure suivante :

- un nom est le noyau ;
- un déterminant précède en général le nom ;
- un ou plusieurs groupes facultatifs accompagnent le nom.

Cette structure se réécrit de la façon suivante :

GN   → Dét + N + (Compl. N)
Compl. N   → (GN) + (G Prép) + (G Adj) + (P)

Les positions possibles du groupe nominal dans la PHRASE P

Au premier niveau d'analyse, le groupe nominal occupe la position GNs. Aux autres niveaux d'analyse, le groupe nominal peut occuper la position Compl. V, la position Attr ou faire partie d'un groupe prépositionnel.

Les catégories de base dans le groupe nominal

Les deux principales catégories de mots qui composent le groupe nominal sont le nom et le déterminant.

Le tableau de la page suivante résume les propriétés de chacune de ces catégories.

LES PROPRIÉTÉS DES NOMS ET DES DÉTERMINANTS		
Type de catégorie	Le nom est une catégorie lexicale.	Le déterminant est une catégorie grammaticale.
Propriétés syntaxiques	Le nom est le noyau du groupe nominal.	Le déterminant précède le nom dans le groupe nominal.
Propriétés sémantiques	Le nom renvoie aux différents êtres (personnes ou animaux), choses et notions du monde.	Le déterminant indique à qui ou à quoi renvoie le nom noyau ou indique une quantité.
Propriétés morphologiques	Le nom possède un genre grammatical.	Le déterminant reçoit le genre du nom qu'il accompagne.
	Le nom prend le nombre décidé par l'émetteur en fonction de la situation de communication.	Le déterminant reçoit le nombre du nom qu'il accompagne.

La catégorie « nom »

Dans la catégorie « nom », il faut faire une distinction entre le nom propre et le nom commun. Le nom propre désigne un être (personne ou animal), une chose ou une notion en particulier et n'a pas de définition précise. Le nom commun désigne un être (personne ou animal), une chose ou une notion qui appartient à un ensemble. On peut donner une définition précise à un nom commun.

Sur le plan du sens, les noms communs possèdent des traits distinctifs, qui permettent de définir les sous-catégories suivantes :

LES SOUS-CATÉGORIES DES NOMS COMMUNS	
trait concret [+ concret] *une voiture*	**trait abstrait** [- concret] *la fierté*
trait humain [+ humain] *une comédienne*	**trait non humain** [- humain] *une valise, un zèbre*
trait animé [+ animé] *un canard*	**trait non animé** [- animé] *un parasol*
trait comptable [+ comptable] *un livre, des livres*	**trait non comptable** [- comptable] *de l'eau*

La catégorie « déterminant »

Sur le plan du sens, les déterminants possèdent des traits distinctifs qui permettent de les classer en deux sous-catégories : les déterminants identifiants et les déterminants quantifiants.

Le **déterminant identifiant** assure l'identification de l'être (personne ou animal), de la chose ou de la notion auquel renvoie le groupe nominal.

Les déterminants identifiants sont :
- les déterminants définis « le », « la », « les », « l' » ;
- les déterminants possessifs « mon », « ma », « mes », « ton », « ta », « tes », « son », « sa », « ses », « notre », « nos », « votre », « vos », « leur », « leurs » ;
- les déterminants démonstratifs « ce », « cet », « cette », « ces ».

Les déterminants identifiants ont les particularités syntaxiques suivantes :
- ils ne peuvent pas se combiner entre eux ;
- le groupe nominal dont ils font partie peut être détaché et repris par un pronom ;
- ils peuvent se combiner avec certains déterminants quantifiants.

Le **déterminant quantifiant** indique une quantité, exprimée sous forme de nombre ou de mesure. Parfois, cependant, cette quantité est indéterminée.

Tous les déterminants quantifiants ont la même structure. Le tableau suivant en présente quelques-uns.

LA STRUCTURE DES DÉTERMINANTS QUANTIFIANTS		
Indication de quantité	**de**	**Nom**
Mesure ou nombre exprimé		
un gramme	de	farine
assez	de	farine
un kilo	de	cerises
beaucoup	de	cerises
une	< >	cerise
treize	< >	cerises
plusieurs	< >	cerises
aucune	< >	cerise
Mesure ou nombre non exprimé		
∅	de la	farine
∅	des (= de les)	cerises

Chapitre 8

Les catégories dans le groupe verbal

Moi vouloir toi comprendre...

Autant le verbe est essentiel dans une phrase, autant, pour la plupart des verbes, la présence d'un complément ou d'un attribut est nécessaire à la clarté du sens du message qu'on veut transmettre.

Les verbes ne peuvent pas recevoir n'importe quelle sorte de complément : nous examinerons donc ici les différents types de construction qu'ils exigent. Nous verrons aussi, entre autres, que le verbe est la seule catégorie de mots à se conjuguer.

En fait, le verbe de la phrase possède de multiples propriétés : vous en serez convaincus quand vous aurez lu ce chapitre.

Traitement des notions

Le groupe verbal est le deuxième constituant obligatoire de la PHRASE P ; il suit le groupe nominal sujet.

Dans ce chapitre, nous rappellerons les propriétés syntaxiques du groupe verbal, c'est-à-dire sa structure et ses positions possibles. Ensuite, nous examinerons les traits distinctifs des verbes, et ce, du point de vue de la syntaxe, du point de vue de la forme et du point de vue du sens.

LES PROPRIÉTÉS SYNTAXIQUES DU GROUPE VERBAL

Nous avons vu au chapitre 5 que le groupe verbal possède une structure dont le noyau est un verbe. Le groupe verbal ne peut occuper que la deuxième position dans la PHRASE P. Ce sont là ses deux principales propriétés syntaxiques.

LA STRUCTURE DU GROUPE VERBAL

Un groupe verbal peut n'être constitué que du verbe noyau. Exemple :
*Julien **dort**.*

Un groupe verbal peut aussi comporter un ou des groupes qui viennent compléter le verbe. Exemples :
*Dominique **veut un ordinateur**.*
*Roxanne **reçoit un cadeau de son père**.*

Si le noyau du groupe verbal est un verbe comme « être », le groupe verbal contient alors un attribut. Exemples :
*Olivier **est champion de badminton**.*
*Les ours polaires **paraissent inoffensifs**.*

Enfin, le groupe verbal peut contenir un modificateur. Exemples :
*Julien **dort profondément**.*
*Les ours polaires **paraissent presque toujours inoffensifs**.*

Nous verrons plus loin comment le noyau « verbe » détermine la construction du groupe verbal.

LA POSITION DU GROUPE VERBAL DANS LA PHRASE P

Nous savons que le groupe verbal occupe la deuxième position dans la PHRASE P. À l'aide du schéma en arbre, observons la position du groupe verbal dans la phrase suivante :

Jessica pense que tu réussiras demain.

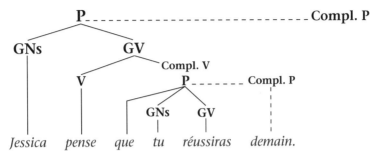

- Le groupe verbal *pense que tu réussiras demain* occupe la position GV au premier niveau de la PHRASE P.
- Le groupe verbal *réussiras* occupe une position GV dans une autre PHRASE P insérée dans un groupe de la phrase de niveau supérieur.

RÉGULARITÉS
- Le **groupe verbal** ne peut occuper qu'**une seule position** dans la PHRASE P, la position située à la droite du groupe nominal sujet.
- Quand un groupe verbal apparaît à un autre niveau dans la PHRASE P, ce groupe est toujours dans une autre PHRASE P, qui est insérée dans un groupe de la phrase de niveau supérieur.

Nous verrons au chapitre 13 comment on analyse l'insertion d'une PHRASE P dans une phrase de niveau supérieur.

LA CATÉGORIE « VERBE »

Les verbes forment une catégorie lexicale. On peut toujours former de nouveaux verbes par dérivation, à partir de mots existants. Par exemple, à partir de « lune » on a créé le verbe « alunir », à partir de « clic » on a créé le verbe « cliquer ».

Tous les verbes ne partagent pas les mêmes caractéristiques. C'est la raison pour laquelle nous allons décrire les verbes à l'aide d'un ensemble de traits qui les distinguent tant du point de vue de la syntaxe que des points de vue de la forme et du sens.

LES DISTINCTIONS SYNTAXIQUES

Du point de vue syntaxique, on distingue plusieurs types de verbes : les verbes construits sans complément, les verbes construits avec complément et les verbes attributifs ou verbes de type « être ».

Les verbes sans complément

Observons la structure du groupe verbal dans les phrases suivantes :

*Luce **éternue**.*

*Julien **dort**.*

*Depuis plusieurs mois, les affaires de mon frère **périclitent**.*

- Ces groupes verbaux sont constitués seulement d'un verbe. Ces verbes n'exigent pas de complément parce qu'on ne peut pas éternuer, dormir ou péricliter « quelqu'un », « quelque chose », « à quelqu'un » ou « à quelque chose ».

On représente cette structure par le schéma suivant :

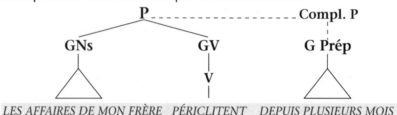

Les verbes avec complément

Observons la structure du groupe verbal dans les phrases suivantes :

*Tu **achèteras les fruits** demain.*

*Nous **allons à la bibliothèque** tous les jeudis.*

*J'**ai oublié que tu allais à la banque**.*

*La fille de Claude **ressemble à sa grand-mère**.*

*Anne **est dans sa chambre**.*

- Dans la première phrase, le verbe *achèteras* est suivi du complément *les fruits*. Ce complément de verbe est un groupe nominal.

- Dans la deuxième phrase, le verbe *allons* est suivi du complément *à la bibliothèque*. Ce complément de verbe est un groupe prépositionnel.

- Dans la troisième phrase, le verbe *ai oublié* est suivi du complément *que tu allais à la banque*. Ce complément de verbe est une phrase introduite par « que ».

- Dans la quatrième phrase, le verbe *ressemble* est suivi du complément *à sa grand-mère*. Ce complément de verbe est un groupe prépositionnel.

- Dans la dernière phrase, le verbe *est* est suivi du complément *dans sa chambre*. Ce complément de verbe est un groupe prépositionnel.

Dans les phrases de la page précédente, certains verbes sont suivis immédiate-ment du complément :

*Tu **achèteras les fruits** demain.* (acheter « une chose X »)

*J'ai **oublié que tu allais à la banque**.* (oublier « une chose X »)

Dans la première phrase, le complément de verbe est un groupe nominal (*les fruits*). Dans la seconde phrase, le complément de verbe est une PHRASE P intro-duite par « que » (*que tu allais à la banque*).

On représente cette structure par les schémas suivants :

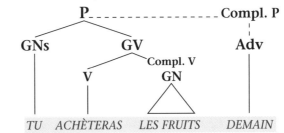

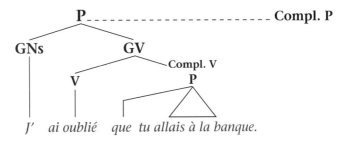

Les compléments introduits directement, sans l'intermédiaire d'une préposition, sont appelés **compléments directs**.

Dans les phrases observées à la page précédente, certains compléments de verbe sont introduits indirectement, à l'aide d'une préposition :

*Nous **allons à la bibliothèque** tous les jeudis.* (aller « **à** un endroit X »)

*La fille de Claude **ressemble à sa grand-mère**.* (ressembler « **à** une personne X »)

Les compléments introduits par une préposition sont appelés **compléments indi-rects**.

On peut inclure dans cette catégorie de verbes le verbe « être » suivi d'un com-plément indirect. Exemple :

*Anne **est dans sa chambre**.* (être « **dans** un endroit X »)

Quand le verbe « être » est suivi d'un complément, il se comporte comme un autre verbe ; il signifie « se trouver à un endroit X ». On peut remplacer le com-plément par le pronom « y » :

*Anne est **dans sa chambre**.*

*Anne **y** est.*

Le complément indirect est un groupe prépositionnel. On représente cette structure par le schéma suivant :

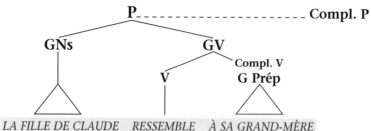

LA FILLE DE CLAUDE   RESSEMBLE   À SA GRAND-MÈRE

Certains verbes sont suivis de deux compléments. Dans ce cas, au moins l'un de ces compléments est introduit par une préposition.

Observons cette structure dans les phrases suivantes :

*Helena **raconte une histoire à Alexandre**.* (raconter « une chose X » « à une personne X »)

*Lucie **parle du directeur à son amie**.* (parler « d'une personne X » ou « d'une chose X » « à une personne X »)

- Dans la première phrase, le premier complément de verbe est un groupe nominal (*une histoire*) et le second est un groupe prépositionnel (*à Alexandre*).
- Dans la deuxième phrase, le premier complément de verbe est un groupe prépositionnel (*du directeur*) et le second est également un groupe prépositionnel (*à son amie*).

On peut illustrer la structure de la dernière phrase par le schéma suivant :

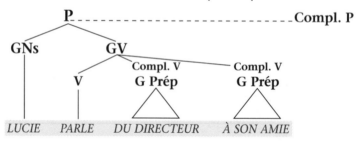

LUCIE   PARLE   DU DIRECTEUR   À SON AMIE

Les verbes attributifs ou verbes de type « être »

D'autres types de verbes, les verbes attributifs, sont suivis d'un adjectif qui s'accorde avec le sujet. Exemples :

*Ce cours **est intéressant**.*
*Cette conférence **est intéressante**.*

Cet adjectif occupe la position Attr. D'autres verbes que le verbe « être » peuvent être suivis d'un attribut. Ce sont :

- les verbes « sembler », « paraître », « avoir l'air (de) », après lesquels « être » peut figurer ou non :

*Ce cours **semble être** intéressant. Ce cours **semble** intéressant.*

*Ce cours **paraît être** intéressant. Ce cours **paraît** intéressant.*

*Ce cours **a l'air d'être** intéressant. Ce cours **a l'air** intéressant.*

- les verbes « devenir », « demeurer », « rester » :

  *Paolo **deviendra** riche.*

  *Le jeune homme **est demeuré** silencieux.*

  *La porte **est restée** ouverte.*

Tous ces verbes sont des **verbes attributifs**.

La position Attr peut être occupée par d'autres groupes qu'un groupe adjectival. Elle peut être occupée :

- par un groupe nominal :

  *Ces ouvriers sont **des spécialistes**.*

  *Ces cours sont **une nouveauté**.*

- par un groupe prépositionnel :

  *Ces cours sont **d'un grand intérêt**.*

  *Le ciel est **sans nuages**.*

On reconnaît l'attribut au fait qu'on peut le remplacer par le pronom « le ». Exemple :

*Ces ouvriers sont-ils **des spécialistes** ? Oui, ils **le** sont.*

Quand le verbe est attributif, on ajoute « être » au symbole **V** : **V**^{être}. On représente cette structure par les schémas suivants :

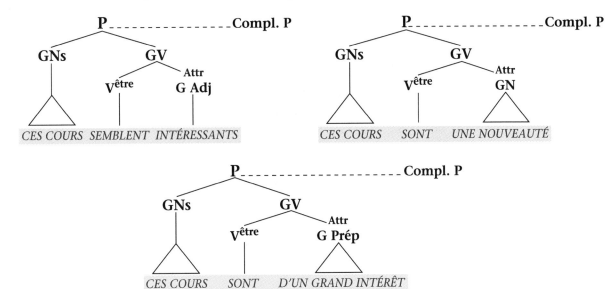

Une structure particulière : l'attribut de complément direct

Un **attribut de complément direct** attribue une caractéristique à un complément de verbe et non à un sujet.

Il arrive que l'attribut ne caractérise pas le groupe nominal sujet, mais le groupe nominal complément de verbe. On appelle ce type d'attribut **attribut de complément direct**.

Essayons d'effacer un groupe dans le groupe verbal de la phrase suivante :

*Cette nouvelle **a rendu Jeanne furieuse**.*

Cette nouvelle **a rendu Jeanne ø .*

Cette nouvelle **a rendu ø furieuse.*

- On ne peut pas effacer le groupe adjectival *furieuse* sans rendre la phrase agrammaticale. Donc, ce groupe est obligatoire.
- On ne peut pas effacer le groupe nominal *Jeanne* sans rendre la phrase agrammaticale. Donc, ce groupe est obligatoire.

Dans la phrase que nous venons d'observer, le groupe adjectival *furieuse* ne fait pas partie du groupe nominal *Jeanne*. Ce groupe adjectival caractérise le groupe nominal qui occupe la position Compl. V. C'est pourquoi on l'appelle attribut de complément direct. On retrouve cette construction avec certains verbes. Exemples :

*J'**ai trouvé** ces romans excellents.*

*L'enseignante **juge** ses élèves capables de réussir l'expérience.*

RÉGULARITÉS

- Sur le plan syntaxique, on distingue plusieurs types de verbes, selon leur **construction**.

- Certains **verbes** se construisent sans complément.

- D'autres **verbes** se construisent avec un ou plusieurs compléments qui peuvent être directs ou indirects :
  - le **complément direct** est un groupe nominal ou une phrase ;
  - le **complément indirect** est un groupe prépositionnel ou une phrase.

- Les verbes « être », « sembler », « paraître », « demeurer », etc., se construisent avec un attribut qui caractérise le sujet. Nous les appelons **verbes attributifs**. L'attribut peut être un groupe adjectival, un groupe nominal ou un groupe prépositionnel.

- Certains verbes (« juger », « nommer », « estimer », « trouver », etc.) peuvent se construire avec un complément direct, suivi d'un attribut qui caractérise ce complément. Cet attribut est appelé **attribut de complément direct**.

LES DISTINCTIONS DE FORME

Le verbe est la seule catégorie dont les mots *se conjuguent*, c'est-à-dire qu'ils peuvent prendre des marques à la fois de personne, de nombre, de mode et de temps.

Par exemple, dans *chantait* :
- *chant-* est le radical ;
- *-ait* est la terminaison, qui nous renseigne sur :
  - le temps : imparfait,
  - le mode : indicatif,
  - la personne : 3e personne,
  - le nombre : singulier.

Observons le verbe « courir » conjugué à quelques formes simples de l'indicatif :

Présent : *Nous courons plus vite qu'eux.*

Imparfait : *Nous courions sur la route.*

Futur : *Nous courrons plus vite qu'eux.*

Conditionnel : *Nous courrions plus vite qu'eux.*

- Le verbe « courir » a le même radical (*cour-*) au présent, à l'imparfait, au futur et au conditionnel.
- C'est la même terminaison (*-ons*) qui marque la personne *nous* à tous ces temps.
- À l'imparfait et au conditionnel, on a ajouté la lettre *i* avant la terminaison *-ons*.
- Au futur et au conditionnel, on a ajouté la lettre *r* avant les terminaisons *-ons* et *-ions*.

RÉGULARITÉS
- Du point de vue de la forme, le verbe est constitué de deux éléments :
  - un **radical**, qui porte le sens du verbe[1] ;
  - une **terminaison**, qui renseigne sur le temps, le mode, la personne, le nombre du verbe.
- Lorsque la terminaison donne plus d'un renseignement, la marque du temps précède la marque de la personne.

---

1. Il ne s'agit pas ici de classer les verbes selon les variations de leur radical dans la conjugaison, mais d'observer la construction des conjugaisons et leurs régularités dans les terminaisons de la personne et du temps. Il existe des ouvrages qui proposent des classements auxquels on peut se référer.

Les personnes de la conjugaison

Les personnes de la conjugaison sont des noms personnels et des pronoms personnels.

- Les mots « je », « tu », « nous » et « vous » sont des noms personnels qui désignent les personnes qui participent à une situation de communication.

Nous désigne je + tu ;
    ou je + tu + il (ils, elle, elles) ;
    ou je + il (ils, elle, elles).
Vous désigne tu + il (ils, elle, elles).

« Nous » n'est pas le pluriel de « je », et « vous » n'est pas le pluriel de « tu ».

C'est pour cette raison qu'on appelle le « nous » la 4e personne de la conjugaison (et non la 1re personne du pluriel) et qu'on appelle le « vous » la 5e personne de la conjugaison (et non la 2e personne du pluriel).

La marque du nombre est imbriquée dans la marque écrite de la personne. Exemple : *-ez* dans *Vous visitez les musées de la ville.*

- Les mots « il » et « ils » sont appelés des pronoms personnels même s'ils ne remplacent pas toujours des noms de personne. Seule cette 3e personne connaît l'opposition singulier / pluriel. Le singulier est généralement marqué par *-e* ou *-t* (*-a* au futur). Le pluriel est marqué par *-ent* (*-ont* au futur) :

La météorologue annonce des averses et des orages.

Des orages s'annoncent aujourd'hui.

Ils remarqueront les nouvelles voitures.

Les terminaisons des verbes aux formes simples

Observons les différences dans les terminaisons du verbe « chanter » conjugué au présent, au subjonctif, à l'imparfait, au futur et au conditionnel :

Personnes	Présent de l'indicatif	
1	*Je chante*	*e*
2	*Tu chantes*	*es*
3 sing.	*Il / elle chante*	*e*
3 plur.	*Ils / elles chantent*	*ent*
4	*Nous chantons*	*ons*
5	*Vous chantez*	*ez*

	Présent du subjonctif	
1	*Que je chante*	*e*
2	*Que tu chantes*	*es*
3 sing.	*Qu'il / elle chante*	*e*
3 plur.	*Qu'ils / elles chantent*	*ent*
4	*Que nous chantions*	*ions*
5	*Que vous chantiez*	*iez*

Personnes	Imparfait	
1	*Je chantais*	**ais**
2	*Tu chantais*	**ais**
3 sing.	*Il / elle chantait*	**ait**
3 plur.	*Ils / elles chantaient*	**aient**
4	*Nous chantions*	**ions**
5	*Vous chantiez*	**iez**

	Futur	
1	*Je chanterai*	**erai**
2	*Tu chanteras*	**eras**
3 sing.	*Il / elle chantera*	**era**
3 plur.	*Ils / elles chanteront*	**eront**
4	*Nous chanterons*	**erons**
5	*Vous chanterez*	**erez**

	Conditionnel[2]	
1	*Je chanterais*	**erais**
2	*Tu chanterais*	**erais**
3 sing.	*Il / elle chanterait*	**erait**
3 plur.	*Ils / elles chanteraient*	**eraient**
4	*Nous chanterions*	**erions**
5	*Vous chanteriez*	**eriez**

NOUS CONSTATONS QUE

- Les marques de la personne dans les terminaisons des verbes conjugués avec *tu*, *ils*, *nous* et *vous* sont les mêmes dans toutes les conjugaisons :
  - avec la personne 2 (tu) : *-s* ;
  - avec la personne 3 plur. (ils / elles) : *-ent* (*-ont* au futur) ;
  - avec la personne 4 (nous) : *-ons* ;
  - avec la personne 5 (vous) : *-ez*.
- Les terminaisons des verbes aux personnes 4 et 5 de l'imparfait, du subjonctif et du conditionnel marquent le temps et la personne. Dans *nous chantions*, *i* indique le temps imparfait et *-ons*, la personne 4. Dans *vous chanterez*, *r* indique le temps futur et *-ez*, la personne 5.

RÉGULARITÉ

- Il y a des **terminaisons régulières** dans la conjugaison des verbes aux formes simples. Vous trouverez un tableau de ces terminaisons dans la section « Synthèse », à la page 142.

---

2. Dans le mode indicatif, le conditionnel est un temps à la forme simple, et le conditionnel passé est un temps à la forme composée.

La formation et les marques de temps aux formes simples

Nous venons de voir la régularité dans les terminaisons (temps et personne) des verbes conjugués à une forme simple. Voyons maintenant comment sont formés et marqués les temps de conjugaison du verbe. Nous allons commencer par les formes simples des verbes : le présent, l'imparfait, le futur et le conditionnel. Par la suite, nous verrons la construction des formes composées.

Le présent et l'imparfait

Observons la formation de l'imparfait des verbes suivants et comparons le radical des verbes conjugués à l'imparfait avec celui des verbes conjugués au présent :

Présent :   Imparfait :

Je chant-e   *Nous **chant**-ons*   *Je **chant**-ai-s*

J'apprend-s   *Nous **appren**-ons*   *J'**appren**-ai-s*

J'envoi-e   *Nous **envoy**-ons*   *J'**envoy**-ai-s*

Je cri-e   *Nous **cri**-ons*   *Je **cri**-ai-s*

J'ai   *Nous **av**-ons*   *J'**av**-ai-s*

Je fai-s   *Nous **fais**-ons*   *Je **fais**-ai-s*

Je vien-s   *Nous **ven**-ons*   *Je **ven**-ai-s*

- L'imparfait se forme à partir du radical de la personne 4 (*nous*) du présent. Par exemple, le radical « appren- » de *nous **apprenons*** est utilisé pour former l'imparfait *j'**apprenais***.

- L'imparfait est marqué par /ai/, qu'on prononce « è », pour la personne 1 (*je*) et par /i/ pour la personne 4 (*nous*).

- Au présent, le temps n'est pas marqué dans la terminaison des verbes. Par exemple, *-ons* ne marque pas le temps mais seulement la personne 4 (*nous*).

Le futur et le conditionnel

Observons la formation du futur et du conditionnel des verbes suivants en les comparant avec le verbe « avoir » au présent et à l'imparfait :

Futur	Présent de « avoir »	Conditionnel	Imparfait de « avoir »
*Je chante-r-**ai***	*J'**ai***	*Je chante-r-**ais***	*J'**avais***
*Tu recev-r-**as***	*Tu **as***	*Tu recev-r-**ais***	*Tu av**ais***
*Elle viend-r-**a***	*Elle **a***	*Elle viend-r-**ait***	*Elle av**ait***
*Ils voyage-r-**ont***	*Ils **ont***	*Ils voyage-r-**aient***	*Ils av**aient***
*Nous fini-r-**ons***	*Nous av**ons***	*Nous fini-r-**ions***	*Nous av**ions***
*Vous i-r-**ez***	*Vous av**ez***	*Vous i-r-**iez***	*Vous av**iez***

NOUS CONSTATONS QUE

- Le futur et le conditionnel ont une marque commune de temps dans leur terminaison (*r*). On ne retrouve cette marque ni au présent ni à l'imparfait.
- Le futur est aussi marqué par la terminaison du présent du verbe « avoir » : *-ai, -as, -a, -ont, -ons* et *-ez*.
- Le conditionnel est aussi marqué par la terminaison de l'imparfait du verbe « avoir » : *-ais, -ais, -ait, -aient, -ions* et *-iez*.
- Dans le futur et le conditionnel des verbes « chanter », « voyager » et « finir », on retrouve l'infinitif présent.
- Les marques de la personne sont les mêmes pour les personnes 2 (*-s*), 4 (*-ons*) et 5 (*-ez*) des quatre temps simples.

RÉGULARITÉS

- Le **présent** n'a pas de marques de temps. Il n'a que les marques de la personne de la conjugaison.
- L'**imparfait** est formé à partir du radical du verbe à la personne 4 (nous) au présent. Les marques du temps sont /ai/, qu'on prononce « è », pour les personnes 1, 2 et 3 et /i/ pour les personnes 4 et 5.
- Le **futur** et le **conditionnel** sont généralement formés à partir de l'infinitif. Ils ont la marque commune de temps « r » dans leur terminaison. De plus, le futur est marqué par la terminaison du présent du verbe « avoir », et le conditionnel par la terminaison de l'imparfait du verbe « avoir ».

La formation et les marques de temps aux formes composées

Aux formes qu'on appelle « composées », les verbes se conjuguent avec un auxiliaire, « avoir » ou « être ».

La majorité des verbes se conjuguent avec l'auxiliaire « avoir ». Le verbe « être » et le verbe « avoir » eux-mêmes se conjuguent avec l'auxiliaire « avoir ».

L'auxiliaire « être » sert à conjuguer des verbes sans complément comme « venir », « arriver », « partir », « entrer », « sortir », « tomber », « naître », « mourir », « rester », etc.

Observons comment sont construits les verbes suivants à une forme composée :

Passé composé

J'ai mis	*Je suis allé*
Tu as fait	*Tu es sorti*
Elle a réalisé	*Elle est entrée*

Plus-que-parfait

J'avais mis	*J'étais allé*
Tu avais fait	*Tu étais sorti*
Elle avait réalisé	*Elle était entrée*

Futur antérieur

Ils auront pris	*Ils seront arrivés*
Nous aurons fini	*Nous serons partis*
Vous aurez rendu	*Vous serez tombés*

Conditionnel passé

Ils auraient pris	*Ils seraient arrivés*
Nous aurions fini	*Nous serions partis*
Vous auriez rendu	*Vous seriez tombés*

- Tous ces verbes à une forme composée sont construits avec l'auxiliaire «avoir» ou «être» suivi du participe passé du verbe.
- C'est l'auxiliaire qui porte la marque du temps simple et la marque de la personne :
  - le passé composé est formé de l'auxiliaire au présent et du participe passé du verbe ;
  - le plus-que-parfait est formé de l'auxiliaire à l'imparfait et du participe passé du verbe ;
  - le futur antérieur est formé de l'auxiliaire au futur et du participe passé du verbe ;
  - le conditionnel passé est formé de l'auxiliaire au conditionnel et du participe passé du verbe.

RÉGULARITÉS

- Les verbes conjugués aux **formes composées** comportent deux parties, un **auxiliaire** et un **participe passé**.
- L'auxiliaire porte les marques du temps simple. C'est aussi lui qui porte les marques de la personne.

LES DISTINCTIONS DE SENS

Du point de vue du sens, le verbe exprime un procès, c'est-à-dire un événement se déroulant dans le temps. C'est l'émetteur qui indique sa façon de voir le procès par rapport au moment où il produit l'énoncé. Le procès décrit par le verbe peut porter des marques de mode, de temps et d'aspect. Ces marques ne correspondent pas toujours à des éléments grammaticaux.

Le mode

Le mode exprime la façon dont un émetteur perçoit l'événement dont il parle.

Observons le verbe « réussir » dans quatre phrases qui relèvent des modes indicatif et subjonctif :

Indicatif

Je sais qu'elle réussira.

*Je sais qu'elle réussisse.

Je crois qu'il réussira.

*Je crois qu'il réussisse.

Subjonctif

Je souhaite qu'elle réussisse.

*Je souhaite qu'elle réussira.

Il faut qu'il réussisse.

*Il faut qu'il réussira.

- Le sens du verbe qui introduit le verbe « réussir » détermine la certitude ou le doute de la réalisation du procès « réussir » :
  - les verbes « savoir » et « croire » donnent à l'événement « réussir » une valeur de vérité : ils commandent le mode indicatif ;
  - les verbes « souhaiter » et « falloir » mettent en doute l'événement « réussir » : ils commandent le mode subjonctif.
- L'indicatif présente le procès « réussir » comme un événement dont la réalité est certaine ou probable : *elle réussira*.
- Le subjonctif présente le procès « réussir » comme un événement qui n'est que possible : *qu'elle réussisse*.

- Le **mode indicatif** présente un événement comme certain ou probable dans le passé, le présent ou l'avenir.
- Le **mode subjonctif** présente un événement comme incertain, sans précision de temps.

- Le **mode impératif** présente un événement comme un ordre à exécuter, orienté vers l'avenir.

Le temps

Nous avons vu au chapitre 1 que le point de repère qui permet de comprendre les marques de temps d'un énoncé est le moment de l'énonciation.

L'axe du temps est donc découpé en trois moments, comme le montre le tableau ci-dessous :

PASSÉ	MAINTENANT	AVENIR
L'événement se situe avant le moment de l'énonciation, à un moment dans le passé.	L'événement coïncide avec le moment de l'énonciation.	L'événement se situe après le moment de l'énonciation, à un moment dans l'avenir.

À l'aide de la phrase *Nous lisons un roman* et de l'axe du temps, observons comment les temps du verbe « lire » situent l'événement « lire un roman » par rapport au moment de l'énonciation.

	PASSÉ		MAINTENANT	AVENIR
FORME SIMPLE	*Nous lûmes* passé simple	*Nous lisions* imparfait	*Nous lisons un roman* présent	*Nous lirons* futur
FORME COMPOSÉE	*Nous eûmes lu* passé antérieur	*Nous avions lu* plus-que-parfait	*Nous avons lu* passé composé	*Nous aurons lu* futur antérieur

- Le présent du verbe (*lisons*) situe le procès dans le moment où l'énoncé est produit.
- Le futur (*lirons*) et le futur antérieur (*aurons lu*) situent le procès après le moment de l'énonciation, c'est-à-dire dans l'avenir.
- L'imparfait (*lisions*), le plus-que-parfait (*avions lu*), le passé simple (*lûmes*), le passé antérieur (*eûmes lu*) et le passé composé (*avons lu*) situent le procès avant le moment de l'énonciation, c'est-à-dire dans le passé.
- Tous ces temps appartiennent au mode indicatif.

RÉGULARITÉS

- Le temps du verbe situe l'événement dont on parle dans l'un de ces trois moments : le **passé**, le «**maintenant**» ou l'**avenir**.
- Seuls les temps du mode **indicatif** permettent de situer un événement dans le passé, le «maintenant» ou l'avenir :
  - le passé composé, l'imparfait, le plus-que-parfait, le passé simple et le passé antérieur situent l'événement dans le passé ;
  - le présent situe l'événement dans le «maintenant» ;
  - le futur et le futur antérieur situent l'événement dans l'avenir.

Le conditionnel et le conditionnel passé sont deux temps du mode indicatif. Ils situent l'événement dans l'avenir, mais souvent en lien avec un événement passé.

Nous ne présentons pas ici les possibilités d'utilisation des temps verbaux. Par exemple, nous avons indiqué que, généralement, le présent situe l'événement dans le moment où l'émetteur parle, comme dans la phrase *Silence, je lis*.

Dans les phrases suivantes, nous remarquons que l'événement ne se réalise pas nécessairement au moment où l'émetteur parle même si le verbe est au présent :

Attends, j'arrive.

Dès que j'ai terminé ce travail, je pars.

Elle aime lire, mais n'écrit pas.

Dans les deux premières phrases, le présent du verbe exprime une idée de futur. *Arrive* et *pars* sont des événements qui ne se réalisent pas au moment où l'émetteur parle, mais qui se produiront dans un futur qu'on perçoit comme proche.

Dans la dernière phrase, les événements *aime lire* et *écrit* ne se réalisent pas au moment où l'émetteur parle, mais sont des événements auxquels on donne un caractère d'habitude.

L'aspect

L'aspect du verbe dans un énoncé permet à un émetteur d'envisager l'événement dont il parle sous l'angle de son déroulement.

La forme simple et la forme composée du verbe

Un verbe à la forme simple indique que le procès est non accompli ou en cours de réalisation ; exemple : *nous écrivons un roman, nous écrirons un roman, nous écrivions un roman.*

Un verbe à une forme composée indique que le procès est envisagé comme accompli, totalement achevé ; exemple : *nous avons écrit un roman, nous aurons écrit un roman, nous avions écrit un roman.*

Le passé simple ne permet pas de situer le procès en cours de réalisation. Dans la phrase *Nous écrivîmes un roman*, les étapes de l'événement se présentent comme un tout.

Vérifions l'aspect du verbe « lire » aux formes simples et aux formes composées des modes indicatif, subjonctif, impératif et infinitif dans les phrases suivantes :

*Je **lirai** ce texte à trois heures.*

*J'**aurai lu** ce texte à trois heures.*

*Il faut que je **lise** ce texte à trois heures.*

*Il faut que j'**aie lu** ce texte à trois heures.*

***Lisez** ce texte à trois heures.*

***Ayez lu** ce texte à trois heures.*

*Je te demande de **lire** ce texte à trois heures.*

*Je te demande d'**avoir lu** ce texte à trois heures.*

- Dans tous ces énoncés, l'action de lire se situe à un moment dans l'avenir : à trois heures.
- Les verbes *lirai, lise, lisez* et *lire* indiquent que l'activité « lecture » commencera ou sera commencée à trois heures. Elle sera donc non accomplie à trois heures.
- Les verbes *aurai lu, aie lu, ayez lu* et *avoir lu* indiquent que l'activité « lecture » sera terminée à trois heures. On présume donc qu'elle sera accomplie à trois heures.
- Dans la première phrase, le verbe *lirai* est à la forme simple ; il exprime l'aspect non accompli du verbe « lire ».
- Dans la deuxième phrase, le verbe *aurai lu* est à la forme composée ; il exprime l'aspect accompli.
- Dans les phrases où le verbe est au mode subjonctif, impératif ou infinitif, le verbe n'exprime que l'aspect accompli ou non accompli de l'action.

Tous ces verbes renvoient à l'avenir, c'est-à-dire qu'ils situent le procès dans l'avenir, soit à trois heures. Le tableau suivant montre, d'une part, que les temps à une forme simple indiquent que l'événement est vu comme non accompli à trois heures et, d'autre part, que les temps à une forme composée indiquent que l'événement est vu comme accompli à trois heures.

RÉFÉRENCE À L'AVENIR			
Aspect / **Forme simple**	**Non accompli à trois heures**	**Aspect** / **Forme composée**	**Accompli à trois heures**
Ind. futur	*je lirai*	Ind. futur ant.	*j'aurai lu*
Subj. prés.	*que je lise*	Subj. passé	*que j'aie lu*
Imp. prés.	*lisez*	Imp. passé	*ayez lu*
Inf. prés.	*lire*	Inf. passé	*avoir lu*

Les semi-auxiliaires et les périphrases verbales

Lorsqu'on veut préciser à quelle phase de son déroulement le procès est saisi, on peut utiliser des semi-auxiliaires («aller», «commencer à», «se mettre à», etc.) ou des périphrases verbales. Ils représentent une autre façon de voir le procès.

Observons, dans les phrases suivantes, les différentes phases du déroulement du procès «lire», de son début jusqu'à la fin, dans un moment du passé.

*Il **allait** lire le roman.*
*Il **était sur le point de** lire le roman.*
*Il **commençait à** lire le roman.*
*Il **se mettait à** lire le roman.*
*Il **lisait** le roman.*
*Il **était en train de** lire le roman.*
*Il **continuait de** lire le roman.*
*Il **finissait de** lire le roman.*
*Il **cessait de** lire le roman.*
*Il **venait de** lire le roman.*
*Il **avait lu** le roman.*

RÉFÉRENCE AU PASSÉ					
	Avant le procès	**Pendant le procès**			**Après le procès**
Semi-auxiliaires et périphrases	*Il allait lire* *Il était sur le point de lire*	*Il commençait à lire* *Il se mettait à lire*	*Il était en train de lire* *Il continuait de lire*	*Il finissait de lire* *Il cessait de lire*	*Il venait de lire*
		Il lisait (forme simple)			*Il avait lu* (forme composée)
	Non accompli				Accompli

- Chaque phase du déroulement du procès «lire» est marquée par un semi-auxiliaire ou une périphrase verbale.
- Dans les deux premières phrases, on se situe avant le début du procès (*il allait*, *il était sur le point de*).
- Dans les troisième et quatrième phrases, le procès est à son début (*il commençait à*, *il se mettait à*).
- Dans les cinquième, sixième et septième phrases, le procès est saisi en cours de déroulement (*il lisait*, *il était en train de*, *il continuait de*).
- Dans les huitième et neuvième phrases, le procès est constaté à sa fin (*il finissait de*, *il cessait de*).
- Dans les deux dernières phrases, le procès est envisagé après son accomplissement (*il venait de*, *il avait lu*).

RÉGULARITÉS

- Tout procès peut être vu comme **accompli** ou **non accompli**.
- L'aspect accompli d'un procès peut être marqué :
  - par la forme composée d'un verbe ;
  - par des semi-auxiliaires («venir de»).
- L'aspect non accompli d'un procès peut être marqué :
  - par la forme simple d'un verbe ;
  - par des semi-auxiliaires et des périphrases verbales («aller», «être sur le point de», «commencer à», «se mettre à», «être en train de», «continuer de», «finir de», «cesser de», etc.) qui précisent les différentes étapes du procès avant son accomplissement.

Certains verbes tels que «sortir», «trouver», «atteindre», etc., expriment des événements qui comportent en eux-mêmes leur achèvement. Par exemple, dans les phrases *Il faut que j'atteigne le sommet*, *Je trouve toujours ce que je cherche* et *Il sort de la pièce*, les verbes *atteigne*, *trouve* et *sort* comportent l'achèvement de l'événement.

Synthèse LES CATÉGORIES DANS LE GROUPE VERBAL

La structure du groupe verbal

Le verbe est le noyau du groupe verbal. Le verbe impose un type de construction au groupe verbal. Le verbe peut se construire sans complément, avec un ou plusieurs compléments ou avec un attribut. Le groupe verbal peut aussi contenir un groupe facultatif, le modificateur de groupe verbal.

La structure du groupe verbal se réécrit donc de la façon suivante :

GV → V + (Modif)

GV → V + Compl. V + (Modif)

GV → V + Compl. V + Compl. V + (Modif)

GV → V^{être} + Attr + (Modif)

La position du groupe verbal dans la PHRASE P

Dans la PHRASE P, le groupe verbal ne peut occuper qu'une seule position, située à la droite du groupe nominal sujet.

Quand le groupe verbal apparaît à un autre niveau dans la PHRASE P, ce groupe est toujours dans une autre PHRASE P, qui est insérée dans un groupe de la phrase de niveau supérieur.

La catégorie « verbe »

Les verbes forment une catégorie lexicale qu'on peut enrichir par dérivation.

On peut distinguer les verbes des points de vue de la syntaxe, de la forme et du sens.

Les distinctions syntaxiques

Du point de vue de leur construction, on distingue les types de verbes suivants :
- Verbes sans complément :

  GV → V

  Julien dort.

- Verbes suivis d'un complément introduit directement :

  GV → V + GN
  Tu achèteras les fruits demain.

  GV → V + que P
  J'ai oublié que tu allais à la banque.

- Verbes suivis d'un complément introduit indirectement à l'aide d'une préposition :

  GV → V + G Prép
  La fille de Claude ressemble à sa grand-mère.

- Verbes suivis de deux compléments dont l'un au moins est introduit par une préposition :

  GV → V + GN + G Prép
  Claude donne un cadeau à Dominique.

  GV → V + G Prép + G Prép
  Lucie parle du directeur à son amie.

- Verbes attributifs (« être », « sembler », « paraître », « avoir l'air (de) », « demeurer », « rester », etc.) suivis d'un attribut :

  GV → V^être + G Adj
  Ce cours semble intéressant.

  GV → V^être + GN
  Les tigres sont des félins.

  GV → V^être + G Prép
  Elle est à l'aise.

- Verbes dont le complément direct est suivi d'un attribut :

  GV → V + GN + G Adj
  Cette nouvelle a rendu Jeanne furieuse.

Les distinctions de forme

Du point de vue morphologique, c'est-à-dire de la forme, le verbe est la seule catégorie de la phrase à pouvoir se conjuguer, c'est-à-dire à posséder une terminaison qui prend à la fois des marques de temps, de mode, de personne et de nombre.

Lorsque la terminaison donne plus d'un renseignement, la marque du temps précède la marque de la personne.

Le tableau qui suit présente les terminaisons régulières de la conjugaison des verbes aux formes simples :

Personnes / Formes simples	1 Je	2 Tu	3 sing. Il / Elle	3 plur. Ils / Elles	4 Nous	5 Vous
présent	e verbes en -er s autres verbes	s mais *peux, veux* et *vaux*	e verbes en -er t les autres verbes, mais *a, va, prend*	ent	ons	ez mais *dites, faites* et *êtes*
subjonctif	e mais *sois*	s	e mais *ait, soit*	ent	ions	iez
imparfait	ais	ais	ait	aient	ions	iez
futur	rai	ras	ra	ront	rons	rez
conditionnel	rais	rais	rait	raient	rions	riez

Les distinctions de sens

Du point de vue du sens, le verbe exprime un procès, c'est-à-dire une action ou un état se développant dans le temps. Le procès suppose donc un début, un déroulement et une fin. C'est l'émetteur de l'énoncé qui indique sa façon de voir le procès.

On peut envisager le procès au moyen du mode, du temps et de l'aspect.

Le mode

Le mode **indicatif** présente un événement comme certain ou probable dans le passé, le présent ou l'avenir.

Le mode **subjonctif** présente un événement comme incertain, sans précision de temps. Le sens de certains verbes exige le mode subjonctif.

Le mode **impératif** présente un événement comme un ordre à exécuter, orienté vers l'avenir.

Le temps

Le repère de temps est donné par le moment de l'énonciation. Seuls les temps du mode indicatif permettent de situer l'événement avant, pendant ou après le moment de l'énonciation.

L'aspect

L'aspect du verbe permet de situer le procès par rapport à son déroulement.

- L'aspect peut être marqué par la **forme du verbe** :
  - la forme simple indique que le procès est non accompli ou en cours de réalisation ;
  - la forme composée indique que le procès est accompli.
- L'aspect peut aussi être marqué par des **semi-auxiliaires** ou des **périphrases verbales**. Ceux-ci permettent de préciser à quelle étape de son déroulement le procès est saisi.

Le tableau suivant présente des exemples de marques de l'aspect dans les phases du déroulement d'un procès.

DES MARQUES D'ASPECT			
Avant le procès	**Pendant le procès**		**Après le procès**
aller + inf *être sur le point de* + inf	*commencer à* + inf *être en train de* + inf *finir de* + inf *se mettre à* + inf *continuer de* + inf *cesser de* + inf		*venir de* + inf
	+ les formes simples des verbes		+ les formes composées des verbes
Non accompli			Accompli

PARTIE II

grammaire de la p

SECTION 2
Les catégories dans
la PHRASE P

CHAPITRE 7
Les catégories
dans le groupe
nominal

CHAPITRE 8
Les catégories
dans le groupe
verbal

CHAPITRE 9
Les catégories dans
les groupes adjectival,
prépositionnel,
adverbial

CHAPITRE 10
Les accords dans
le groupe nominal

Chapitre 9

Les catégories dans les groupes adjectival, prépositionnel, adverbial

Un peu d'imagination:
mettez-nous l'eau à la bouche !

Jusqu'à maintenant, nous avons bien installé le groupe verbal et le groupe nominal dans la PHRASE P. Mais la phrase ne s'arrête pas là ! Sinon, aussi bien, comme notre ami, se contenter d'une salade sans vinaigrette !

Le chapitre 9 traite des groupes adjectival, prépositionnel et adverbial. Vous y apprendrez plusieurs façons de mettre un peu de piquant… dans la phrase. Allez-y, laissez aller votre imagination !

Traitement des notions

Dans les chapitres précédents, nous avons analysé le groupe nominal et le groupe verbal. Lorsque nous avons examiné la structure de ces deux groupes, nous avons constaté qu'ils contiennent eux-mêmes d'autres groupes, qui viennent les compléter.

Dans ce chapitre, nous traiterons de ces groupes qui entrent dans la composition des constituants principaux de la PHRASE P :

- le groupe adjectival,
- le groupe prépositionnel,
- le groupe adverbial.

LES PROPRIÉTÉS DU GROUPE ADJECTIVAL ET DE L'ADJECTIF

Le groupe adjectival est un groupe dont le noyau appartient à la catégorie « adjectif » :

*Guillaume est **très heureux**.*

*Nathalie est **fière de ses résultats**.*

Nous allons examiner la structure du groupe adjectival. Ensuite, nous verrons les positions que le groupe adjectival peut occuper dans la PHRASE P.

LA STRUCTURE DU GROUPE ADJECTIVAL

Du point de vue de la syntaxe, l'adjectif est le mot noyau du groupe adjectival. Parfois, l'adjectif est le seul constituant du groupe adjectival ; parfois, il est accompagné d'autres groupes.

Observons la structure des groupes adjectivaux dans les phrases suivantes :

*La tornade a détruit la maison **blanche**.*

*Nathalie est **très fière de ses résultats**.*

- Le groupe adjectival *blanche*, qui occupe la position Compl. N dans le groupe nominal *la maison blanche*, est constitué d'un adjectif seul.
- Le groupe adjectival *très fière de ses résultats*, qui occupe la position Attr du sujet, est constitué d'un adjectif (*fière*), modifié par un adverbe (*très*) et complété par un groupe prépositionnel (*de ses résultats*).

- La **structure du groupe adjectival** obéit aux règles suivantes :
  - un *adjectif* occupe la position noyau ;
  - un *modificateur* («très», «peu», «assez», etc.), facultatif, peut accompagner certains adjectifs ;
  - un *complément d'adjectif*, facultatif, peut accompagner l'adjectif. Cette position est toujours occupée par un groupe prépositionnel.
- La structure du groupe adjectival se réécrit de la façon suivante :
  G Adj → (Modif) + Adj + (Compl. Adj)
  Compl. Adj → G Prép

On représente la structure du groupe adjectival par le schéma suivant :

LES POSITIONS POSSIBLES DU GROUPE ADJECTIVAL DANS LA PHRASE P

À l'aide du schéma en arbre, observons les positions qu'occupent les groupes adjectivaux dans les phrases suivantes :

Guillaume est très heureux.

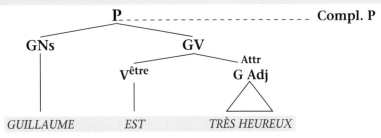

- Le groupe adjectival *très heureux* occupe la position Attr.

Ma jeune sœur installe une table blanche dans le jardin ensoleillé.

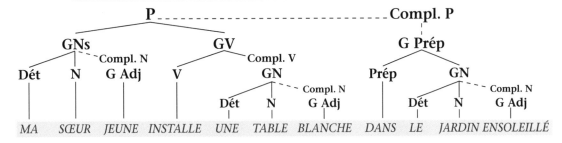

- Le groupe adjectival *jeune* occupe la position Compl. N dans le groupe nominal *ma jeune sœur*.
- Le groupe adjectival *blanche* occupe la position Compl. N dans le groupe nominal *une table blanche*.
- Le groupe adjectival *ensoleillé* occupe la position Compl. N dans le groupe nominal *le jardin ensoleillé*.

RÉGULARITÉ

- Le **groupe adjectival** peut occuper **différentes positions** dans la PHRASE P :
  - le groupe adjectival peut occuper la position Attr ;
  - le groupe adjectival peut occuper la position Compl. N.

En général, l'adjectif suit le nom : *une table **blanche**, une peau très **sensible***, etc. Cependant, certains adjectifs précèdent le nom : *un **petit** arbre, un **jeune** homme*, etc. On analyse alors le groupe nominal en notant le déplacement de l'adjectif devant le nom comme dans le schéma suivant :

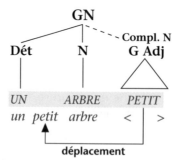

Ce déplacement peut être obligatoire à cause de l'usage :

*un **beau** pommier, la **deuxième** maison*

ou pour marquer une différence de sens :

*un **pauvre** homme, un homme **pauvre***
*une **énorme** vedette, une vedette **énorme***

LES TRAITS DISTINCTIFS DE LA CATÉGORIE « ADJECTIF »

Comme le nom et le verbe, l'adjectif forme une catégorie lexicale, c'est-à-dire une catégorie dont les mots appartiennent à une liste ouverte, puisqu'on peut sans cesse former de nouveaux adjectifs. On le fait le plus souvent au moyen de suffixes. Exemples :

« réseau », « -té » :   *réseauté*

« France », « -phile » :   *francophile*

Contrairement au nom, l'adjectif ne possède pas de genre grammatical en lui-même. Il prend le genre et le nombre du nom noyau qu'il complète ou dont il est l'attribut :

*Les empreintes **digitales** apparaissent clairement sur cette surface.*

*Les chapeaux de ces enfants sont **blancs**.*

Un certain nombre de distinctions syntaxiques et de sens permettent d'établir deux sous-catégories d'adjectifs : l'adjectif qualifiant et l'adjectif classifiant.

L'adjectif qualifiant

Un adjectif quali-fiant exprime une qualité que possède l'être ou l'objet auquel il se rap-porte.

Un **adjectif qualifiant** exprime une qualité, positive ou négative, que possède l'être ou l'objet auquel il se rapporte. Exemples :

*un plongeon **spectaculaire***

*une peau **sensible***

*un bâtiment **neuf***

*une équipe **talentueuse***

Les adjectifs qualifiants peuvent être accompagnés d'un modificateur :

*un plongeon **peu** spectaculaire*

*une peau **très** sensible*

*un bâtiment **tout** neuf*

*une équipe **très** talentueuse*

L'adjectif classifiant

Un **adjectif classi-fiant** classe l'être ou l'objet auquel il se rapporte dans un ensemble.

D'autres adjectifs servent à classer un être ou un objet dans un ensemble, une espèce. On appelle ces adjectifs **adjectifs classifiants**. Exemples :

*un bâtiment **public***   *un bâtiment **privé***

*une équipe **nationale***   *une équipe **internationale***

Ces adjectifs ne peuvent pas être accompagnés d'un modificateur. On ne peut pas dire, par exemple :

un bâtiment **très public*

une équipe **peu nationale*

On place dans la catégorie des adjectifs classifiants les adjectifs qui marquent un rang :

*la **première** page*

*le **troisième** élément*

*la **Cinquième** Avenue*

LES PROPRIÉTÉS DU GROUPE PRÉPOSITIONNEL ET DE LA PRÉPOSITION

Le groupe prépositionnel est appelé ainsi parce que le mot qui l'introduit appartient à la catégorie « préposition » :

*Léo va **à Paris**.*

*Lise parle **de ses vacances à ses amies**.*

LA STRUCTURE DU GROUPE PRÉPOSITIONNEL

La structure du groupe prépositionnel ne ressemble pas à celle des autres groupes. En effet, la préposition n'est pas le noyau du groupe dont elle fait partie. La préposition ne peut pas occuper seule une position dans la PHRASE P comme peuvent le faire le nom noyau du groupe nominal, le verbe noyau du groupe verbal, l'adjectif noyau du groupe adjectival et l'adverbe noyau du groupe adverbial. Elle est cependant essentielle parce que le groupe ne pourrait pas exister sans elle. Le groupe prépositionnel comporte donc obligatoirement un autre constituant.

Dans les groupes prépositionnels de la phrase suivante, essayons d'effacer la préposition ou le groupe nominal qui la suit :

Les amies de ma sœur parlent à leurs cousines.

Les amies **de ma sœur** *parlent* **à leurs cousines**.
*Les amies ø *ma sœur parlent* ø *leurs cousines*.
*Les amies *de* ø *parlent à* ø .

- Dans le premier groupe prépositionnel, *de ma sœur*, on ne peut effacer ni la préposition *de* ni le groupe nominal *ma sœur*.

- Dans le second groupe prépositionnel, *à leurs cousines*, on ne peut effacer ni la préposition *à* ni le groupe nominal *leurs cousines*.

Dans les phrases suivantes, observons la structure des groupes prépositionnels :

Dès le lever du jour, *les oiseaux chantent **dans les arbres**.*
*Ces fleurs s'ouvriront **dès que le soleil se lèvera**.*
Juste après ton départ, *Dominique est arrivée.*
*Claude est parti **depuis longtemps**.*

- Le groupe prépositionnel *dès le lever du jour* est constitué d'une préposition, *dès*, suivie d'un groupe nominal, *le lever du jour*, qui comprend un groupe prépositionnel, *du jour*, en position Compl. N.

- Le groupe prépositionnel *dans les arbres* est constitué d'une préposition, *dans*, suivie d'un groupe nominal, *les arbres*.

- Le groupe prépositionnel *dès que le soleil se lèvera* est constitué d'une préposition, *dès*, suivie de *que* (*dès que*) et d'une PHRASE P, *le soleil se lèvera*.

- Le groupe prépositionnel *juste après ton départ* est constitué d'un modificateur, *juste*, d'une préposition, *après*, suivie d'un groupe nominal, *ton départ*.

- Le groupe prépositionnel *depuis longtemps* est constitué d'une préposition, *depuis*, suivie d'un adverbe, *longtemps*.

- La **structure du groupe prépositionnel** obéit aux règles suivantes :
  - une *préposition*, obligatoire ;
  - un *groupe nominal*, une *phrase* ou un *adverbe*, obligatoire ;
  - un *modificateur*, facultatif.
- La structure du groupe prépositionnel se réécrit de la façon suivante :

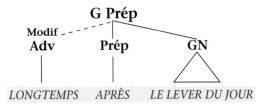

G Prép → (Modif) + Prép + { GN / P / G Adv }

On représente la structure du groupe prépositionnel par le schéma suivant :

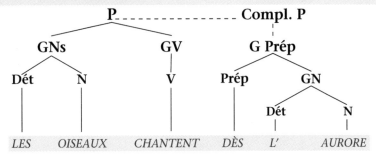

G Prép

Modif - - - - Adv   Prép   GN

LONGTEMPS   *APRÈS*   *LE LEVER DU JOUR*

LES POSITIONS POSSIBLES DU GROUPE PRÉPOSITIONNEL DANS LA PHRASE P

À l'aide du schéma en arbre, observons les positions qu'occupent les groupes prépositionnels dans les phrases suivantes :

Les oiseaux chantent dès l'aurore.

P - - - - - - - - - - Compl. P

GNs   GV   G Prép

Dét   N   V   Prép   GN

Dét   N

LES   *OISEAUX*   *CHANTENT*   *DÈS*   *L'*   *AURORE*

NOUS CONSTATONS QUE

- Le groupe prépositionnel *dès l'aurore* occupe la position Compl. P.

Pendant la pause, la sœur de Lise parle de ses vacances à ses amies.

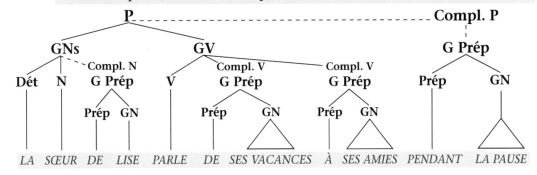

P - - - - - - - - - - - - - - - - Compl. P

GNs   GV   G Prép

Dét   N   Compl. N / G Prép   V   Compl. V / G Prép   Compl. V / G Prép   Prép   GN

Prép   GN   Prép   GN   Prép   GN

LA   *SŒUR*   *DE*   *LISE*   *PARLE*   *DE*   *SES VACANCES*   *À*   *SES AMIES*   *PENDANT*   *LA PAUSE*

- Le groupe prépositionnel *de Lise* occupe la position Compl. N à l'intérieur du groupe nominal *la sœur de Lise*.
- Le groupe prépositionnel *de ses vacances* occupe une des deux positions Compl. V.
- Le groupe prépositionnel *à ses amies* occupe l'autre position Compl. V.
- Le groupe prépositionnel *pendant la pause* occupe la position Compl. P.

Ces cours sont d'un grand intérêt.

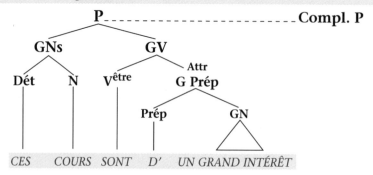

- Le groupe prépositionnel *d'un grand intérêt* occupe la position Attr.

Claude marchait à grands pas.

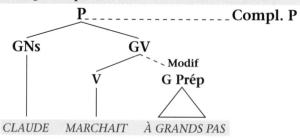

- Le groupe prépositionnel *à grands pas* occupe la position Modif dans le groupe verbal *marchait à grands pas*.

Paul est fier de ses résultats.

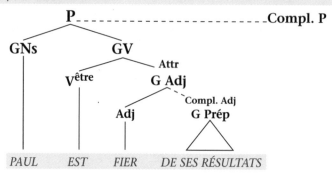

- Le groupe prépositionnel *de ses résultats* occupe la position Compl. Adj à l'intérieur du groupe adjectival *fier de ses résultats*.

- Le **groupe prépositionnel** peut occuper **différentes positions** dans la PHRASE P :
  - le groupe prépositionnel peut occuper la position Compl. P ;
  - le groupe prépositionnel peut occuper les positions Compl. V, Attr et Modif dans le groupe verbal ;
  - le groupe prépositionnel peut occuper les positions Compl. N et Compl. Adj.

LES TRAITS DISTINCTIFS DE LA CATÉGORIE « PRÉPOSITION »

La préposition forme une catégorie grammaticale qui sert à *introduire* certains groupes syntaxiques et à marquer la dépendance de ces groupes vis-à-vis d'autres groupes.

Des points de vue de la syntaxe et du sens, certaines prépositions peuvent appartenir à la construction de verbes :

*s'attendre **à** quelque chose*

*parler **de** quelque chose **à** quelqu'un*

*s'entretenir **de** quelque chose **avec** quelqu'un*

*aller **à** un endroit x*

*aller **d'**un endroit x **à** un autre endroit x*

Par contre, après certains verbes, on a la possibilité de faire varier la préposition : « jouer à la balle », « jouer de la guitare », « jouer avec ses amis », etc.

Du point de vue du sens, la préposition peut exprimer les relations suivantes :

- relation de temps : *Il est parti **depuis** cinq minutes.*
- relation de lieu : *L'enfant joue **devant** la maison.*
- relation de but : *Il économise **en vue de** l'achat des cadeaux de Noël.*
- relation de cause : *La fête a été annulée **en raison de** la pluie.*

Du point de vue de la forme, les prépositions sont invariables.

LES PROPRIÉTÉS DU GROUPE ADVERBIAL ET DE L'ADVERBE

Le groupe adverbial est appelé ainsi parce que son mot noyau appartient à la catégorie « adverbe ».

LA STRUCTURE DU GROUPE ADVERBIAL

Du point de vue de la syntaxe, l'adverbe est le mot noyau du groupe adverbial. En général, ce noyau est le seul constituant du groupe. Cependant, le groupe adverbial peut aussi comporter un modificateur, comme dans la phrase suivante :

Claude marchait **très rapidement**.

RÉGULARITÉS

- La **structure du groupe adverbial** obéit aux règles suivantes :
  - un *adverbe* est le noyau du groupe ;
  - un autre adverbe, facultatif, peut accompagner l'adverbe comme *modificateur*.
- La structure du groupe adverbial se réécrit de la façon suivante :

  G Adv → (Modif) + Adv

On représente la structure du groupe adverbial par le schéma suivant :

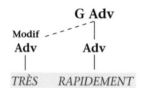

LES TRAITS DISTINCTIFS DE LA CATÉGORIE « ADVERBE »

La catégorie « adverbe » est :
- en partie grammaticale, puisqu'elle comprend des mots comme « ailleurs », « beaucoup », « très », etc., qui forment une liste fermée ;
- en partie lexicale, puisqu'on peut créer des adverbes à partir d'adjectifs au moyen du suffixe « -ment », comme « exactement », « merveilleusement », etc. ; la liste de ces adverbes en « -ment » est donc ouverte.

Du point de vue de la forme, les adverbes sont *invariables*.

Du point de vue de la syntaxe, les adverbes ont des statuts très différents.

Il convient ici de faire au moins deux distinctions :
- les adverbes appartenant à un constituant de la PHRASE P ;
- les adverbes n'appartenant pas à la PHRASE P.

Les adverbes appartenant à un constituant de la PHRASE P

Nous allons voir que les adverbes peuvent s'ajouter aux constituants des différents groupes de la PHRASE P.

L'adverbe complément

À l'aide du schéma en arbre, observons les positions compléments qu'occupent les groupes adverbiaux dans la phrase suivante :

Nous irons ailleurs demain.

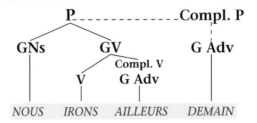

- Le groupe adverbial *ailleurs* occupe la position Compl. V.
- Le groupe adverbial *demain* occupe la position Compl. P.

L'adverbe modificateur

L'adverbe modificateur exprime souvent un degré de quantité ou de qualité.

Dans les phrases suivantes, observons les positions que peut occuper un adverbe modificateur dans la PHRASE P :

Claude marchait très rapidement.

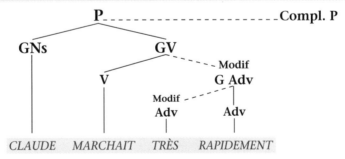

- Le groupe adverbial *très rapidement* occupe la position Modif dans le groupe verbal *marchait très rapidement*.
- L'adverbe *très* occupe la position Modif dans le groupe adverbial *très rapidement*.
- L'adverbe *rapidement* est le noyau du groupe adverbial *très rapidement*.

Paul est très fier de ses résultats.

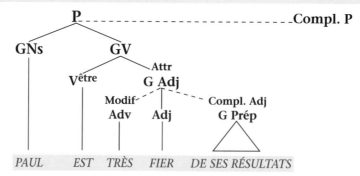

- Le groupe adverbial *très* occupe la position Modif dans le groupe adjectival *très fier de ses résultats.*

Beaucoup d'élèves se réveillent longtemps après le lever du jour.

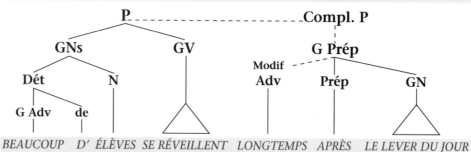

- L'adverbe *beaucoup* fait partie du déterminant quantifiant du groupe nominal *beaucoup d'élèves.*
- Le groupe adverbial *longtemps* occupe la position Modif dans le groupe prépositionnel *longtemps après le lever du jour.*

RÉGULARITÉ

- Le **groupe adverbial** peut jouer **plusieurs rôles selon les positions** occupées dans la PHRASE P :
  - le groupe adverbial peut occuper les positions Compl. V et Compl. P ;
  - le groupe adverbial peut occuper la position Modif dans plusieurs groupes de la PHRASE P : groupe verbal, groupe adjectival, groupe prépositionnel, groupe adverbial ;
  - le groupe adverbial peut occuper la position Modif dans le déterminant quantifiant d'un groupe nominal.

Les adverbes n'appartenant pas à la PHRASE P

Nous venons de voir que des adverbes peuvent s'ajouter aux constituants des différents groupes de la PHRASE P. Mais pour expliquer la valeur de certains adverbes, on ne peut pas utiliser le schéma de la PHRASE P. Parmi eux, plusieurs portent sur l'ensemble de l'énoncé (adverbes modalisateurs), d'autres servent à marquer l'organisation d'un texte (adverbes organisateurs).

L'adverbe modalisateur

Au chapitre 2, nous avons vu qu'un émetteur peut intervenir dans son énoncé pour exprimer son point de vue sur ce qu'il affirme ; l'émetteur modalise alors son énoncé. Par exemple, à une phrase comme *Nous resterons ici*, l'émetteur peut ajouter un adverbe afin de marquer la *probabilité* :

*Nous resterons **probablement** ici.*

*Nous resterons **sûrement** ici.*

L'émetteur peut aussi exprimer un jugement dans son énoncé. Il utilise alors un adverbe qui marque l'*appréciation* :

***Malheureusement**, nous resterons ici.*

Les adverbes *probablement*, *sûrement* et *malheureusement* n'ajoutent pas d'information à l'énoncé, mais ils le modalisent. On pourrait paraphraser l'énoncé ci-dessus de la façon suivante :

*Je vous informe que **nous resterons ici***

et je trouve cela malheureux.

Par contre, comme nous l'avons vu, les adverbes qui occupent la position Modif dans le groupe verbal apportent de l'information au groupe. Ils ne peuvent pas être paraphrasés de la même façon que les adverbes modalisateurs. Par exemple, on ne peut pas paraphraser la phrase *Paul marche **lentement*** en disant :

*Je vous informe que **Paul marche***

*et je trouve cela lent.

L'adverbe organisateur

Au chapitre 16, nous verrons comment on peut organiser un texte, c'est-à-dire lier les phrases les unes aux autres pour former un tout qui soit cohérent. Dans les deux groupes de phrases suivants, l'adverbe sert à établir un lien entre la seconde phrase et la première :

*Luc a échoué à son examen. **Pourtant**, il avait beaucoup étudié.*

*J'aimerais que vous m'apportiez un café et des croissants. Apportez-moi **aussi** le journal, s'il vous plaît.*

D'autres adverbes servent à marquer la structure du texte. Ces adverbes varient selon que le texte adopte un point de vue :
- chronologique : « d'abord », « puis », « enfin », etc. ;
- logique : « premièrement », « deuxièmement », etc. ;
- argumentatif : « pourtant », « d'ailleurs », « en effet », etc.

Ces adverbes seront traités plus à fond dans la partie III, « La grammaire du texte ».

Le groupe adjectival, le groupe prépositionnel et le groupe adverbial sont des groupes qui peuvent entrer dans la composition des trois constituants de la PHRASE P : le groupe nominal sujet, le groupe verbal et le complément de phrase.

Les trois tableaux qui suivent donnent, pour chacun de ces groupes, sa structure, les positions qu'il peut occuper dans la PHRASE P ainsi que les traits distinctifs de la catégorie à laquelle appartient le mot noyau ou, dans le cas du groupe prépositionnel, la préposition introductrice.

Le groupe adjectival

LE GROUPE ADJECTIVAL		
Structure	**Positions dans la PHRASE P**	**Traits distinctifs**

• Règle de réécriture :
 	
G Adj → (Modif) + Adj + (Compl. Adj)
 	
Compl. Adj → G Prép
	• Attr
	• Compl. N
		• Catégorie lexicale.
		• Sous-catégories d'adjectifs :
		  – adjectif qualifiant (qualifie le nom et peut être accompagné d'un modificateur) ;
		  – adjectif classifiant (classe le nom dans un ensemble et ne peut être accompagné d'un modificateur).
		• Prend la marque du genre et du nombre du nom qu'il complète.

Le groupe prépositionnel

LE GROUPE PRÉPOSITIONNEL		
Structure	**Positions dans la PHRASE P**	**Traits distinctifs**
• Règles de réécriture : G Prép → (Modif) + Prép + { GN / P / G Adv }	• Compl. P • Compl. V • Attr • Modif dans le GV • Compl. N • Compl. Adj	• Catégorie grammaticale. • Peut exprimer une relation de temps, de lieu, de but, de cause, etc. • Invariable.

Le groupe adverbial

LE GROUPE ADVERBIAL		
Structure	**Positions dans la PHRASE P**	**Traits distinctifs**
• Règles de réécriture : G Adv → (Modif) + Adv	• Compl. V • Compl. P • Modif dans le GV • Modif dans le G Adj • Modif dans le G Prép • Modif dans le G Adv • Modif dans le Dét quant. d'un GN	• Catégorie mi-grammaticale, mi-lexicale. • Peut appartenir à un constituant de la PHRASE P. • Peut ne pas appartenir à un constituant de la PHRASE P. • Invariable.

PARTIE II
grammaire de la p[hrase]

SECTION 2
Les catégories dans la PHRASE P

Chapitre 10
Les accords dans le groupe nominal

CHAPITRE 7
Les catégories dans le groupe nominal

CHAPITRE 8
Les catégories dans le groupe verbal

CHAPITRE 9
Les catégories dans les groupes adjectival, prépositionnel, adverbial

CHAPITRE 10
Les accords dans le groupe nominal

CHAPITRE 12
Les transformations d'enchaînement

CHAPITRE 13
Les transformations de subordination

CHAPITRE 14
Les accords dans la phrase transformée

[CHAPIT]RE 15
[coh]ésion

CHAPIT[RE]
À la jonct[ion]
de la cohésio[n]
la hiérarchis[ation]

CHAPITRE 17
La hiérarchisation

Grammaire et ses enfants

Un jour, dame Discorde
Dans la famille Nominale entra.
On n'écoutait plus rien, on ne s'accordait pas.
L'adjectif refusait les conseils du nom, son grand frère ;
Le déterminant jetait par-dessus bord
Les ententes conclues à propos des accords.
Pluriel et singulier, dans un coin,
Masculin et féminin, dans un autre,
Se regardaient en chiens de faïence.

Entendant ces hauts cris, ces disputes, ces guerres,
Le voisin, affolé, appela au secours.
Grammaire, qui s'était absentée,
Revint en catastrophe.
Elle adressa ces mots aux sœurs et frères ennemis :

« Voyez dans quel état vous vous êtes mis.
Je croyais mes enfants un peu mieux élevés.
Cessez immédiatement vos luttes intestines,
Je ne voudrais pas être une mère orpheline.
Où sévit l'anarchie, bientôt viendra la mort.
Une trêve s'impose : respectez vos accords. »

Les enfants virent le danger. Ils jurèrent à leur mère
Qu'elle était bien finie, cette stupide guerre.
Grammaire, dignement, se leva et sortit,
Certaine que, désormais, on lui serait soumis.

Nous avons vu, au chapitre 6, les accords dans la phrase de base. Nous irons ici un peu plus en profondeur. Nous connaissons bien maintenant le groupe nominal et ses différents constituants. Alors, comment faire régner l'harmonie dans la famille Nominale ?

Quand vous aurez étudié ce chapitre, vous saurez tout sur l'influence du nom et sur les différentes façons d'accorder les déterminants et les adjectifs avec leur grand frère…

Traitement des notions

Les accords dans le modèle PHRASE P sont hiérarchisés : au premier niveau, on trouve les accords entre le groupe nominal sujet et le groupe verbal de la phrase de base ; aux autres niveaux, on trouve des accords à l'intérieur des groupes nominaux.

Ce chapitre traitera des accords dans le groupe nominal, quelle que soit la position de ce groupe nominal dans la PHRASE P.

L'INFLUENCE DU NOM NOYAU

Nous savons que le genre fait partie intégrante du nom. C'est donc le nom noyau qui détermine le genre de tout le groupe nominal dont il fait partie. Par contre, le nombre ne fait pas partie intégrante du nom. C'est l'émetteur de l'énoncé qui indique le nombre. Par exemple, dans la phrase « Les routes sinueuses du Québec sont dangereuses », l'émetteur a indiqué le pluriel au référent « route ».

À l'aide du schéma en arbre, observons la position des groupes nominaux dans la phrase suivante :

À la compétition annuelle, ces beaux chevaux de manège ont gagné une médaille internationale.

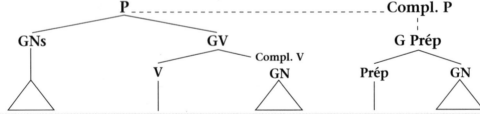

- Le groupe nominal *ces beaux chevaux de manège* occupe la position GNs.
- Le groupe nominal *une médaille internationale* occupe la position Compl. V.
- Le groupe nominal *la compétition annuelle* est un constituant du groupe prépositionnel qui occupe la position Compl. P.

À l'aide du schéma du groupe nominal, examinons maintenant les accords à l'intérieur de chacun des groupes nominaux de la phrase précédente :

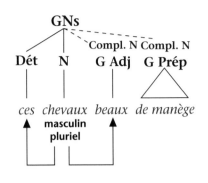
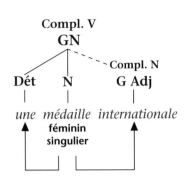
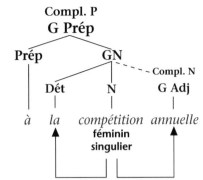

- Dans le premier groupe nominal, le nom noyau *chevaux* transmet son genre et son nombre au déterminant *ces* et à l'adjectif *beaux*; il ne transmet ni son genre ni son nombre au groupe prépositionnel *de manège*.

- Dans le deuxième groupe nominal, le nom noyau *médaille* transmet son genre et son nombre au déterminant *une* et à l'adjectif *internationale*.

- Dans le troisième groupe nominal, le nom noyau *compétition* transmet son genre et son nombre au déterminant *la* et à l'adjectif *annuelle*.

RÉGULARITÉS

- Dans un groupe nominal, le **déterminant** prend les marques du genre et du nombre du **nom noyau**.

- Parmi les groupes qui peuvent occuper la position Compl. N, seul l'**adjectif** du groupe adjectival prend les marques du genre et du nombre du **nom noyau**.

- Ces accords sont valables dans tous les groupes nominaux, peu importe leur position dans la phrase.

LE PLURIEL DES NOMS

En règle générale, le pluriel des noms est marqué par l'ajout d'un « s » :

la route / les routes

Cependant, certains noms ne suivent pas cette règle, mais changent plutôt de terminaison au pluriel :

ton cheval / tes chevaux

On trouvera dans le tableau de la page suivante un rappel des principales façons de marquer le pluriel des noms.

Certains noms prennent la marque du pluriel à la fois au milieu et à la fin du mot : bonhomme/bonshommes, madame/ mesdames, monsieur/messieurs, etc. Cette particularité s'explique par le fait que, à l'origine, ces noms s'écrivaient en deux mots. Par contre, d'autres noms qui s'écrivaient aussi en deux mots à l'origine prennent le « s » du pluriel seulement à la fin du mot : contremaître / contremaîtres, passeport / passeports, portefeuille / portefeuilles, etc.

LES MARQUES DU PLURIEL DES NOMS

- Généralement, le pluriel des noms est marqué par l'ajout d'un **s** :

  un livre / des livres   *son chandail / ses chandails*
  ma fille / mes filles   *le pneu / les pneus*, etc.
  un sou / trois sous

- Les noms qui se terminent par **-s**, **-x** ou **-z** au singulier gardent cette terminaison au pluriel :

  ton fils / tes fils   *le gaz / les gaz*, etc.
  une voix / des voix

- Les noms qui se terminent par **-au**, **-eau** ou **-eu** au singulier se terminent par un **x** au pluriel :

  ce tuyau / ces tuyaux   *un jeu / des jeux*, etc.
  le cerveau / les cerveaux

- De plus, sept noms qui se terminent par **-ou** au singulier se terminent par un **x** au pluriel :

  le bijou / les bijoux   *le hibou / les hiboux*
  un caillou / des cailloux   *ton joujou / tes joujoux*
  ce chou / ces choux   *un pou / trois poux*
  votre genou / vos genoux

- En général, les noms qui se terminent par **-al** au singulier se terminent par **-aux** au pluriel :

  un cheval / des chevaux
  un journal / des journaux, etc.

  Plusieurs suivent cependant le pluriel régulier et prennent un **s** :

  des bals, des carnavals, des cérémonials, des chacals, des festivals, des finals, des récitals, des régals, etc.

- Neuf noms qui se terminent par **-ail** au singulier se terminent par **-aux** au pluriel :

  ce travail / ces travaux   *un soupirail / des soupiraux*
  ce vitrail / ces vitraux   *un vantail / des vantaux*
  un bail / des baux   *un ventail / des ventaux*
  le corail / les coraux   *un fermail / des fermaux*
  un émail / des émaux

  Tous les autres noms en **-ail** suivent le pluriel régulier et prennent un **s** :
  les chandails, les détails, les épouvantails, les éventails, etc.

- Certains noms s'emploient toujours au pluriel :
  les ténèbres, les funérailles, les fiançailles, etc.

- Certains noms ont deux pluriels selon leur sens :
  un aïeul / des aïeuls, **mais** *des aïeux* **dans le sens de « ancêtres »** ;
  un œil / des yeux, **mais** *des œils-de-bœuf* ;
  le ciel / les ciels, **mais** *les cieux* **dans un emploi religieux ou littéraire**, etc.

L'ACCORD DES DÉTERMINANTS AVEC LE NOM

Nous venons de voir que le nom noyau d'un groupe nominal transmet son genre et son nombre au déterminant. Examinons successivement l'accord des déterminants identifiants et l'accord des déterminants quantifiants.

L'ACCORD DES DÉTERMINANTS IDENTIFIANTS

Dans les groupes nominaux suivants, observons les marques de l'accord du déterminant :

le cerveau / *les* cerveaux
*l'*élève / *les* élèves

cette activité / *ces* activités
ton neveu / *tes* neveux

- Les déterminants identifiants *le, cette* et *ton* portent la marque du genre du nom noyau.
- Les déterminants identifiants *l', les, ces* et *tes* ne portent pas la marque du genre du nom noyau.
- Tous ces déterminants identifiants portent la marque du nombre du nom noyau.

Le déterminant possessif

Observons le déterminant possessif dans les phrases suivantes :

Le livre de ma sœur est tombé. **Son** *livre est abîmé.*
Les livres de ma sœur sont tombés. **Ses** *livres sont abîmés.*

Le livre de mes sœurs est tombé. **Leur** *livre est abîmé.*
Les livres de mes sœurs sont tombés. **Leurs** *livres sont abîmés.*

- Le déterminant possessif *son* porte la marque du genre et du nombre du nom noyau *livre* : masculin singulier. Il renvoie à une seule personne (*ma sœur*).
- Le déterminant possessif *ses* porte la marque du nombre du nom noyau *livres* : pluriel. Il renvoie à une seule personne (*ma sœur*).
- Le déterminant possessif *leur* porte la marque du nombre du nom noyau *livre* : singulier. Il renvoie à plusieurs personnes (*mes sœurs*).
- Le déterminant possessif *leurs* porte la marque du nombre du nom noyau *livres* : pluriel. Il renvoie à plusieurs personnes (*mes sœurs*).

- Les **déterminants identifiants** prennent le genre et le nombre du nom qu'ils accompagnent. Ils portent parfois la marque du genre et toujours la marque du nombre de ce nom.
- Le déterminant possessif de la troisième personne a une particularité. Sa forme change selon qu'il renvoie à une ou à plusieurs personnes :
  – « son », « sa », « ses » renvoient à une seule personne ;
  – « leur », « leurs » renvoient à plusieurs personnes.

L'ACCORD DES DÉTERMINANTS QUANTIFIANTS

Dans les groupes nominaux suivants, observons l'accord des déterminants quantifiants en genre et en nombre avec le nom noyau :

les **quatre** *vélomoteurs* / **sept** *vélomoteurs*

quatre-vingt-dix *places* / les **quatre-vingts** *places de cette salle*

quatre cents *kilomètres* / **trois cent cinquante** *kilomètres*

plusieurs *fleurs* / **quelques** *bouquets*

une *disquette* / **un** *cédérom*

- Aucun de ces déterminants quantifiants ne porte la marque du genre du nom qu'ils accompagnent, à l'exception du déterminant *un* (**une** *disquette*, **un** *cédérom*).

- Les déterminants quantifiants *quatre*, *sept*, *quatre-vingt-dix* et *trois cent cinquante* ne portent pas la marque du nombre du nom qu'ils accompagnent.

- Les déterminants quantifiants *quatre-vingts* et *quatre cents* portent la marque du nombre du nom qu'ils accompagnent.

- Les deux déterminants quantifiants *plusieurs* et *quelques* portent la marque du pluriel.

RÉGULARITÉS

- Les **déterminants quantifiants** prennent le genre et le nombre du nom qu'ils accompagnent. Ils ne portent pas la marque du genre de ce nom, à l'exception du déterminant quantifiant « une ».

- Ceux qui expriment un nombre précis ne portent pas la marque du nombre du nom puisque ce nombre est indiqué dans le déterminant lui-même. Cependant, les déterminants quantifiants « vingt » et « cent » portent la marque du pluriel lorsqu'ils sont multipliés et placés à la fin du déterminant.

- Quelques déterminants quantifiants portent toujours la marque du pluriel.

L' ACCORD DES ADJECTIFS AVEC LE NOM

Nous savons que l'adjectif en position Compl. N s'accorde en genre et en nombre avec le nom noyau.

Observons les marques de l'accord des adjectifs dans les groupes nominaux suivants :

le **meilleur** *souvenir*   les **meilleures** *idées*

cette **jeune** *chatte*   ce **jeune** *chat*

des maladies **infectieuses**   un germe **infectieux**

les **nouveaux** *disques*   la **nouvelle** *chanson*

- L'adjectif *meilleur* porte les marques du genre et du nombre du nom qu'il complète : *le meilleur souvenir*, masculin singulier ; *les meilleures idées*, féminin pluriel.
- L'adjectif *jeune* se termine de la même façon, que le nom soit féminin (*chatte*) ou masculin (*chat*) ; il prend le genre du nom noyau, mais il n'en porte pas la marque.
- L'adjectif *infectieux* porte les marques du genre et du nombre du nom qu'il complète : *des maladies infectieuses*, féminin pluriel ; *un germe infectieux*, masculin singulier.
- L'adjectif *nouveau* porte les marques du genre et du nombre du nom qu'il complète : *les nouveaux disques*, masculin pluriel ; *la nouvelle chanson*, féminin singulier.

RÉGULARITÉS

- Les **adjectifs en position Compl. N** prennent le genre et le nombre du nom qu'ils complètent.
- Ils portent la marque du genre de ce nom, à l'exception de ceux qui se terminent par « e ».
- Tous portent la marque du nombre de ce nom, à l'exception de ceux qui se terminent par « s » ou par « x ».

---

*Au singulier, certains adjectifs masculins changent de forme lorsqu'on fait une liaison avec le nom qui suit : le **nouveau** disque / le **nouvel** ordinateur ; le **beau** cheval / le **bel** hôtel. Le pluriel est cependant régulier : les **nouveaux** ordinateurs / les **beaux** hôtels.*

On trouvera dans les deux tableaux suivants un rappel des différentes façons de marquer le genre et le nombre des adjectifs.

LES MARQUES DU GENRE DES ADJECTIFS
• On forme le féminin de certains adjectifs en ajoutant un **e** à la forme du masculin : *le sport étudiant / l'activité étudiante* *un parfum subtil / une odeur subtile*, etc.
• Quand l'adjectif se termine par -**e**, il n'y a pas de différence entre le féminin et le masculin : *un jeune garçon / une jeune fille* *le travail facile / la recette facile*, etc.
• Dans plusieurs cas, les adjectifs ont une forme différente au masculin et au féminin : *nouveau / nouvelle*　　*nerveux / nerveuse* *blanc / blanche*　　*fou / folle* *complet / complète*　　*malin / maligne* *long / longue*　　*public / publique*, etc.
Comme il n'y a pas de règle unique et que les formes du masculin et du féminin des adjectifs sont souvent différentes, en cas de doute, il vaut mieux consulter un dictionnaire.

LES MARQUES DU NOMBRE DES ADJECTIFS

- Le pluriel d'un adjectif se marque généralement par l'ajout d'un **s** à la forme du masculin ou du féminin :
  *cette couleur naturelle / ces couleurs naturelle**s***
  *ce produit naturel / ces produits naturel**s***, etc.

- Les adjectifs masculins qui se terminent par -**s** ou -**x** au singulier gardent cette terminaison au pluriel :
  un nuage gris / des nuages gris
  un ciel nuageux / des ciels nuageux, etc.

- Les adjectifs masculins qui se terminent par -**al** au singulier se terminent par -**aux** au pluriel :
  *le climat tropical / les climats tropic**aux***
  *le train régional / les trains région**aux***, etc.

  Certains adjectifs masculins qui se terminent par -**al** au singulier suivent cependant la règle générale :
  banal / banals
  fatal / fatals
  naval / navals, etc.

- Les adjectifs masculins qui se terminent par -**eau** au singulier se terminent par -**x** au pluriel :
  mon beau chandail / mes beaux chandails
  ce nouveau film / ces nouveaux films, etc.

Observons ces cas particuliers :

*une mode et une musique **nouvelles***

*une mode et un style **nouveaux***

*les **deuxième** et **troisième** essais*

*les gouvernements **fédéral** et **provinciaux***

- L'adjectif *nouvelles* complète deux noms féminins (*mode* et *musique*). Il porte les marques du féminin et du pluriel.

- L'adjectif *nouveaux* complète deux noms dont l'un est féminin (*mode*) et l'autre masculin (*style*). Il porte les marques du masculin et du pluriel.

- L'adjectif *deuxième* et l'adjectif *troisième* complètent le nom *essais*; ce nom est au pluriel, mais chaque adjectif s'applique à un seul essai : le *deuxième* (*essai*) et le *troisième* (*essai*). Les adjectifs portent la marque du singulier.

- L'adjectif *fédéral* et l'adjectif *provinciaux* complètent le nom *gouvernements*; ce nom est au pluriel, mais l'adjectif *fédéral* est au singulier parce qu'il s'applique à un seul gouvernement, et l'adjectif *provinciaux* est au pluriel parce qu'il s'applique à plusieurs gouvernements. L'adjectif *fédéral* porte la marque du singulier et l'adjectif *provinciaux* porte la marque du pluriel.

- Quand un adjectif complète **deux noms de genre différent**, il porte la marque du masculin.
- Quand deux adjectifs complètent un **même nom pluriel**, ces adjectifs portent la marque du singulier ou du pluriel, selon le sens.

Observons maintenant ces adjectifs de couleur :

*une eau **bleue** / des volets **verts***

*des robes **bleu clair** / des tons **bleu-vert***

*des yeux **noisette** / des nappes **orange***

- Dans les groupes nominaux *une eau bleue* et *des volets verts*, l'adjectif porte les marques du genre et du nombre du nom noyau.
- Dans les groupes nominaux *des robes bleu clair* et *des tons bleu-vert*, les adjectifs sont composés de deux mots ; ils ne portent ni la marque du genre ni la marque du nombre du nom noyau.
- Dans les groupes nominaux *des yeux noisette* et *des nappes orange*, les adjectifs sont des noms (« une noisette », « une orange ») qu'on utilise comme adjectifs pour indiquer la couleur ; ces adjectifs ne portent ni la marque du genre ni la marque du nombre du nom noyau.

- L'accord des **adjectifs de couleur** suit les règles suivantes :
  - si l'adjectif de couleur est de forme simple, il prend les marques du genre et du nombre du nom ;
  - si l'adjectif de couleur est de forme composée, il ne prend ni la marque du genre ni la marque du nombre du nom ;
  - si l'adjectif de couleur est un nom employé comme adjectif, il ne prend ni la marque du genre ni la marque du nombre du nom, à l'exception des adjectifs suivants : « écarlate », « mauve », « pourpre » et « rose ».

Observons les mots « demi », « mi » et « nu » dans les expressions suivantes :

une demi-heure / une heure et demie / deux heures et demie

à mi-jambe

aller nu-tête / aller tête nue / aller mains nues

- Les mots « demi », « mi » et « nu » ne s'accordent pas lorsqu'ils sont placés devant un nom ; ils sont reliés à ce nom par un trait d'union.
- L'expression « et demi » se place après un nom ; « demi » prend la marque du genre de ce nom, mais ne prend pas la marque du nombre.
- Le mot « nu », lorsqu'il est placé après un nom, prend les marques du genre et du nombre de ce nom.

Synthèse LES ACCORDS DANS LE GROUPE NOMINAL

Dans un groupe nominal, le nom noyau transmet ses marques de genre et de nombre au déterminant et à l'adjectif.

On trouvera les principales marques possibles du pluriel des noms dans le tableau de la page 164.

L'accord des déterminants avec le nom

L'accord des déterminants identifiants

- Accord en genre :

  Certains déterminants identifiants portent la marque de l'accord en genre avec le nom qu'ils accompagnent («mon», «ma», «le», «la», «ce», «cette», «son», «sa», etc.). D'autres ne portent pas la marque de l'accord en genre («l'», «les», «ces», etc.).

- Accord en nombre :

  Les déterminants identifiants portent la marque de l'accord en nombre avec le nom.

  Le déterminant possessif de la troisième personne change de forme selon qu'il renvoie à une ou à plusieurs personnes.

L'accord des déterminants quantifiants

- Accord en genre :

  Les déterminants quantifiants ne portent pas la marque de l'accord en genre avec le nom, à l'exception du déterminant «une».

- Accord en nombre :

  Certains déterminants quantifiants ne portent pas la marque de l'accord en nombre avec le nom qu'ils accompagnent («quatre», «vingt», «cent», «assez de», «beaucoup de», etc.). D'autres, au contraire, portent toujours la marque du pluriel («plusieurs», «quelques», «des», etc.).

  Cas de « vingt » et de « cent » :

  «Vingt» et «cent» portent la marque du pluriel s'ils sont multipliés et placés à la fin du déterminant (*deux **cents** chevaux*, mais *deux **cent** dix vaches*; *quatre-**vingts** fois*, mais *quatre-**vingt**-trois fois*).

L'accord des adjectifs avec le nom

L'adjectif porte les marques du genre et du nombre du nom qu'il complète. On trouvera les principales marques possibles pour le féminin et le pluriel des adjectifs dans les tableaux des pages 167 et 168.

Il existe quelques cas particuliers d'accord des adjectifs :

- Lorsque l'adjectif complète deux noms de genre différent, il prend les marques du masculin et du pluriel (*une revue et un journal anciens*).
- Lorsque deux adjectifs complètent un même nom pluriel, le sens commande parfois la marque du singulier et parfois la marque du pluriel (*les gouvernements fédéral et provinciaux*).
- Lorsque l'adjectif désigne une couleur, il prend les marques du genre et du nombre du nom noyau, sauf :
  - si l'adjectif est de forme composée (*des robes vert pâle*) ;
  - si l'adjectif est un nom employé comme adjectif (*des robes orange)* ; cependant, les adjectifs suivants s'accordent : « écarlate », « mauve », « pourpre » et « rose ».
- Lorsque les adjectifs sont « demi », « mi » et « nu » :
  - ils ne s'accordent pas lorsqu'ils sont placés devant un nom ; ils sont reliés à ce nom par un trait d'union (*à mi-jambe*) ;
  - l'expression « et demi » se place après un nom ; « demi » prend la marque du genre de ce nom, mais ne prend pas la marque du nombre (*deux heures et demie*) ;
  - le mot « nu », lorsqu'il est placé après un nom, prend les marques du genre et du nombre de ce nom (*aller mains nues*).

Mise en place

Dans les deux sections précédentes, nous avons mis en place les différents instruments et notions qui nous permettent d'analyser des phrases concrètes, des phrases réalisées. Nous avons traité des opérations syntaxiques, des catégories de mots qui composent les différents groupes de la PHRASE P, et nous nous sommes donné un modèle d'analyse des phrases. Ce modèle constitue la référence à partir de laquelle on peut expliquer la variété des phrases en français.

Nous allons maintenant utiliser ces outils pour analyser des phrases concrètes, par exemple :

Où a lieu le concert de jazz ?

Olivier prépare la console de son et commence les tests.

Les billets que Julie a réservés sont dans cette enveloppe.

Chaque fois que nous analyserons une phrase concrète, nous observerons les ressemblances et les différences qu'elle présente par rapport au modèle PHRASE P. Par exemple, nous nous demanderons :

- L'ordre des mots est-il le même que dans le modèle ? Y a-t-il eu des **déplacements** ?
- Toutes les positions sont-elles occupées ? Y a-t-il eu des **effacements** ?
- Est-ce que quelque chose est ajouté aux éléments prévus dans le modèle ? Y a-t-il eu des **additions** ?
- Les positions sont-elles occupées par les catégories de mots prévues ? Y a-t-il eu des **remplacements** ?

Les phrases réalisées peuvent ainsi présenter plusieurs différences par rapport au modèle PHRASE P ; on dira alors qu'elles ont subi des **transformations**. Nous utilisons les opérations syntaxiques pour rendre compte de ces transformations.

Pour analyser les phrases réalisées, nous ajoutons au schéma en arbre que nous avons utilisé jusqu'ici l'élément suivant :

- une position « type » à gauche, qui indique le ou les *types* de la phrase soumise à l'analyse.

On place sous cette position des groupes nouveaux ou des éléments déplacés à cet endroit et liés aux transformations de la phrase réalisée.

Voyons à quoi ressemble ce schéma, appliqué à la phrase suivante :

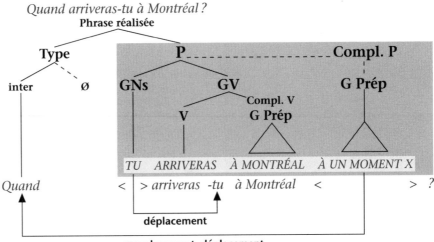

Quand arriveras-tu à Montréal ?

C'est au moyen de ce type de schéma que nous rendrons compte des phrases réalisées vues dans cette section.

Pour rendre compte des transformations que présente la phrase réalisée par rapport à la PHRASE P, nous utilisons les indications suivantes :

- la reconstruction de la PHRASE P en lettres majuscules ;
- la mention des opérations utilisées ;
- des crochets < > pour marquer les positions laissées vides par des groupes de la PHRASE P qui ont été effacés, déplacés ou qui sont non réalisés ;
- des flèches pour illustrer les déplacements dans la phrase réalisée ;
- l'ajout de la majuscule au premier mot de la phrase réalisée et l'ajout de la ponctuation qui convient à la fin de la phrase réalisée.

Être ou ne pas être... Qui suis-je, où vais-je ?

Je vais vous raconter une histoire. En fait, plusieurs histoires. Mais, croyez-moi ou non, c'est la même histoire. Autrement dit, je vais vous donner plusieurs versions de mon histoire. Vous verrez qu'on peut s'amuser avec les phrases. Prêts ?

Ce jour-là, je venais de monter dans l'autobus quand j'ai aperçu un personnage étrange derrière moi. Vêtu de blanc, le regard perdu, les gestes lents, il m'a suivie dans l'allée, s'est assis à côté de moi et m'a chuchoté à l'oreille : « Je t'ai peut-être choisie. » Apeurée, j'ai couru vers la sortie.

Ce jour-là, ma mère m'avait dit : « Prends l'autobus, c'est plus prudent. Mais fais attention au personnage étrange qui rôde dans le quartier. Si tu l'aperçois, n'attends pas qu'il te parle, lève-toi et cours vers la sortie. »

Une reporter du journal local m'a demandé :

« N'êtes-vous pas montée à bord de l'autobus ce jour-là ? Avez-vous aperçu un personnage étrange ? Vous a-t-il parlé ? Est-ce que vous avez eu peur ? Qu'avez-vous fait alors ? »

C'est ce jour-là que je suis montée dans l'autobus et que j'ai aperçu un personnage étrange. Cet individu tout vêtu de blanc, au regard perdu, je l'ai bien vu. C'est à côté de moi qu'il s'est assis. C'est à moi qu'il a chuchoté des paroles menaçantes.

Ce jour-là, je ne suis pas montée dans l'autobus. Il faisait beau, j'avais envie de marcher. Le soleil était si doux ! Je n'ai donc pas vu de personnage étrange. Je n'ai donc pas eu peur. Il n'y avait aucun danger. Me croyez-vous ?

Nous connaissons bien la PHRASE P et tous ses secrets. Mais, pour raconter nos histoires, nous avons souvent besoin de la transformer, ne serait-ce que pour nous rendre intéressants ! Affirmer quelque chose, affirmer le contraire, nier, interroger... Comment rendre toutes ces sortes d'énoncés sans trop nous tromper dans ce que nous voulons dire ?

Il y a quelques règles à respecter pour y arriver. C'est ce que nous allons voir dans ce chapitre en examinant les types de phrases.

Traitement des notions

Nous avons vu au chapitre 2 que le type de phrase utilisé dans un énoncé peut aider le récepteur à interpréter l'intention de l'émetteur de cet énoncé. Sur le plan de la syntaxe, on dispose de trois types de phrases obligatoires pour construire des énoncés. On ne peut utiliser qu'un seul type obligatoire à la fois dans une phrase.

Par contre, chacun de ces trois types obligatoires peut être associé à un ou à plusieurs types de phrases facultatifs, qu'on appelle aussi formes de phrases. Les types facultatifs peuvent aussi se combiner entre eux.

L'analyse des phrases montre les multiples possibilités de combinaisons des groupes de mots. Elle présente aussi, de manière structurée, les différentes ressources offertes à l'émetteur.

LES TYPES DE PHRASES ET LA VALEUR DES ÉNONCÉS

Sur le plan du sens, l'organisation syntaxique que représente un type de phrase est en rapport avec l'intention de communication de l'émetteur. Par exemple, supposons une situation de communication qui porte sur le fait de rire. L'émetteur peut adopter différentes attitudes à l'égard de son interlocuteur :

- il peut faire une assertion

  positive :   *Tu ris.* (type déclaratif)

  ou négative :   *Tu ne ris pas.* (type déclaratif)
- il peut lui demander de l'information : *Est-ce que tu ris ?* (type interrogatif)
- il peut l'inciter à agir :   *Ris donc.* (type impératif)

La correspondance entre le type de phrase et la valeur de l'énoncé n'est pas constante. Selon l'interlocuteur, selon les circonstances, l'émetteur peut, par exemple :

- inciter quelqu'un à agir en utilisant un type de phrase autre que le type impératif :

  Tu rentreras tôt. (type déclaratif)

  Pouvez-vous m'aider ? (type interrogatif)
- demander de l'information en utilisant un type de phrase autre que le type interrogatif :

  Dites-moi l'heure. (type impératif)

Les types de phrases représentent donc des phrases dites ou écrites dont la structure convient à l'émetteur, à son intention de communication, à son attitude envers son ou ses interlocuteurs et aux circonstances entourant l'acte d'énonciation.

LES TYPES DE PHRASES OBLIGATOIRES

> Les **types de phrases** sont les différentes façons d'organiser les groupes d'une phrase.

Sur le plan de la syntaxe, on entend par **types de phrases** certaines façons d'organiser les divers groupes d'une phrase : ordre de ces groupes, présence ou non d'un marqueur, forme du verbe, etc.

Un énoncé réalise *obligatoirement* l'un des trois types de phrases suivants :

- le type déclaratif :
  Le bateau quittera le port à cinq heures.
- le type impératif :
  Soyez tranquilles.
- le type interrogatif :
  À qui ressemble Adrienne ?

Ces trois types obligatoires s'excluent l'un l'autre, c'est-à-dire qu'une phrase ne peut en réaliser qu'*un seul à la fois*. Les types de phrases obligatoires peuvent être représentés par la règle de réécriture suivante :

$$\text{Type} \quad \rightarrow \quad \begin{Bmatrix} \textbf{décl} \\ \textbf{imp} \\ \textbf{inter} \end{Bmatrix}$$

Dans le schéma en arbre, le type obligatoire est indiqué par une branche au trait continu, rattachée au nœud « type ».

LE TYPE DÉCLARATIF

Le type déclaratif est l'une des réalisations possibles d'une intention de communication. Il correspond à la structure de l'*assertion*, c'est-à-dire de l'énoncé par lequel on affirme quelque chose.

Comparons la phrase suivante à la PHRASE P :

Le bateau quittera le port à cinq heures.

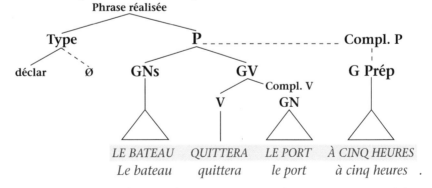

- La phrase réalisée ne présente aucune différence par rapport à la PHRASE P.

Lorsqu'une phrase réalisée de type déclaratif ne présente ni remplacement par un pronom ni déplacement, on peut dire qu'elle correspond à la PHRASE P ; le type déclaratif représente dans ce cas la réalisation concrète du modèle PHRASE P.

Comparons maintenant la phrase suivante à la PHRASE P :

Au-dessus de la mer volaient les mouettes.

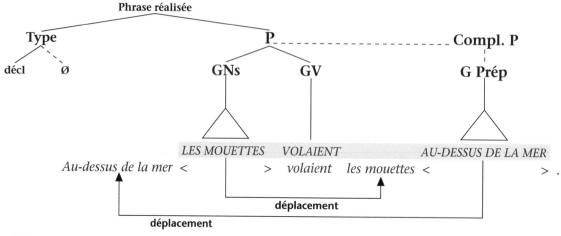

- La phrase réalisée présente des différences par rapport à la PHRASE P :
  - le sujet de la PHRASE P est placé après le verbe dans la phrase réalisée ;
  - le complément de phrase de la PHRASE P est placé au début de la phrase réalisée.

On peut considérer qu'une phrase comme *Très content d'être arrivé* est une phrase de type déclaratif dont on a effacé le sujet et le verbe :

JE   SUIS   *TRÈS CONTENT D'ÊTRE ARRIVÉ*

< >   < >   *Très content d'être arrivé.*
effacement   **effacement**

Cette phrase, qui est la manifestation spontanée d'un soulagement, n'est constituée que d'un groupe adjectival. On appelle *phrases non verbales* les phrases qui présentent ce type de structure.

LE TYPE IMPÉRATIF

Le type impératif suppose une interaction directe entre des interlocuteurs. Le type impératif correspond le plus souvent à un ordre.

Comparons cette phrase de type impératif à la PHRASE P :

Changez de table.

Phrase réalisée

Type   P - - - - - - - - - - - - - - - - Compl. P

imp   ø   GNs   GV

                                       Compl. V

                     V   G Prép

VOUS   CHANGEZ   DE TABLE

   <   >   *Changez*   *de table*   .

non réalisé

Comparons aussi les phrases suivantes aux PHRASES P correspondantes :

Entrons au garage.
Ferme la porte.

    NOUS   ENTRONS AU GARAGE
   <   >   *Entrons au garage.*
non réalisé

    TU   FERMES LA PORTE
   <   >   *Ferme la porte.*
non réalisé

- Les phrases réalisées présentent des différences par rapport à la PHRASE P :
  - les sujets *nous*, *vous* et *tu* des PHRASES P ne figurent pas dans les phrases réalisées ;
  - les verbes des phrases réalisées sont à l'une ou l'autre des trois personnes de l'impératif.

RÉGULARITÉ
- Dans une **phrase de type impératif** :
  - le sujet est non réalisé ;
  - le sujet non réalisé est obligatoirement le nom personnel « tu », « nous » ou « vous » ;
  - le verbe est à l'impératif.

Le type impératif que nous venons de voir est marqué par la présence d'un verbe à l'impératif. Il existe une autre construction qu'on doit rattacher au type impératif parce qu'elle correspond aussi le plus souvent à un ordre, même si cet ordre s'adresse à une autre personne que le récepteur.

Comparons cette phrase à la PHRASE P :

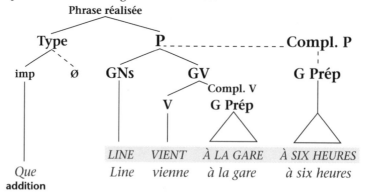

Que Line vienne à la gare à six heures.

- La phrase réalisée présente des différences par rapport à la PHRASE P :
  - la position « type imp » est occupée par *que* dans la phrase réalisée ;
  - le sujet de la PHRASE P n'a pas été effacé dans la phrase réalisée ;
  - le verbe de la phrase réalisée est au subjonctif.

RÉGULARITÉ

- On peut construire une **phrase de type impératif** avec la présence d'un groupe nominal sujet.

  Dans ce cas :
  - la position « type imp » est occupée par « que » dans la phrase réalisée ;
  - le groupe nominal sujet est à la troisième personne ;
  - le verbe est au subjonctif.

On peut considérer qu'une phrase non verbale comme *La porte !* est une phrase de type impératif dont on aurait effacé le verbe :

TU   FERMES LA PORTE
< >   <   > *La porte !*
non réalisé effacement

Cette phrase n'est constituée que d'un groupe nominal.

On peut aussi considérer les phrases *Voici Pierre* et *Nous voilà* comme des phrases de type impératif. *Voici* et *Voilà* sont formés de la deuxième personne de l'impératif du verbe « voir » et des marqueurs de lieu « -ci » et « là ».

On appelle *phrases à présentatif* les phrases qui ont ce genre de structure.

LE TYPE INTERROGATIF

Le type interrogatif correspond le plus souvent à une demande d'information, à la formulation d'une question. Il se réalise de deux façons, selon la réponse attendue.

- Si la réponse attendue est « oui » ou « non » (ou « bien sûr », « peut-être », « probablement », etc.), la question est dite *totale* :

  - *Est-ce que vous entrez au garage ?*

  - *Non.*

  - *Le bateau quittera-t-il le port à cinq heures ?*

  - *Peut-être.*

- Si la réponse attendue n'est pas « oui » ou « non », la question est dite *partielle* :

  - *Où entrez-vous ?*

  - *Au garage.*

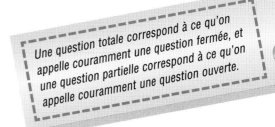

Une question totale correspond à ce qu'on appelle couramment une question fermée, et une question partielle correspond à ce qu'on appelle couramment une question ouverte.

Les questions totales

Une **question totale** est une question qui porte sur toute la phrase ; elle appelle une réponse de type « oui » ou « non ».

Une **question totale** porte sur toute une phrase. À l'aide du schéma en arbre, analysons une première façon de construire une phrase interrogative à question totale :

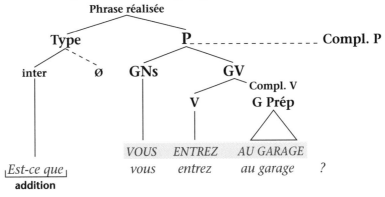

NOUS CONSTATONS QUE

- La phrase réalisée ne présente qu'une différence par rapport à la PHRASE P :
  - la position « type inter » est occupée par *est-ce que,* qu'on a ajouté dans la phrase réalisée.
- Dans la phrase réalisée, l'ordre des groupes est le même que dans la PHRASE P.
- La marque de ponctuation est le point d'interrogation.

On classe l'alternative dans les questions totales.
Exemple : « Est-ce que vous entrez ou est-ce que vous sortez ? »
La réponse à cette question ne peut être que « J'entre » ou « Je sors ».

Les types de phrases   CHAPITRE 11   **183**

Analysons deux autres façons de construire une phrase interrogative à question totale :

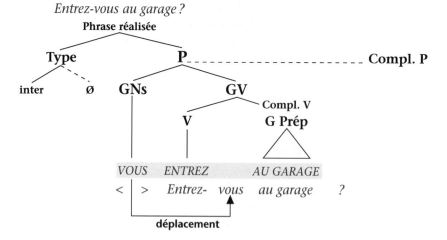

Entrez-vous au garage ?

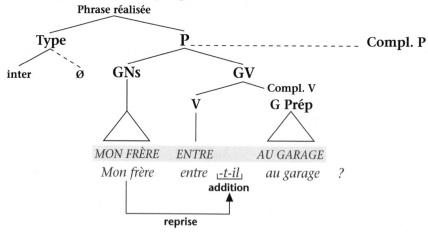

Mon frère entre-t-il au garage ?

- Dans la phrase *Entrez-vous au garage ?*, on a formé le type interrogatif en plaçant le sujet de la PHRASE P après le verbe de la phrase réalisée.

- On a ajouté un trait d'union entre le verbe *entrez* et le nom personnel *vous* dans la phrase réalisée.

- La marque de ponctuation est le point d'interrogation.

- Dans la phrase *Mon frère entre-t-il au garage ?*, on a formé le type interrogatif en gardant le sujet de la PHRASE P à sa position dans la phrase réalisée et en le reprenant au moyen du pronom *il*, qu'on a placé après le verbe.

- On a ajouté un « t » et des traits d'union entre le verbe *entre* et le pronom *il* dans la phrase réalisée.

- La marque de ponctuation est le point d'interrogation.

- Une **question** est **totale** lorsqu'elle porte sur toute une phrase, c'est-à-dire lorsque la réponse attendue est «oui», «non», «peut-être», etc.
- On peut utiliser trois procédés pour construire une phrase interrogative à question totale :
  - l'**addition** de «est-ce que» à la PHRASE P sans changer l'ordre des groupes ;
  - le **déplacement** du sujet de la PHRASE P après le verbe dans la phrase réalisée lorsque le groupe nominal sujet est un nom personnel ou un pronom ;
  - la **reprise** du groupe nominal sujet par «il», «ils», «elle» ou «elles» placé après le verbe lorsque le groupe nominal sujet de la PHRASE P est formé de Dét + N + (Compl. N). Ce groupe nominal garde la même position dans la phrase réalisée.

L'émetteur peut décider d'utiliser le type déclaratif pour poser une question. C'est alors l'intonation montante à l'oral et le point d'interrogation à l'écrit qui indiquent au récepteur que l'énoncé a une valeur de question.

Les questions partielles

Une **question par-tielle** est une question qui ne porte que sur un groupe de mots ; elle appelle une réponse qui ne porte que sur ce groupe.

Une **question partielle** ne porte que sur un groupe d'une phrase, et l'information attendue est limitée à ce groupe. À l'aide du schéma en arbre, observons comment se construisent les phrases interrogatives à question partielle :

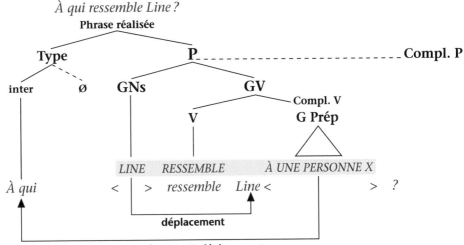

À qui ressemble Line ?

NOUS CONSTATONS QUE

- La question porte sur le complément de verbe (*à une personne X*) ; cette question est donc partielle.
- Le pronom interrogatif *à qui* de la phrase réalisée remplace le groupe prépositionnel *à une personne X*, qui occupe la position Compl. V dans la PHRASE P.
- Le pronom *à qui* est placé en position «type inter».
- Le sujet *Line* de la PHRASE P est placé après le verbe dans la phrase réalisée.
- La marque de ponctuation est le point d'interrogation.

Dans la phrase que nous venons d'observer, la question partielle portait sur le complément de verbe. En réalité, chaque groupe de la phrase peut faire l'objet d'une question partielle. Exemples :

*LE BATEAU QUITTERA LE PORT À **UNE HEURE X***
*À **quelle heure** le bateau quittera-t-il le port ?*

Le groupe qui fait l'objet de la question est le complément de la PHRASE P.

***UNE PERSONNE X** PRÉPARERA LES INSTRUMENTS CE SOIR*
***Qui** préparera les instruments ce soir ?*

Le groupe qui fait l'objet de la question est le groupe nominal sujet de la PHRASE P.

*LA NEIGE EST **DANS UN ÉTAT X** À CETTE STATION DE SKI*
***Comment** est la neige à cette station de ski ?*

Le groupe qui fait l'objet de la question est l'attribut de la PHRASE P.

RÉGULARITÉS

- Une **question** est **partielle** lorsqu'elle porte sur un groupe d'une phrase.
- Une phrase à question partielle commence par un pronom interrogatif en position « type inter » : « où », « quand », « à qui », etc.
- Ce pronom interrogatif joue deux rôles syntaxiques :
  - il joue le même rôle que le groupe de la PHRASE P qu'il remplace ;
  - il marque le type interrogatif.
- En plus du remplacement d'un groupe de la PHRASE P par un pronom interrogatif et du déplacement de celui-ci en tête de phrase, on peut utiliser différents procédés pour construire une phrase interrogative à question partielle :
  - le **déplacement** du sujet de la PHRASE P après le verbe dans la phrase réalisée ;
  - la **reprise** du groupe nominal sujet à la troisième personne par un pronom qu'on place après le verbe dans la phrase réalisée.

LES TYPES DE PHRASES FACULTATIFS

Nous venons de voir qu'une phrase réalisée est obligatoirement construite selon le type déclaratif, interrogatif ou impératif. Elle peut, de plus, recevoir les marques d'autres types, facultatifs ceux-là. Il y a cinq types de phrases facultatifs :

- le type négatif,
- le type emphatique,
- le type exclamatif,
- le type impersonnel,
- le type passif.

Ces types facultatifs servent à réorganiser l'information à l'intérieur d'un type obligatoire. Contrairement aux types obligatoires, les types facultatifs ne s'excluent pas l'un l'autre. Ils peuvent donc se combiner entre eux au sein d'une même phrase.

Les types de phrases facultatifs sont aussi appelés « formes » de phrases. Nous avons choisi de les appeler « types » parce que, sur le plan syntaxique, les transformations qu'ils entraînent sont identiques à celles des types obligatoires : présence ou non d'un marqueur, inversion du sujet et du verbe, etc.

Les types de phrases obligatoires et facultatifs peuvent être représentés par la règle de réécriture suivante :

$$\textbf{Type} \quad \rightarrow \quad \left\{ \begin{array}{l} \textbf{décl} \\ \textbf{imp} \\ \textbf{inter} \end{array} \right\} + \textbf{(nég)} + \textbf{(emph)} + \textbf{(excl)} + \textbf{(impers)} + \textbf{(pass)}$$

Dans le schéma en arbre, le type facultatif est indiqué par des traits pointillés, rattachés au nœud « type ».

LE TYPE NÉGATIF

Les mots « ne... pas » constituent la marque la plus fréquente de la phrase négative. Cette marque syntaxique fait passer la phrase du *positif* au *négatif*. Ces notions de positif et de négatif appartiennent au domaine de la logique.

Observons les deux phrases suivantes :

Ce train s'arrête à Mont-Joli.

Ce train ne s'arrête pas à Mont-Joli.

La première phrase est une assertion positive, et la seconde une assertion négative. Ces deux phrases ne peuvent pas être vraies toutes les deux ou fausses toutes les deux. Si la première est vraie, la seconde est nécessairement fausse, et si la première est fausse, la seconde est nécessairement vraie.

Il faut donc interpréter l'énoncé négatif en rapport avec l'énonciation. Le type négatif est souvent ajouté au type déclaratif, interrogatif ou impératif pour exprimer certains énoncés : par exemple, la réfutation (*Non, je ne suis pas stupide*), l'interdiction (*N'entrez pas*), une demande de confirmation (*N'avez-vous pas soif ?*) ou la nuance (*Tina ne chante pas très juste*).

Comparons la phrase suivante à la PHRASE P afin d'analyser la construction d'une phrase de type négatif :

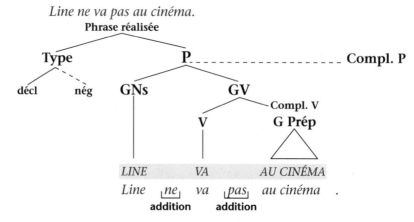

Line ne va pas au cinéma.

- La phrase réalisée ne présente qu'une différence par rapport à la PHRASE P :
  - on a ajouté les mots *ne* et *pas* dans la phrase réalisée.

Dans la phrase que nous venons d'observer, la négation est marquée par les mots « ne » et « pas ». Si le mot « ne » est toujours présent dans le type négatif, le mot « pas », lui, peut être remplacé par l'une de ses variantes. Exemples :

*Andrée n'est **pas** responsable de cette situation.*

*Andrée n'est **point** responsable de cette situation.*

*Andrée n'est **guère** responsable de cette situation.*

*Andrée n'est **nullement** responsable de cette situation.*

Observons la construction de la phrase négative suivante :

Gabriel n'apprendra jamais rien.

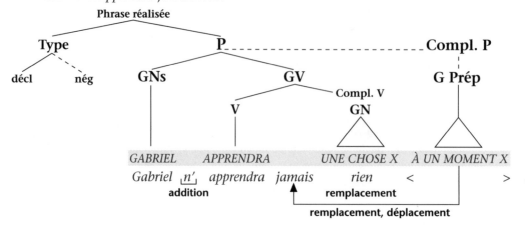

- La phrase réalisée présente des différences par rapport à la PHRASE P :
  - on a ajouté le mot *n'* dans la phrase réalisée ;
  - on a remplacé le complément de verbe de la PHRASE P *une chose X* par le mot *rien* dans la phrase réalisée ;
  - on a remplacé le complément de phrase *à un moment X* par le mot *jamais* dans la phrase réalisée.

Observons la construction de cette autre phrase négative en reconstruisant la PHRASE P :

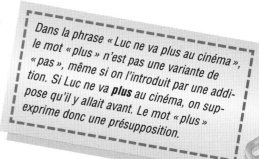

Dans la phrase « Luc ne va plus au cinéma », le mot « plus » n'est pas une variante de « pas », même si on l'introduit par une addition. Si Luc ne va **plus** au cinéma, on suppose qu'il y allait avant. Le mot « plus » exprime donc une présupposition.

| *JE* | *ACCEPTE* | *UNE* | *EXCUSE* |

Je ⌊*n'*⌋ *accepte* ⌊*aucune*⌋ *excuse* .
   addition   remplacement

- La phrase réalisée présente des différences par rapport à la PHRASE P :
  - on a ajouté le mot *n'* dans la phrase réalisée ;
  - on a remplacé le déterminant *une* de la PHRASE P par le mot *aucune* dans la phrase réalisée.

RÉGULARITÉ

- On peut construire une **phrase de type négatif** de deux façons :
  - par l'**addition** de « ne… pas » (« pas » pouvant être remplacé par l'une de ses variantes : « point », « guère », « nullement », etc.) dans la phrase réalisée ;
  - par l'**addition** de « ne » et le **remplacement** d'un mot ou d'un groupe de mots de la PHRASE P par un terme négatif dans la phrase réalisée : « jamais », « personne », « rien », « plus », « aucun », « nulle part », etc. Le mot ou le groupe de mots remplacé peut être déplacé à l'intérieur de la phrase. Lorsqu'on utilise ce procédé, on peut placer plusieurs termes négatifs dans la phrase.

LE TYPE EMPHATIQUE

Le type emphatique permet à l'émetteur de mettre un objet, une idée ou un être en évidence dans son énoncé. Il existe deux procédés de mise en évidence d'un groupe dans une phrase :

- on peut placer le groupe en tête de phrase en l'encadrant par la formule « c'est… que… » ;
- on peut détacher le groupe et le placer en tête de phrase ou en fin de phrase : on l'isole du reste de la phrase par une virgule.

La mise en évidence par « c'est... que... »

Comparons les phrases suivantes à la PHRASE P afin d'observer comment se construit une phrase de type emphatique par la mise en évidence à l'aide de « c'est... que... » :

C'est à Tadoussac que Maxime va demain.

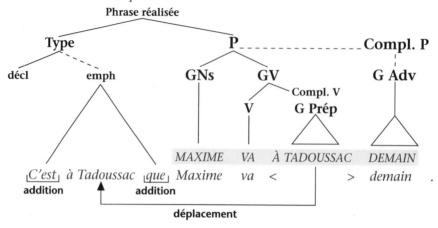

- On a ajouté *c'est... que...* en tête de la PHRASE P pour marquer le type emphatique de la phrase réalisée.
- Le groupe prépositionnel *à Tadoussac*, en position Compl. V dans la PHRASE P, a été placé entre le mot *c'est* et le mot *que* pour le mettre en évidence dans la phrase réalisée.

Le groupe qui est mis en évidence porte une information qui prend une plus grande importance que le reste de la phrase. Par exemple, la phrase précédente, *C'est à Tadoussac que Maxime va demain*, peut s'interpréter comme ceci : « Maxime va quelque part demain » (information déjà connue) « et sa destination est Tadoussac » (information nouvelle, sur laquelle on insiste).

Observons la mise en évidence dans la phrase suivante :

C'est le facteur qui a apporté cette lettre.

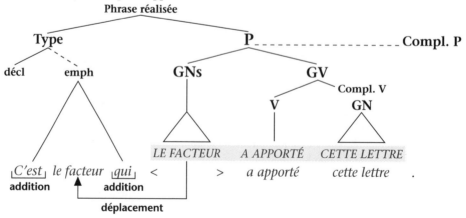

- On a ajouté *c'est... qui...* en tête de la PHRASE P pour marquer le type emphatique de la phrase réalisée.
- Le groupe nominal *le facteur*, en position GNs dans la PHRASE P, a été placé entre le mot *c'est* et le mot *qui* pour le mettre en évidence dans la phrase réalisée.
- La mise en évidence du groupe nominal sujet s'est faite à l'aide de « c'est... qui... » et non de « c'est... que... ».

RÉGULARITÉS

- On peut construire une **phrase de type emphatique** par l'**addition** de « c'est... que... » dans la phrase réalisée. Le groupe de la PHRASE P est mis en évidence par « c'est... que... » lorsqu'il s'agit d'un complément de verbe, d'un modificateur ou d'un complément de phrase, et par « c'est... qui... » lorsqu'il s'agit d'un groupe nominal sujet.
- L'information mise en évidence prend plus d'importance que le reste de la phrase.

La mise en évidence par le détachement

La mise en évidence par le détachement consiste à placer l'élément sur lequel on veut attirer l'attention en début ou en fin de phrase et à l'isoler du reste de la phrase par une virgule.

Comparons les phrases suivantes à la PHRASE P afin d'observer comment se construit la mise en évidence par le détachement :

Tes lunettes, les as-tu retrouvées ?

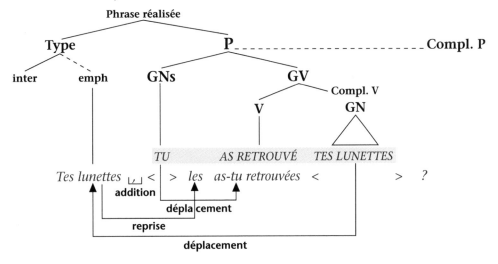

Est-ce qu'elle a retrouvé ses lunettes, Hélène?

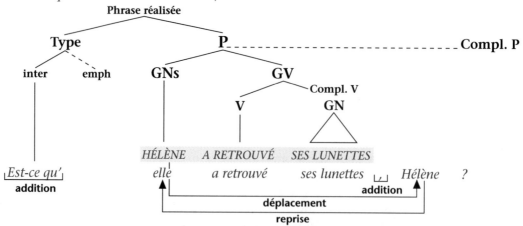

- Les deux phrases sont de type obligatoire interrogatif auquel on a ajouté le type facultatif emphatique.

- Dans la première phrase, le groupe nominal complément de verbe *tes lunettes* est détaché et placé en tête de la PHRASE P ; il est repris dans la phrase réalisée par le pronom *les*.

- Dans la seconde phrase, le groupe nominal sujet *Hélène* est détaché et placé en fin de la PHRASE P ; il est annoncé dans la phrase réalisée par le pronom *elle*.

- Dans les deux phrases, une virgule marque le détachement du groupe mis en évidence : soit en tête, soit en fin de phrase.

RÉGULARITÉS
- On peut construire une **phrase de type emphatique** en **détachant** un groupe de mots de la PHRASE P et en le plaçant soit au début, soit à la fin de la phrase réalisée.

- Lorsque le détachement s'applique à un groupe obligatoire, on doit reprendre ce groupe par un pronom.

- Le groupe détaché est toujours isolé du reste de la phrase par une virgule.

Pour les groupes prépositionnels, le détachement en tête de phrase peut différer du détachement en fin de phrase sur le plan syntaxique.

Par exemple, dans la phrase *Line parle souvent **de cette aventure***, si l'on détache le groupe prépositionnel et qu'on le place en fin de phrase, on obtient : *Line **en** parle souvent, **de cette aventure***. Par contre, si on le détache et qu'on le place en tête de phrase, on obtient : < > ***Cette aventure**, Line **en** parle souvent*. On remarque que la préposition *de* a été effacée.

On peut considérer qu'une phrase non verbale comme *Délicieux, ce gâteau !* est une phrase de type emphatique dont on a effacé le verbe «être» et le pronom de reprise :

CE GÂTEAU EST DÉLICIEUX
Il   est   délicieux, ce gâteau.
< > < > *Délicieux, ce gâteau !*

LE TYPE EXCLAMATIF

Le type exclamatif n'est pas un acte obligatoire du langage : il permet à l'émetteur d'exprimer une émotion, une attitude, l'intensité d'une appréciation à l'égard de ce qu'il dit. Une phrase déclarative, impérative ou interrogative peut être marquée par une exclamation.

Comparons la phrase suivante à la PHRASE P afin d'observer comment se construit la phrase de type exclamatif :

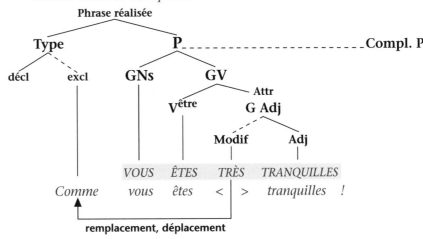

Comme vous êtes tranquilles !

- La phrase est de type obligatoire déclaratif auquel on a ajouté le type facultatif exclamatif.
- On a remplacé le modificateur *très* du groupe adjectival *très tranquilles* de la PHRASE P par le mot *comme* dans la phrase réalisée.
- On a placé le mot *comme* en tête de la PHRASE P pour marquer le type exclamatif de la phrase réalisée.
- La marque de ponctuation est le point d'exclamation.

Le type exclamatif sert à exprimer l'intensité d'une appréciation. Les PHRASES P correspondantes doivent donc comporter un élément appréciatif.

Observons les phrases suivantes en retournant à la PHRASE P afin de déterminer dans celle-ci quel est l'élément appréciatif associé au marqueur exclamatif :

Que *d'erreurs nous avons corrigées !*

NOUS AVONS CORRIGÉ ***BEAUCOUP*** *D'ERREURS*

Quel *gâteau vous nous offrez !*

VOUS NOUS OFFREZ ***UN EXCELLENT*** *GÂTEAU*

- Le déterminant quantifiant *beaucoup d'* de la PHRASE P est associé au déterminant exclamatif *que d'* placé en tête de la phrase réalisée.
- L'adjectif *excellent* de la PHRASE P est associé au déterminant exclamatif *quel* placé en tête de la phrase réalisée.

- On peut construire une **phrase de type exclamatif** en **ajoutant** une marque de haut degré : « que », « quel », « combien », « comme », etc., placée en tête de la phrase réalisée.
- La PHRASE P doit contenir un élément appréciatif qui correspond à cette marque de la phrase de type exclamatif. Cet élément appréciatif peut être :
  - un adjectif qualifiant comme « excellent », « beau », etc. ;
  - un nom comme « régal », « chef-d'œuvre », etc. ;
  - un adverbe comme « bien », « très », etc. ;
  - un déterminant quantitatif comme « beaucoup de » qui sera transformé en « que de », « combien de », etc.

L'émetteur peut décider d'utiliser le type déclaratif seul ou le type interrogatif seul pour exprimer une émotion ou un haut degré d'appréciation. C'est alors l'intonation à l'oral et le point d'exclamation à l'écrit qui indiquent au récepteur que l'énoncé a une valeur d'exclamation. Exemple : « N'est-ce pas un régal ! »

LE TYPE IMPERSONNEL

Une phrase de type impersonnel se caractérise par la présence, à la position GNs, du mot « il », ne représentant rien ni personne.

Observons les phrases suivantes et essayons de remplacer le mot « il » qu'elles contiennent par « quelqu'un » ou « quelque chose » ; essayons aussi de faire passer la phrase du singulier au pluriel :

Il	*a neigé.*
*Quelque chose	*a neigé.*
* *Ils*	*ont neigé.*
Il	*semble que ton équipement ne soit pas prêt.*
*Quelque chose	*semble que ton équipement ne soit pas prêt.*
* *Ils*	*semblent que ton équipement ne soit pas prêt.*
Il	*était une fois une bande d'enfants.*
*Quelque chose	*était une fois une bande d'enfants.*
* *Ils*	*étaient une fois une bande d'enfants.*

NOUS CONSTATONS QUE

- Le mot *il* ne remplace pas un groupe nominal.
- Le mot *il* est toujours au singulier.

Dans les phrases précédentes, le mot « il » est vide de sens. Il ne sert qu'à remplir la position GNs, puisque le verbe ne peut pas se conjuguer sans un sujet, réalisé ou non. On appelle les phrases contenant ce « il » des *phrases impersonnelles*.

- Certains verbes exigent le **type impersonnel**; ce sont les verbes qui expriment:
  - un phénomène atmosphérique: «il neige», «il pleut», etc.;
  - une modalisation: «il semble», «il paraît», etc.;
  - la présentation de personnages, d'événements: «il était une fois».

Lorsque Émile Nelligan écrit: «Ah! comme la neige a neigé!», il prend une certaine liberté avec la syntaxe pour produire un effet stylistique puisque le verbe «neiger» exige le «il» impersonnel en position GNs. C'est ce qu'on appelle une licence poétique.

On peut utiliser le type impersonnel pour réorganiser l'information d'une phrase afin de ne pas nommer certaines personnes ou pour rendre impersonnel ce qui est dit ou écrit.

Comparons la phrase suivante à la PHRASE P afin d'analyser comment se construit la phrase de type impersonnel:

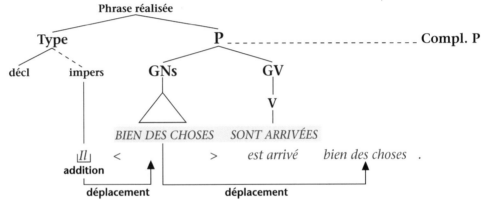

Il est arrivé bien des choses.

NOUS CONSTATONS QUE

- Le groupe *bien des choses*, qui occupe la position GNs dans la PHRASE P, est déplacé après le verbe dans la phrase réalisée.
- Le mot *il* est ajouté comme marque du type impersonnel; il joue le rôle de sujet dans la phrase réalisée.
- Le mot *il* change l'accord du verbe: le verbe s'accorde à la 3e personne du singulier.

- On construit une **phrase de type impersonnel**:
  - en déplaçant le groupe nominal qui occupe la position GNs dans la PHRASE P après le verbe dans la phrase réalisée;
  - en ajoutant le mot «il» impersonnel, qui devient le sujet de la phrase réalisée.
- La présence du «il» impersonnel entraîne toujours l'accord du verbe à la 3e personne du singulier.

On peut considérer la phrase *Il y a beaucoup d'enfants à la fête* comme une phrase de type impersonnel. Dans ce cas, on utilise le présentatif «il y a» plutôt que le «il» impersonnel.

LE TYPE PASSIF

Comme le type emphatique et le type impersonnel, le type passif permet de réarranger l'information dans une phrase.

Observons la phrase suivante pour voir comment se construit une phrase de type passif :

Le baromètre a été inventé par Torricelli.

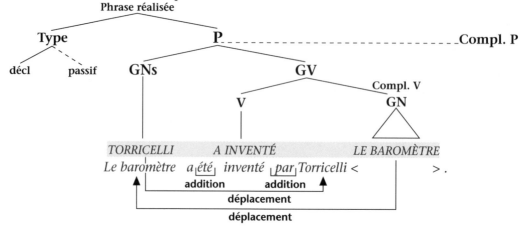

- La PHRASE P et la phrase réalisée contiennent les mêmes groupes nominaux : *Torricelli* et *le baromètre*, et le même verbe : *inventé*.

- Le groupe nominal en position Compl. V de la PHRASE P, *le baromètre*, est déplacé et devient sujet dans la phrase réalisée.

- Le groupe nominal en position GNs de la PHRASE P, *Torricelli*, est placé après le verbe et introduit par la préposition *par* dans la phrase réalisée.

- La phrase réalisée comporte deux mots qui ne figurent pas dans la PHRASE P : le verbe « être » et la préposition *par*.

Observons aussi la phrase suivante dans laquelle on a ajouté le type passif à une phrase déclarative négative :

Ton projet n'a pas été approuvé par le graphiste.

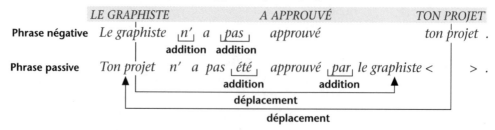

- Dans la PHRASE P, le groupe nominal *le graphiste* occupe la position GNs et le groupe nominal *ton projet* occupe la position Compl. V. Dans la phrase réalisée, le groupe nominal *le graphiste* est placé après le verbe et introduit par la préposition *par*, et le groupe nominal *ton projet* est placé au début et devient sujet.

- En plus des marques de la négation, la phrase réalisée comporte des mots qui ne figurent pas dans la PHRASE P : le verbe « être » et la préposition *par*.

- On construit une **phrase de type passif** :
  - en déplaçant le groupe nominal qui occupe la position Compl. V dans la PHRASE P : il devient sujet dans la phrase réalisée ;
  - en déplaçant le groupe nominal qui occupe la position GNs dans la PHRASE P après le verbe dans la phrase réalisée ;
  - en ajoutant le verbe « être » dans la phrase réalisée ;
  - en ajoutant la préposition « par » entre le participe passé et le groupe nominal déplacé après le verbe dans la phrase réalisée.

Il ne faut pas confondre le verbe « être » employé dans la phrase passive avec l'auxiliaire « être » utilisé pour former les temps composés de verbes de mouvement comme « aller », « venir », « descendre », « monter », « tomber », etc. Exemples :

*Les feuilles **sont ramassées** par les enfants.* (présent du verbe « ramasser » dans une phrase passive)

*Les feuilles **sont tombées**.* (passé composé du verbe « tomber »)

Le verbe « être » dans la phrase passive

Nous avons vu que, pour construire une phrase de type passif, on ajoute obligatoirement le verbe « être ».

Observons les verbes dans la phrase de départ et dans la phrase de type passif :

*Le vent **n'a pas emporté** les feuilles.*
*Les feuilles **n'ont pas été emportées** par le vent.*

*Torricelli **inventa** le baromètre.*
*Le baromètre **fut inventé** par Torricelli.*

- Dans le second exemple, le verbe de la phrase de départ prend la forme d'un participe passé dans la phrase passive.
- Dans la phrase passive, le verbe « être » est au même temps que le verbe de la phrase de départ :
  - *a emporté* est le passé composé du verbe « emporter » ; *ont été* est le passé composé du verbe « être » ;
  - *inventa* est le passé simple du verbe « inventer » ; *fut* est le passé simple du verbe « être ».
- Le participe passé s'accorde en genre et en nombre avec le sujet : *emportées* s'accorde avec *les feuilles*, et *inventé* s'accorde avec *le baromètre*.

- Le **groupe verbal** de la **phrase passive** comporte obligatoirement le verbe « être ».
- Le groupe verbal de la phrase passive présente les caractéristiques suivantes :
  - le verbe de la phrase de départ devient un participe passé dans la phrase passive ;
  - le temps du verbe « être » indique à quel temps est la phrase passive ;
  - le participe passé reçoit les marques du genre et du nombre du sujet.

Le complément du participe passé

Nous avons vu que le groupe nominal qui occupe la position GNs dans la PHRASE P est placé après le verbe dans la phrase passive et devient un groupe introduit au moyen de la préposition « par » :

TORRICELLI A INVENTÉ LE BAROMÈTRE
Le baromètre a été inventé par Torricelli.

À l'aide du déplacement, examinons le rôle joué par le groupe introduit au moyen de la préposition « par » :

Le baromètre a été inventé par Torricelli.
*Par Torricelli, le baromètre a été inventé.

Inventé par Torricelli, le baromètre permet de prévoir le temps.
Le baromètre inventé par Torricelli fonctionne au mercure.

- Le groupe nominal *Torricelli* introduit au moyen de la préposition *par* ne peut pas être déplacé.
- Le groupe constitué du participe passé et de son complément introduit au moyen de la préposition *par*, *inventé par Torricelli*, peut être déplacé.

Essayons maintenant d'effacer le complément du participe passé dans la phrase suivante :

Le baromètre a été inventé par Torricelli.
*Le baromètre a été inventé   ø   .

Le baromètre a été inventé en Italie par Torricelli.
Le baromètre a été inventé en Italie   ø   .

Le baromètre a été inventé jadis par Torricelli.
Le baromètre a été inventé jadis   ø   .

- On peut effacer le complément du participe passé introduit au moyen de la préposition *par* dans la phrase passive lorsque le participe passé est suivi d'un groupe prépositionnel ou d'un adverbe.

RÉGULARITÉS
- Dans la **phrase passive**, le groupe constitué du participe passé et de son complément peut être déplacé ; le complément du participe passé ne peut donc être déplacé sans être accompagné du participe passé.
- Le complément du participe passé introduit au moyen de la préposition « par » peut être effacé lorsque le participe passé est suivi d'un groupe prépositionnel ou d'un adverbe.

Dans certains cas, le complément du participe passé de la phrase passive peut ne pas être réalisé. Exemple :

L'enseignante a été très appréciée.

Sur le plan de la syntaxe, on entend par **types de phrases** l'organisation syntaxique de la phrase : ordre des groupes, présence ou non d'un marqueur, forme du verbe, etc.

Un énoncé réalise obligatoirement un et un seul des trois types de phrases suivants :

- type déclaratif,
- type impératif,
- type interrogatif.

Les **types de phrases obligatoires** peuvent être représentés par la règle de réécriture suivante :

$$\text{Type} \quad \rightarrow \quad \left\{ \begin{array}{l} \textbf{décl} \\ \textbf{imp} \\ \textbf{inter} \end{array} \right\}$$

À l'un ou l'autre des trois types obligatoires peuvent s'ajouter un ou plusieurs des cinq **types facultatifs** :

- type négatif,
- type emphatique,
- type exclamatif,
- type impersonnel,
- type passif.

Les types de phrases obligatoires et facultatifs peuvent être représentés par la règle de réécriture suivante :

$$\text{Type} \quad \rightarrow \quad \left\{ \begin{array}{l} \textbf{décl} \\ \textbf{imp} \\ \textbf{inter} \end{array} \right\} + \textbf{(nég)} + \textbf{(emph)} + \textbf{(excl)} + \textbf{(impers)} + \textbf{(pass)}$$

La construction des types de phrases obligatoires

Les trois tableaux suivants montrent comment on construit une phrase de type déclaratif, impératif ou interrogatif à partir de la PHRASE P.

LE TYPE DÉCLARATIF

- On conserve tous les constituants de la PHRASE P dans la phrase réalisée.

  LE BATEAU QUITTERA LE PORT À CINQ HEURES
  Le bateau quittera le port à cinq heures.

- On ajoute les marques graphiques.

LE TYPE IMPÉRATIF

- Pour « tu », « nous », « vous » :
  - on laisse la position GNs inoccupée dans la phrase réalisée ;
  - on conjugue le verbe de la phrase réalisée à l'impératif.

    VOUS VENEZ TÔT
    <   >   *Venez tôt.*

- Pour un groupe nominal sujet de la 3ᵉ personne :
  - on ajoute le mot « que » en tête de la phrase réalisée ;
  - on conserve les constituants de la PHRASE P dans la phrase réalisée ;
  - on conjugue le verbe de la phrase réalisée au subjonctif.

    LUCIE VIENT TÔT
    ***Que** Lucie **vienne** tôt.*

- On ajoute les marques graphiques.

LE TYPE INTERROGATIF

Question totale	Question partielle
• On ajoute «est-ce que» en tête de la phrase réalisée, sans changer l'ordre des groupes. • On ajoute un point d'interrogation en fin de phrase. *LA LUNE DÉTERMINE LES MARÉES* ***Est-ce que** la Lune détermine les marées ?*	• On remplace un groupe de la PHRASE P par un pronom interrogatif qu'on place en tête de la phrase réalisée. • On ajoute un point d'interrogation en fin de phrase. *UNE PERSONNE X SE SOUVIENT DE CETTE COURSE* ***Qui** se souvient de cette course ?*
• On déplace le sujet de la PHRASE P après le verbe dans la phrase réalisée. • On ajoute un trait d'union entre le verbe et le sujet de la phrase réalisée. • On ajoute un point d'interrogation en fin de phrase. *VOUS VIENDREZ TÔT* ***Viendrez-vous** tôt ?*	• On remplace un groupe de la PHRASE P par un pronom interrogatif qu'on place en tête de la phrase réalisée. • On déplace le sujet de la PHRASE P après le verbe dans la phrase réalisée. • On ajoute un trait d'union entre le verbe et le sujet de la phrase réalisée. • On ajoute un point d'interrogation en fin de phrase. *VOUS ALLEZ À UN ENDROIT X* ***Où** allez-vous ?*
• On reprend le groupe nominal sujet de la 3ᵉ personne par « il », « ils », « elle » ou « elles » dans la phrase réalisée. • On ajoute un « t » et des traits d'union entre le verbe et le sujet de la phrase réalisée. • On ajoute un point d'interrogation en fin de phrase. *LA LUNE DÉTERMINE LES MARÉES* *La Lune **détermine-t-elle** les marées ?*	• On remplace un groupe de la PHRASE P par un pronom interrogatif qu'on place en tête de la phrase réalisée. • On reprend le groupe nominal sujet de la 3ᵉ personne par « il », « ils », « elle » ou « elles » dans la phrase réalisée. • On ajoute un « t » et des traits d'union entre le verbe et le sujet de la phrase réalisée. • On ajoute un point d'interrogation en fin de phrase. *LINE RESSEMBLE À UNE PERSONNE X* ***À qui** Line **ressemble-t-elle** ?*

Les cinq tableaux suivants montrent comment on construit les types de phrases facultatifs qui peuvent s'ajouter au type obligatoire de la phrase.

LE TYPE NÉGATIF

- On ajoute le mot «ne» et un ou plusieurs autres mots en relation avec «ne» dans la phrase réalisée.

  CE BATEAU TRAVERSE LE LAC
  *Ce bateau **ne** traverse **pas** le lac.*

  CE BATEAU TRAVERSE LE LAC PARFOIS
  ***Aucun** bateau **ne** traverse **jamais** le lac.*

- On ajoute les marques graphiques.

LE TYPE EMPHATIQUE

- On met un groupe en évidence à l'aide de «c'est... que...» ou «c'est... qui...» placé en tête de la phrase réalisée.

  LE FACTEUR A APPORTÉ CETTE LETTRE HIER
  ***C'est** le facteur **qui** a apporté cette lettre hier.*

- On met le groupe en évidence par détachement à l'aide d'une virgule:
  - au début de la phrase réalisée;

    LE FACTEUR A APPORTÉ CETTE LETTRE HIER
    ***Cette lettre**, le facteur **l'**a apportée hier.*

  - à la fin de la phrase réalisée.

    LE FACTEUR A APPORTÉ CETTE LETTRE HIER
    *Le facteur **l'**a apportée hier, **cette lettre**.*

- On reprend le groupe obligatoire détaché par un pronom.

- On ajoute les marques graphiques.

LE TYPE EXCLAMATIF

- On remplace un terme appréciatif par un mot exclamatif qu'on place en tête de la phrase réalisée.
- On ajoute un point d'exclamation en fin de phrase.

  VOUS ÊTES TRÈS TRANQUILLES
  ***Comme** vous êtes tranquilles!*

LE TYPE IMPERSONNEL

- On utilise le mot impersonnel « il » (qui ne reprend aucun groupe nominal) comme sujet dans la phrase réalisée.
- On ajoute les marques graphiques.

Phrase non transformée	Phrase transformée
• Présence obligatoire du « il » impersonnel en position GNs. *Il pleut.* *Il faut que je parte.*	• On déplace le sujet de la PHRASE P après le verbe de la phrase réalisée. • On ajoute le mot « il », qui devient le sujet de la phrase réalisée. *UN TRAIN PASSE À DEUX HEURES* *Il passe **un train** à deux heures.*

LE TYPE PASSIF

- On déplace le groupe nominal en position Compl. V dans la PHRASE P : il devient sujet dans la phrase réalisée.
- On ajoute le verbe « être » dans la phrase réalisée et on le conjugue au temps du verbe de la PHRASE P.
- On transforme le verbe en participe passé dans la phrase réalisée.
- On donne au groupe nominal en position GNs dans la PHRASE P le rôle de complément du participe passé introduit au moyen de la préposition « par » dans la phrase réalisée.

LA TEMPÊTE A RETARDÉ LE BATEAU
Le bateau a été retardé par la tempête.

- On ajoute les marques graphiques.

Une phrase réalisée peut cumuler plusieurs types facultatifs en plus du type obligatoire. Exemple :

À deux heures, il ne passe pas de train.

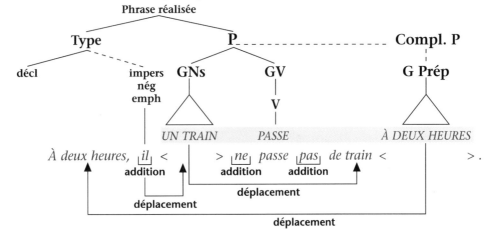

Chapitre 12

Les transformations d'enchaînement

II

e la phrase

SECTION 3
Les réalisations de
la PHRASE P

dans

CHAPITRE 11
Les types de
phrases

CHAPITRE 12
Les transformations
d'enchaînement

ITRE 8
égories
groupe
bal

CHAPITRE 16
À la jonction
de la cohésion et de
la hiérarchisation

CHAPITRE 13
Les transformations
de subordination

CHAPITRE 17
La hiérarchisation

TRE 10
rds dans
e nominal

CHAPITRE 14
Les accords
dans la phrase
transformée

De quoi parle-t-on au juste?

Quelques devinettes, ça vous intéresse? On vous donne cinq indices pour découvrir ce dont il est question. Évidemment, si vous trouvez la réponse avant d'arriver au cinquième, c'est encore mieux! Observez bien les mots en caractères gras: l'air de rien, ils pourraient vous être utiles...

❶

a) On peut **l'**utiliser pour le transport **ou** simplement pour s'amuser.

b) On s'**en** sert uniquement l'hiver.

c) On **en** voit souvent sur des gravures anciennes.

d) Il y **en** a différents modèles. **Les plus anciens** étaient en bois. **Ceux d'aujourd'hui** sont en métal.

e) **Il** a été inventé par les Amérindiens.

❷

a) **Elle** est la vedette de certaines compétitions.

b) **Elle** est née en France, à la fin du XIXe siècle.

c) Certaines personnes **en** parlent en disant « **la mienne** », **et** on peut aussi dire « **le mien** ».

d) **Elle** est populaire à la ville **et** à la campagne.

e) On **la** sort dès que la neige a fondu.

❸

a) De plus en plus, des gens s'**en** servent comme moyen de locomotion.

b) Ceux et celles qui **les** portent se retrouvent souvent au même endroit que ceux et celles qui utilisent ce qu'on cherche dans la devinette précédente.

c) Il n'y a pas d'âge pour s'**y** intéresser.

d) On **les** utilise surtout l'été.

e) On ne peut pas emprunter **ceux d'un plus petit ni d'un plus grand** que soi.

Réponses: 1. Le toboggan 2. La bicyclette 3. Les patins à roues alignées

Vous avez réussi? Bravo! Avez-vous prêté attention aux mots en caractères gras? Vous voyez maintenant qu'il y a différentes façons de nommer une même chose sans répéter le nom qui la désigne. De plus, vous avez sûrement remarqué qu'il est possible de lier des groupes de mots de diverses façons. Ce sont des moyens de varier le discours pour créer le mystère...

Vous apprendrez tout sur la pronominalisation et la coordination dans ce chapitre, puisque c'est sur cela qu'il porte.

Traitement des notions

Au chapitre 11, nous avons vu que les phrases concrètes, c'est-à-dire les phrases réalisées, s'analysent à l'aide de la PHRASE P et des opérations syntaxiques. Cette analyse nous permet de relever les différences que présentent les phrases réalisées par rapport au modèle et elle nous donne une façon de les représenter.

Dans ce chapitre, nous examinerons le fonctionnement d'opérations plus complexes :

- la pronominalisation ;
- l'utilisation de groupes nominaux sans nom réalisé ;
- la coordination ;
- la juxtaposition.

LA PRONOMINALISATION

Lorsqu'on parle ou qu'on écrit, on utilise certains procédés pour ne pas répéter les mêmes groupes de mots d'une phrase à l'autre.

Observons l'un de ces procédés dans les phrases suivantes :

Mon frère se promène sur son nouveau vélo. Il l'a acheté hier.

NOUS CONSTATONS QUE

- La seconde phrase, *Il l'a acheté hier,* est une phrase bien construite. Cependant, on a besoin de la phrase précédente pour savoir que le mot *il* désigne la même personne que le groupe *mon frère*, et que le mot *l'* désigne la même chose que le groupe *son nouveau vélo.*

Les **pronoms** constituent une catégorie grammaticale de mots dont les propriétés sont de reprendre un groupe de mots déjà présents dans un contexte, et de remplacer dans une phrase transformée un groupe de mots qui figure dans la PHRASE P.

La **pronominalisation** est une transformation qui consiste à remplacer un groupe de mots par un pronom.

Les mots «il» et «l'» sont des **pronoms**. Les pronoms constituent une catégorie grammaticale dont les propriétés sont de *reprendre* un groupe de mots déjà présents dans un contexte, et de *remplacer* dans une phrase transformée un groupe de mots qui figure dans la PHRASE P. Le remplacement d'un groupe de mots par un pronom s'appelle **pronominalisation**. Le groupe remplacé peut être un groupe nominal, un groupe prépositionnel, un groupe adjectival ou une phrase. La pronominalisation est un procédé qu'on utilise pour reprendre de l'information sans la répéter.

Les catégories que nous avons vues jusqu'à présent (nom, verbe, déterminant, adjectif, préposition, adverbe) étaient toutes des catégories apparaissant dans la PHRASE P. Le pronom apparaît seulement dans des phrases transformées.

LE PRONOM DU POINT DE VUE DU SENS : VALEUR DE REPRISE

L'**antécédent** d'un pronom est le groupe de mots que ce pronom reprend.

Du point de vue du *sens*, les pronoms ne peuvent être interprétés que si l'on connaît le groupe de mots qu'ils reprennent. On appelle **antécédent** ce groupe de mots repris par un pronom. Dans l'exemple de la page précédente, le groupe nominal *mon frère* est l'antécédent du pronom *il,* et le groupe nominal *son nouveau vélo* est l'antécédent du pronom *l'*. Le pronom reprend dans chaque cas le groupe nominal au complet.

Observons les antécédents des pronoms dans les exemples suivants :

Les maisons qui bordent la rivière sont à vendre. Elles sont dévaluées.

*Mon frère se promène sur **son nouveau vélo**. Il l'a acheté hier.*

*Joannie garde **les enfants de la voisine**. Elle **les** aide à faire leurs devoirs.*

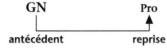

- Les pronoms *elles*, *l'* et *les* reprennent dans la seconde phrase un groupe nominal de la première phrase.

Observons les antécédents des pronoms dans ces autres phrases :

*Joël va **à Tadoussac** cette année. J'**y** suis allée l'été dernier.*

*Jean est **très content**. Nous **le** sommes aussi.*

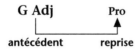

*Louise a eu un accident de vélo. Je **l'**ai appris par mon frère.*

- Le pronom *y* reprend un groupe prépositionnel ; le pronom *le* reprend un groupe adjectival ; le pronom *l'* reprend une phrase.

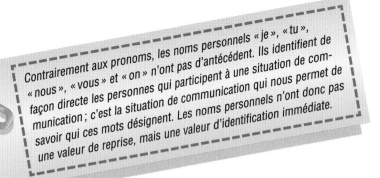

Contrairement aux pronoms, les noms personnels « je », « tu », « nous », « vous » et « on » n'ont pas d'antécédent. Ils identifient de façon directe les personnes qui participent à une situation de communication ; c'est la situation de communication qui nous permet de savoir qui ces mots désignent. Les noms personnels n'ont donc pas une valeur de reprise, mais une valeur d'identification immédiate.

LE PRONOM DU POINT DE VUE DE LA SYNTAXE : VALEUR DE REMPLACEMENT

Le pronom possède une autre valeur, soit celle de remplacer, dans une phrase transformée qu'on analyse, un groupe de mots qui figure dans la PHRASE P. En déterminant la position que le groupe remplacé occupe dans la PHRASE P, on découvre le rôle syntaxique que ce pronom joue dans la phrase transformée.

Comparons ici la seconde phrase réalisée à la PHRASE P et observons le groupe que le pronom remplace :

Mon frère a acheté un vélo. Il l'a reçu hier.

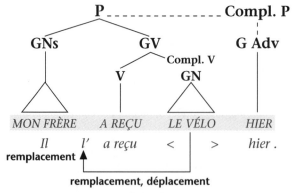

- Dans la phrase transformée, le pronom *il* remplace le groupe nominal de la PHRASE P *mon frère*. Il est donc sujet.
- De la même façon, le pronom *l'* remplace le groupe nominal *le vélo*, complément direct. Il est donc complément direct.
- Ce pronom *l'* complément direct est placé devant le verbe.

Faisons le même exercice avec l'exemple suivant :

Julie a visité le nouveau musée. Elle en parle à son amie.

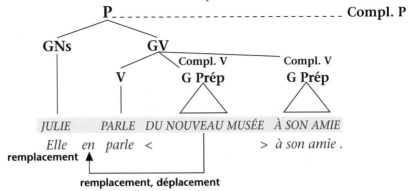

 NOUS CONSTATONS QUE

- Dans la phrase transformée, le pronom *elle* remplace le groupe nominal de la PHRASE P *Julie*. Il est donc sujet.
- De la même façon, le pronom *en* remplace le groupe prépositionnel *du nouveau musée*, complément indirect. Il est donc complément indirect.
- Ce pronom *en* complément indirect est placé devant le verbe.

Reprenons le dernier exemple et comparons le rôle joué par l'antécédent dans la première phrase et le rôle joué par le pronom dans la seconde.

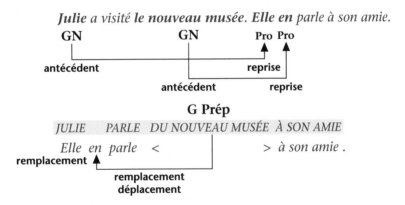

 NOUS CONSTATONS QUE

- L'antécédent *Julie* est un groupe nominal sujet et le pronom *elle* est aussi un groupe nominal sujet.
- L'antécédent *le nouveau musée* est un complément direct dans la première phrase, mais le pronom *en* est un complément indirect dans la seconde phrase.
- Le pronom *en*, dans la seconde phrase, reprend le groupe nominal *le nouveau musée* de la première phrase ; quand on analyse la seconde phrase, on voit que *en* remplace le groupe prépositionnel *du nouveau musée* de la PHRASE P. Dans ce cas-ci, le groupe verbal est du type «parler **d**'une chose X à une personne X».

- Du point de vue de la syntaxe, le pronom a une valeur de **remplacement**.
- Les phrases qui contiennent un **pronom** sont des **phrases transformées**.
- La reconstitution de la PHRASE P de ces phrases transformées fait apparaître que :
  - le pronom joue un rôle syntaxique dans la phrase où il figure ;
  - la pronominalisation d'un complément de verbe entraîne toujours un déplacement.
- Le rôle que joue le pronom dans la phrase où il figure est souvent différent du rôle joué par son antécédent.
- On choisit un pronom en fonction du rôle qu'il joue dans la phrase transformée où il figure. Ce rôle est déterminé par la construction et par le sens du verbe de cette phrase.

L'ORDRE DES PRONOMS DANS LES PHRASES TRANSFORMÉES

Lorsque plusieurs pronoms figurent dans une même phrase, il faut les placer dans un ordre déterminé.

Observons la place respective des pronoms dans les phrases suivantes :

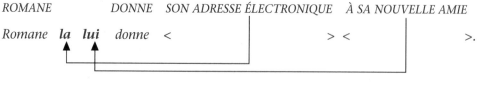

ROMANE   DONNE   SON ADRESSE ÉLECTRONIQUE   À SA NOUVELLE AMIE

Romane **la lui** *donne* < > < >.

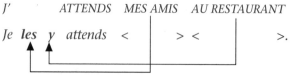

J'   ATTENDS   MES AMIS   AU RESTAURANT

Je **les y** *attends* < > < >.

TU PRÊTES   TON NOUVEAU JEU   À TON FRÈRE

< > *Prête*   **-le**   **-lui**   .

NOUS CONSTATONS QUE

- Les pronoms compléments *la*, *les* et *le*, qui remplacent des groupes nominaux compléments directs, précèdent les pronoms compléments *lui* et *y*, qui remplacent des groupes prépositionnels compléments indirects.
- Dans la phrase de type impératif, les pronoms compléments sont placés après le verbe. On ajoute un trait d'union entre le verbe et le premier pronom, et entre les deux pronoms.

Observons encore l'ordre des pronoms dans la phrase suivante :

FRANCIS　　　　　A PARLÉ　DE CE LOGICIEL　À SON ENSEIGNANTE

Francis **lui** **en** a parlé ＜　　　　　＞ ＜　　　　　＞.

- Le pronom complément *lui*, qui remplace un groupe prépositionnel, précède le pronom complément *en*, qui remplace aussi un groupe prépositionnel.

Observons maintenant ce qui se passe quand on a un pronom et un nom personnel dans une même phrase :

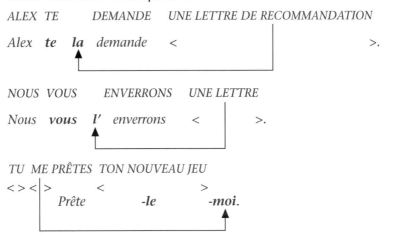

ALEX　TE　　　　DEMANDE　UNE LETTRE DE RECOMMANDATION

Alex **te** **la** demande ＜　　　　　　　　　　　＞.

NOUS　VOUS　　　ENVERRONS　UNE LETTRE

Nous **vous** **l'** enverrons ＜　　　＞.

TU　ME PRÊTES　TON NOUVEAU JEU

＜ ＞ ＜ ｜ ＞　　　＜　　　　　＞
　　　　Prête　　　　　**-le**　　　**-moi**.

- Les noms personnels *te* et *vous* compléments de verbe précèdent les pronoms compléments *la* et *l'*.
- Dans la phrase impérative, le nom personnel *me* est placé après le pronom *le* et prend la forme *moi*.

RÉGULARITÉS
- En général, les pronoms sont placés **devant le verbe**.
- Lorsque, dans une phrase, deux ou plusieurs pronoms se succèdent, ils doivent respecter l'**ordre** suivant : 1. « le (l') », « la (l') », « les » ; 2. « lui », « leur » ; 3. « y » ; 4. « en ».
- Dans les phrases de type impératif, les pronoms compléments sont placés après le verbe. Ils sont reliés au verbe et entre eux par un trait d'union. Leur ordre est le même que celui donné ci-dessus.
- Les noms personnels compléments de verbe précèdent les pronoms, sauf dans une phrase impérative, où ils sont placés après les pronoms.

LES GROUPES NOMINAUX SANS NOM RÉALISÉ

La pronominalisation n'est pas la seule transformation utilisée pour reprendre de l'information ; on peut aussi employer d'autres procédés.

Dans les phrases suivantes, observons l'élément de reprise :

*Maxime s'est acheté **un nouveau vélo**. L'ancien <   > n'avait que trois vitesses.*

Noyau
du GN

- Pour interpréter le groupe *l'ancien*, il faut se reporter à la première phrase, où l'on trouve le nom *vélo* comme noyau d'un groupe nominal.
- Le groupe *l'ancien* ne reprend pas tout ce groupe nominal, mais seulement le nom noyau *vélo*.
- Le groupe *l'ancien* désigne un autre vélo que le nouveau vélo mentionné dans la première phrase.

*Je ne peux pas écrire avec **ce stylo** rouge. Je vais prendre le <   > bleu.*

Noyau
du GN

- Pour interpréter le groupe *le bleu*, il faut se reporter à la première phrase, où l'on trouve le nom *stylo* comme noyau d'un groupe nominal.
- Le groupe *le bleu* ne reprend pas tout ce groupe nominal, mais seulement le nom noyau *stylo*.
- Le groupe *le bleu* désigne un autre stylo que le stylo rouge mentionné dans la première phrase.

On peut représenter la structure de ces groupes de la façon suivante :

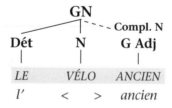

> Un **groupe nominal sans nom réalisé** est un groupe de mots qui reprend le nom noyau d'un groupe nominal sans que ce noyau soit présent.

Les groupes que nous venons d'observer n'ont pas de nom noyau. Voilà pourquoi on les appelle **groupes nominaux sans nom réalisé**.

Observons maintenant des groupes nominaux sans nom réalisé qui ont une autre structure que celle que nous venons de voir :

*Regarde **ces boîtes colorées**. **Celles de gauche** sont à Léo. **La mienne** est à droite. Julien a nourri **tous les chiots**, sauf **celui-ci**.*

- Les groupes nominaux sans nom réalisé *celles de gauche*, *la mienne* et *celui-ci* contiennent tous un pronom.

- Ces groupes nominaux ne désignent pas exactement la même chose que le groupe nominal qu'ils reprennent ; ils en désignent une partie seulement :
  - le groupe *celles de gauche* désigne une partie de l'ensemble des boîtes colorées : les boîtes colorées qui sont à gauche ;
  - le groupe *la mienne* distingue une boîte dans l'ensemble des boîtes : celle qui m'appartient ;
  - le groupe *celui-ci* distingue un chiot dans l'ensemble des chiots.

RÉGULARITÉS
- L'utilisation d'un **groupe nominal sans nom réalisé** est un procédé de reprise de l'information.
- Le groupe nominal sans nom réalisé est un groupe nominal différent de celui qu'il reprend puisqu'il désigne une autre réalité ; le nom noyau du groupe repris ne figure pas dans le groupe qui reprend l'information.

LA COORDINATION

La **coordination** est une transformation qui consiste à réunir des phrases ou des groupes de mots de phrases différentes pour réaliser une seule phrase.

La **coordination** est une transformation par laquelle on réunit des phrases ou des groupes de mots de phrases différentes pour réaliser une seule phrase.

À l'aide du schéma en arbre, observons les groupes qu'on a réunis dans les phrases suivantes :

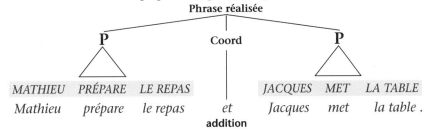

Mathieu prépare le repas et Jacques met la table.

- On a réuni les deux PHRASES P par *et* pour réaliser une seule phrase.

On peut réécrire cette phrase de la façon suivante :

Phrase réalisée → P (*Mathieu prépare le repas*) **et** P (*Jacques met la table*)

Phrase réalisée → P **et** P

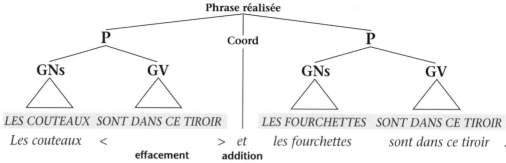

Les couteaux et les fourchettes sont dans ce tiroir.

Phrase réalisée

P   Coord   P

GNs   GV   GNs   GV

LES COUTEAUX   SONT DANS CE TIROIR   LES FOURCHETTES   SONT DANS CE TIROIR

Les couteaux   <   > *et*   *les fourchettes*   *sont dans ce tiroir*   .

effacement   **addition**

- On a effacé le groupe verbal *sont dans ce tiroir* de la première PHRASE P.
- On a ajouté *et* pour réunir les deux groupes nominaux en position GNs des PHRASES P et former un seul groupe nominal sujet dans la nouvelle phrase réalisée.

On peut réécrire cette phrase de la façon suivante :

Phrase réalisée → GNs (*les couteaux **et** les fourchettes*) + GV (*sont dans ce tiroir*)

RÉGULARITÉS

- La **coordination** est une transformation par laquelle on réunit des phrases ou des groupes de mots de phrases différentes pour réaliser une nouvelle phrase.
- Seuls des groupes qui occupent la même position dans chacune des PHRASES P peuvent être coordonnés.
- Dans une phrase transformée par coordination, on peut effacer les groupes de mots qui sont identiques.
- Pour unir des phrases ou des groupes, on ajoute un mot de coordination au moyen de l'addition.
- Le mot de coordination ne fait pas partie de la PHRASE P. On l'appelle **coordonnant**.

Il existe plusieurs mots de coordination ; nous allons voir les trois plus fréquents : « et », « ni » et « ou ».

LA COORDINATION PAR « ET »

Nous venons d'observer que le mot « et » peut réunir deux PHRASES P pour réaliser une nouvelle phrase, ou réunir deux groupes nominaux sujets de deux PHRASES P pour former un seul groupe nominal sujet dans une nouvelle phrase.

Voyons maintenant comment fonctionne le mécanisme de la coordination par « et ». Pour ce faire, reconstruisons la PHRASE P des phrases suivantes afin d'observer comment on unit des groupes pour réaliser une nouvelle phrase.

Jacques apportera une bouteille et quatre verres.

Compl. V	Compl. V
JACQUES APPORTERA **UNE BOUTEILLE**	JACQUES APPORTERA **QUATRE VERRES**

Jacques   apportera   une bouteille   et <   >   quatre verres .

addition   effacement

- Le groupe nominal *une bouteille* occupe la position Compl. V dans la PHRASE P *Jacques apportera une bouteille*.
- Le groupe nominal *quatre verres* occupe la position Compl. V dans la PHRASE P *Jacques apportera quatre verres*.
- On a effacé le groupe de la seconde PHRASE P qui était identique au groupe de la première PHRASE P (*Jacques apportera*).
- On a ajouté *et* pour réunir les groupes nominaux *une bouteille* et *quatre verres*, compléments de verbe dans la nouvelle phrase.

* *Il était grand et les cheveux blonds.*

Attr	Compl. V
IL ÉTAIT **GRAND**	IL AVAIT **LES CHEVEUX BLONDS**

* *Il était   grand   et <   >   les cheveux blonds .*

addition   effacement

- Le groupe adjectival *grand* occupe la position Attr dans la PHRASE P *Il était grand*.
- Le groupe nominal *les cheveux blonds* occupe la position Compl. V dans la PHRASE P *Il avait les cheveux blonds*.
- Les deux phrases ne peuvent pas être réunies parce que les groupes *grand* et *les cheveux blonds* n'occupent pas la même position dans les deux PHRASES P.

Le ciel était clair et sans nuages.

Attr	Attr
LE CIEL ÉTAIT **CLAIR**	LE CIEL ÉTAIT **SANS NUAGES**

Le ciel était   clair   et <   >   sans nuages .

addition   effacement

- Le groupe adjectival *clair* occupe la position Attr dans la PHRASE P *Le ciel était clair*.
- Le groupe prépositionnel *sans nuages* occupe la position Attr dans la PHRASE P *Le ciel était sans nuages*.
- On a effacé le groupe de la seconde PHRASE P qui était identique au groupe de la première PHRASE P (*le ciel était*).
- On a ajouté *et* pour réunir les groupes *clair* et *sans nuages*, attributs dans la nouvelle phrase.

- Le mot « **et** » peut coordonner deux phrases.
- Le mot « **et** » peut coordonner des groupes de mots qui occupent la même position dans des PHRASES P différentes :
  – deux groupes nominaux sujets pour former un nouveau groupe nominal sujet ;
  – deux groupes verbaux pour former un nouveau groupe verbal ;
  – deux groupes nominaux compléments de verbe pour former un nouveau complément de verbe ;
  – deux groupes prépositionnels compléments de verbe pour former un nouveau complément de verbe ;
  – deux attributs pour former un nouvel attribut ;
  – deux compléments de nom pour former un nouveau complément de nom.
- Le mot « **et** » ne fait pas partie de la PHRASE P. C'est un **coordonnant**.

Nous venons de voir que, dans une phrase transformée par coordination, on peut effacer l'un des deux groupes qui sont identiques. Cependant, ce n'est pas toujours possible.

Examinons les phrases suivantes en reconstruisant dans chaque cas les PHRASES P qui ont été coordonnées :

Paul apporte la salade et Jacques, les fromages.

V	V
PAUL **APPORTE** LA SALADE	JACQUES **APPORTE** LES FROMAGES

Paul   apporte   la salade   et   Jacques <   > ,   les fromages .
                          addition   **effacement   addition**

- On a effacé le verbe de la seconde PHRASE P (*apporte*) puisqu'il est identique au verbe de la première PHRASE P.
- On a ajouté dans la nouvelle phrase une virgule à l'endroit où le verbe a été effacé.

Chantal prépare la disquette et l'envoie à l'école.

GNs	Compl. V	GNs	Compl. V
CHANTAL PRÉPARE **LA DISQUETTE**		CHANTAL ENVOIE **LA DISQUETTE** À L'ÉCOLE	

Chantal   prépare   la disquette   et   <   >   l'envoie <   > à l'école .
                                addition effacement   **remplacement et déplacement**

- On a effacé le groupe nominal sujet de la seconde PHRASE P (*Chantal*) puisqu'il est identique au groupe nominal sujet de la première PHRASE P.
- On n'a pas effacé le complément de verbe *la disquette* de la seconde phrase même s'il est identique au complément de verbe de la première phrase, parce que les verbes « préparer » et « envoyer » exigent tous deux un groupe nominal complément.

On peut souvent interchanger les groupes qu'on coordonne. Par exemple, on peut dire aussi bien *Les couteaux et les fourchettes sont dans ce tiroir* **que** *Les fourchettes et les couteaux sont dans ce tiroir.*

Parfois, l'ordre est imposé par la logique. Exemple :

Paul ouvrit la bouteille et remplit les verres.

*Paul remplit les verres et ouvrit la bouteille.

La seconde phrase est agrammaticale parce qu'on ne peut pas remplir les verres avant d'ouvrir la bouteille.

LA COORDINATION PAR « NI » ET PAR « OU »

Nous avons vu comment fonctionne le mécanisme de la coordination à l'aide du coordonnant « et ». Comparons maintenant les mots de coordination « ni » et « ou » avec « et », afin de vérifier les possibilités de coordination offertes par chacun.

COMPARAISON DES COORDONNANTS

Deux PHRASES P

Et   *Mathieu prépare le repas **et** Jacques met la table.*

Ni   **Ni Nora ne prépare le repas **ni** Angela ne met la table.*

Ou   **Nora prépare le repas **ou** Angela met la table.*
Aucun élément des deux PHRASES P n'est identique ; la coordination par « ou » est impossible.
*J'irai voir mon amie **ou** je lui téléphonerai.*
Les deux PHRASES P contiennent un élément identique, *je* ; la coordination par « ou » est donc possible.

Groupes de mots occupant la même position dans deux PHRASES P

Et   Deux groupes nominaux sujets :
*Les crocus **et** les tulipes fleurissent au printemps.*

Deux groupes verbaux :
*Claude éternue **et** tousse.*

Deux compléments de verbe :
*Lucie apporte des pommes **et** des poires.*

Deux attributs :
*Le ciel est clair **et** sans nuages.*

On ne peut pas dire
La porte est ouverte **et fermée.*
parce que la porte ne peut être à la fois ouverte et fermée.

Ni   Mêmes groupes que le coordonnant « et », mais dans des phrases négatives.
Le coordonnant « ni » est souvent répété devant les groupes coordonnés.
*Ni Nora **ni** Angela ne préparent le repas.*
*Claude n'éternue **ni** ne tousse.*
*Lucie n'apporte **ni** des pommes **ni** des poires.*
*Ces pommes ne sont **ni** juteuses **ni** savoureuses.*

Ou   Mêmes groupes que le coordonnant « et ».
Le coordonnant « ou » introduit une alternative qui peut être exclusive ou inclusive :
- **exclusive** lorsqu'une seule des possibilités peut se réaliser :
*Je me demande si c'est Claude **ou** Nathalie qui a gagné la compétition.*
*La porte est ouverte **ou** fermée.*

 Pour souligner l'exclusion d'une des possibilités, on répète parfois « ou » :
*Ou Lise **ou** François m'accompagnera.*

- **inclusive** lorsqu'on peut cumuler les deux possibilités :
*Lise **ou** François m'accompagneront.*

 Cette phrase peut signifier également :
*Lise **et** François m'accompagneront.*

LA JUXTAPOSITION

Deux groupes ou deux phrases peuvent aussi être réunis par une virgule. Cette transformation s'appelle **juxtaposition**.

Observons la juxtaposition dans les phrases suivantes :

Paul préparait le repas, Jacques mettait la table.

P   **P**

PAUL PRÉPARAIT LE REPAS   *JACQUES METTAIT LA TABLE*

Paul préparait le repas   ,   *Jacques mettait la table* .

addition

- Les phrases sont réunies à l'aide d'une virgule.

Alex ferma la porte, mit la clé dans sa poche.

GV   **GV**

ALEX   *FERMA LA PORTE*   *ALEX*   *MIT LA CLÉ DANS SA POCHE*

Alex   *ferma la porte*   ,   < >   *mit la clé dans sa poche* .

addition   **effacement**

- Les groupes verbaux sont réunis à l'aide d'une virgule.
- On a effacé le groupe nominal sujet de la seconde PHRASE P parce qu'il est identique à celui de la première PHRASE P.

RÉGULARITÉ

- On **peut juxtaposer**, à l'aide d'une **virgule**, deux PHRASES P ou des groupes de mots qui occupent la même position dans des PHRASES P différentes.

Synthèse LES TRANSFORMATIONS D'ENCHAÎNEMENT

La pronominalisation

On appelle **pronominalisation** la transformation qui consiste à remplacer un groupe de mots par un pronom. En plus du remplacement, cette transformation implique généralement un déplacement.

Les pronoms forment une catégorie grammaticale. Le pronom possède deux valeurs :

- une **valeur de reprise** : le pronom reprend un groupe de mots qu'on appelle antécédent ;

  *Joannie garde **les enfants de la voisine**. Elle **les** aide à faire leurs devoirs.*

- une **valeur de remplacement** : dans une phrase transformée, le pronom remplace un groupe de la PHRASE P. C'est en retournant à la PHRASE P qu'on peut découvrir le rôle syntaxique que le pronom joue dans la phrase transformée.

  *Julie a visité **le nouveau musée**. Elle **en** parle à son amie.*

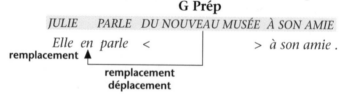

On choisit un pronom en fonction de la position qu'occupe le groupe de la PHRASE P que ce pronom remplace :

- « il », « ils », « elle », « elles » remplacent un groupe nominal en position GNs ;
- « le », « la », « les » remplacent un groupe nominal en position Compl. V ;
- « lui », « leur » remplacent un groupe prépositionnel en position Compl. V ;
- « y », « en » remplacent un groupe prépositionnel en position Compl. V ou Compl. P.

L'ordre des pronoms

Lorsque plusieurs pronoms se succèdent, il faut les placer dans un ordre déterminé : les pronoms « le (l') », « la (l') » et « les » viennent en premier ; ensuite viennent les pronoms « lui » et « leur », puis le pronom « y » et, en dernier lieu, le pronom « en ».

Exemples :

Francis a parlé de ce logiciel à son enseignante.
*Francis **lui en** a parlé.*

Tu prêtes ton nouveau jeu à ton frère.
*Prête-**le-lui**.*

Nous vous enverrons une lettre.
*Nous **vous** l'enverrons.*

Les groupes nominaux sans nom réalisé

On appelle groupe nominal sans nom réalisé un groupe nominal qui reprend le nom noyau d'un groupe nominal sans que ce noyau soit présent. L'utilisation des groupes nominaux sans nom réalisé est un procédé de reprise de l'information.

La coordination

La coordination est une transformation qui consiste à réunir des phrases ou des groupes de mots de phrases différentes. Cette transformation implique souvent l'effacement des groupes identiques dans la nouvelle phrase formée par coordination.

Pour pouvoir coordonner des groupes de mots, il faut que ces groupes occupent la même position dans chacune des PHRASES P. On réunit les groupes de mots ou les phrases au moyen de l'addition de mots de coordination comme « et », « ni » et « ou », qu'on appelle **coordonnants**.

La juxtaposition

La juxtaposition est une transformation qui consiste à mettre côte à côte, à l'aide de virgules, soit des phrases ou des groupes de mots dans des phrases. Cette transformation implique souvent l'effacement des groupes identiques dans la phrase formée par juxtaposition.

Les phrases que je cite sont celles d'élèves qui semblent croire qu'une phrase est correcte dès que trois mots sont alignés...

Dans les anecdotes que vous avez écrites, il y a beaucoup d'imagination, d'intelligence et même d'audace. En effet, il faut une bonne dose de témérité pour faire autant de fautes de sens et de syntaxe... Vous voulez des exemples ?

« Les parents que j'ai sauvé le bébé pleuraient de joie. »

« C'est en utilisant les techniques que j'ai appris les rudiments que j'ai réussi mieux que ce que je pensais. »

« En réussissant ce sauvetage, ils m'ont été reconnaissants plus que je m'attendais. »

Bien évidemment, ces phrases ne sont pas tirées de textes d'élèves de votre classe... Mais, tout de même, il vaut la peine de s'y intéresser un peu.

Comment lier différentes phrases qui dépendent l'une de l'autre ? Avouons-le, ce n'est pas toujours simple. Le chapitre qui suit s'attaque à ces fameuses subordonnées, qui nous donnent bien souvent du fil à retordre.

Lisez-le bien et ensuite tentez de corriger les fautes de syntaxe que contiennent les phrases que cet enseignant nous a citées...

Traitement des notions

Dans le chapitre précédent, nous avons traité de la coordination et de la juxtaposition, qui permettent de lier des PHRASES P pour réaliser de nouvelles phrases. Dans ce chapitre, nous aborderons l'étude de l'imbrication de phrases dans d'autres phrases ; nous traiterons donc des différents types de subordonnées.

GÉNÉRALITÉS

Avant d'analyser le fonctionnement des phrases subordonnées, il faut définir les notions de subordonnée, de point d'enchâssement et de subordonnant.

LA NOTION DE SUBORDONNÉE

Dans les trois phrases suivantes, essayons de ne garder que les groupes en position Compl. V, en position Compl. P et en position Compl. N en utilisant l'effacement :

Tu espères que Julien verra ce film bientôt.

* ∅   ∅   *que Julien verra ce film bientôt.*

Nous partirons dès que les bagages seront prêts.

* ∅   ∅   *dès que les bagages seront prêts.*

Alexis surveille les bélugas qui viennent de naître.

* ∅   ∅   ∅   *qui viennent de naître.*

- Les phrases *que Julien verra ce film bientôt*, *dès que les bagages seront prêts* et *qui viennent de naître* font partie de la structure d'autres constituants. Elles ne peuvent pas exister seules.

> Une **subordonnée** est une PHRASE P qui dépend d'une autre PHRASE P.

Certaines phrases ne peuvent pas constituer par elles-mêmes un énoncé : elles dépendent d'un ensemble plus grand. Les PHRASES P qui dépendent d'une autre PHRASE P sont appelées **subordonnées**, et l'on peut les illustrer dans un schéma en arbre de la façon suivante :

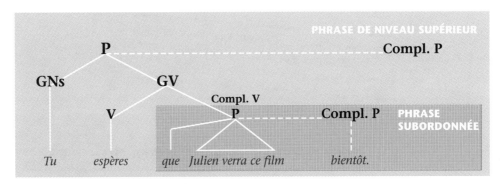

- La phrase *que Julien verra ce film bientôt* est une subordonnée en position Compl. V.
- Ce complément de verbe fait partie de la phrase de niveau supérieur *Tu espères que Julien verra ce film bientôt.*

LE POINT D'ENCHÂSSEMENT

L'enchâssement est l'insertion d'une phrase à un point donné d'une autre phrase.

Un **point d'enchâssement** est la position qu'occupe une subordonnée dans une phrase de niveau supérieur.

Le schéma ci-dessus fait clairement ressortir que la subordonnée est insérée dans une phrase de niveau supérieur. On appelle **enchâssement** cette insertion et l'on appelle **point d'enchâssement** la position qu'occupe la subordonnée dans la phrase de niveau supérieur.

Dans les trois phrases que nous avons observées à la page 224, les subordonnées occupent différentes positions.

Dans la phrase *Tu espères que Julien verra ce film bientôt*, la subordonnée *que Julien verra ce film bientôt* occupe la position Compl. V.

Dans la phrase *Nous partirons dès que les bagages seront prêts*, la subordonnée *dès que les bagages seront prêts* occupe la position Compl. P.

Dans la phrase *Alexis surveille les bélugas qui viennent de naître*, la subordonnée *qui viennent de naître* occupe la position Compl. N.

RÉGULARITÉS
- Une phrase peut être enchâssée dans une phrase de niveau supérieur. On appelle cette phrase **subordonnée**. Une subordonnée correspond à une PHRASE P qui dépend d'une autre PHRASE P.
- Une subordonnée peut occuper différentes positions à l'intérieur de la phrase de niveau supérieur. La position occupée par une subordonnée est son **point d'enchâssement**.

LE VERBE D'UNE PHRASE SUBORDONNÉE

Le verbe d'une phrase subordonnée peut avoir ou non une marque de personne.

Dans les phrases suivantes, observons le verbe de la phrase subordonnée :

*Dès qu'il **aura terminé** ce livre, Claude nous donnera son avis.*

*Avant de **partir**, Claude nous donnera son avis.*

*Après **avoir terminé** ce livre, Claude nous donnera son avis.*

*En **partant**, Claude nous a donné son avis.*

- Dans la première phrase, la subordonnée comporte une marque de personne, *il*, et *aura terminé* est une forme conjuguée du verbe « terminer ».

- Dans les trois autres phrases, les subordonnées ne comportent pas de marque de personne : leur verbe est à l'infinitif (*partir*, *avoir terminé*) ou au participe (*partant*).

- Le verbe d'une subordonnée peut être soit à une forme conjuguée, c'est-à-dire être obligatoirement à l'une des cinq personnes, soit à une forme non conjuguée, c'est-à-dire être à l'infinitif ou au participe.

- Lorsque le verbe d'une subordonnée est à l'infinitif ou au participe, le sujet est souvent non réalisé.

- Une subordonnée dont le verbe est à l'infinitif est appelée **subordonnée infinitive**. Une subordonnée dont le verbe est au participe est appelée **subordonnée participiale**.

LE SUBORDONNANT

Un **subordonnant** est un marqueur qui permet à une PHRASE P d'être insérée dans une PHRASE P de niveau supérieur.

Dans les phrases que nous avons vues, nous avons observé que les PHRASES P subordonnées sont précédées d'un marqueur qui indique l'enchâssement. Ce marqueur est appelé **subordonnant**. Dans le schéma en arbre, on indique la position de ce marqueur par une ligne pleine qu'on ajoute à P pour indiquer la présence du subordonnant dans la phrase réalisée.

Dans la phrase suivante, observons le subordonnant :

Claude demande si nous allons au cinéma.

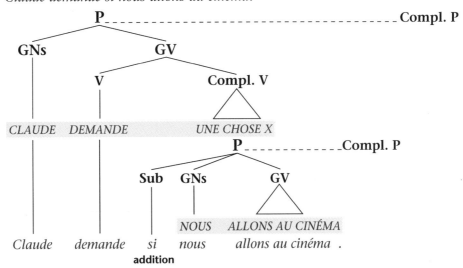

- Le subordonnant *si* insère la PHRASE P *nous allons au cinéma* dans la phrase de niveau supérieur *Claude demande une chose X*.
- Les positions obligatoires de la PHRASE P qui est insérée sont occupées.
- On doit ajouter le subordonnant *si* en tête de phrase pour marquer l'enchâssement ; ce subordonnant ne fait donc pas partie de la PHRASE P.

> Un **subordonnant non lié** est un subordonnant qu'on ajoute pour insérer une PHRASE P.

Le subordonnant *si* marque l'enchâssement d'une PHRASE P. Il ne remplace aucun groupe de la PHRASE P enchâssée dans une phrase de niveau supérieur. On doit l'ajouter devant la phrase enchâssée. On appelle ce type de subordonnant **subordonnant non lié**.

Observons maintenant la phrase suivante :

Claude demande où nous allons.

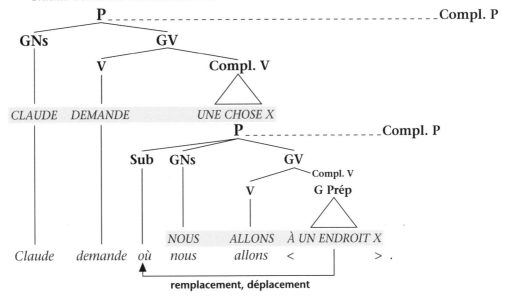

- Le subordonnant *où* insère la PHRASE P *nous allons à un endroit X* dans la phrase de niveau supérieur *Claude demande une chose X*.
- De plus, le subordonnant *où* remplace dans la phrase transformée le groupe prépositionnel *à un endroit X*, qui occupe la position Compl. V dans la PHRASE P insérée.

> Un **subordonnant lié** est un subordonnant qui remplace un constituant de la PHRASE P enchâssée.

Le mot *où* joue un double rôle : il marque l'enchâssement d'une PHRASE P et, de plus, il remplace un groupe de la phrase enchâssée dans une phrase de niveau supérieur. Il joue donc le même rôle syntaxique que ce groupe. Les subordonnants qui jouent ce double rôle sont appelés **subordonnants liés**.

RÉGULARITÉS

- Une subordonnée est introduite par un marqueur, le **subordonnant**. Certains subordonnants ne jouent que le rôle de marqueur de l'enchâssement. Ces subordonnants sont dits **non liés**.
- D'autres subordonnants remplacent un groupe de la PHRASE P enchâssée et jouent donc un rôle syntaxique. Ces subordonnants sont dits **liés**.

LES SUBORDONNÉES ENCHÂSSÉES

Dans les phrases que nous avons observées précédemment, nous avons constaté que les subordonnées peuvent être enchâssées dans la plupart des groupes qui constituent la PHRASE P. Nous avons aussi constaté que les phrases enchâssées sont introduites par un subordonnant, lié ou non lié. Examinons maintenant le fonctionnement des subordonnées en étudiant leur point d'enchâssement, c'est-à-dire la position qu'elles occupent dans la phrase de niveau supérieur.

LES SUBORDONNÉES COMPLÉMENTS DE PHRASE

Au chapitre 5, nous avons vu que le complément de phrase est très souvent réalisé par un groupe prépositionnel. Rappelons que le groupe prépositionnel comprend deux constituants obligatoires, soit une préposition et un groupe nominal :

*Anne écrit à Maria **avant son départ**.*

Après la préposition, on peut aussi trouver une phrase :

*Anne écrit à Maria **avant qu'elle parte**.*
*Anne écrit à Maria **avant de partir**.*

Dans ce cas, la préposition est suivie du subordonnant « que » lorsque le verbe de la subordonnée est conjugué et du subordonnant « de » lorsque le verbe de la subordonnée est à l'infinitif. Voyons maintenant comment se construisent les subordonnées compléments de phrase.

Les subordonnées à verbe conjugué compléments de phrase

Dans les phrases suivantes, analysons la subordonnée complément de phrase :

Nous partirons dès que les bagages seront prêts.

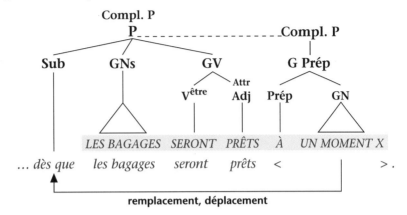

Quand tu reviendras, nous irons à la bibliothèque.

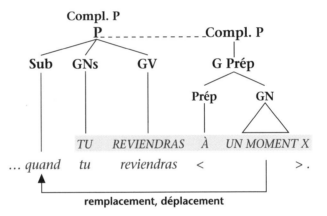

- Dans les deux phrases analysées, les subordonnants *dès que* et *quand* introduisent les subordonnées.

Dans ces phrases, la préposition fait partie du subordonnant, c'est-à-dire qu'on ne peut pas séparer l'une de l'autre.

RÉGULARITÉS

- Une **subordonnée à verbe conjugué complément de phrase** est introduite par des subordonnants composés (« dès que », « parce que », « quand », etc.).
- Après certains subordonnants (« pour que », « avant que », « en attendant que »), le verbe de la phrase subordonnée est au subjonctif.

Les subordonnées infinitives compléments de phrase

Le verbe d'une subordonnée complément de phrase peut être à l'infinitif.

Analysons la subordonnée complément de phrase dans les phrases suivantes :

Anne a écrit à Maria avant de partir.

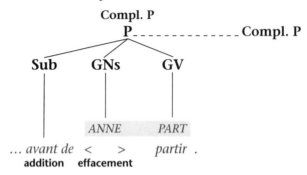

- Le verbe de la subordonnée complément de phrase est à l'infinitif (*partir*).
- Le subordonnant marquant l'enchâssement est *avant de*.
- Le sujet de la subordonnée infinitive, qui est identique à celui de la phrase de niveau supérieur (*Anne*), est effacé.

Pour revenir, nous prendrons le train.

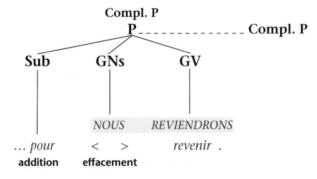

- Le verbe de la subordonnée complément de phrase est à l'infinitif (*revenir*).
- Le subordonnant marquant l'enchâssement est *pour*.
- Le sujet de la subordonnée infinitive, qui est identique à celui de la phrase de niveau supérieur (*nous*), est effacé.

RÉGULARITÉS
- Les **subordonnées infinitives compléments de phrase** sont introduites par « avant de », « pour », « après », etc.
- Le sujet de la subordonnée infinitive est effacé parce qu'il est identique à celui de la phrase de niveau supérieur.

Les subordonnées participiales compléments de phrase

Le verbe d'une subordonnée complément de phrase peut être au participe. Dans la phrase suivante, analysons la subordonnée complément de phrase :

En revenant, nous prendrons le train.

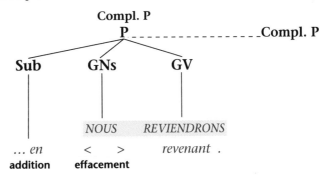

- Le verbe de la subordonnée complément de phrase est au participe présent (*revenant*).
- La subordonnée participiale est introduite par *en*.
- Le sujet de la subordonnée participiale, qui est identique à celui de la phrase de niveau supérieur (*nous*), est effacé.

RÉGULARITÉS
- Une **subordonnée participiale complément de phrase** est introduite par « en » lorsque le participe est un participe présent.
- Le sujet de la subordonnée participiale est effacé parce qu'il est identique à celui de la phrase de niveau supérieur.

---

*C'est parce que le sujet effacé de la subordonnée participiale est le même que celui de la phrase de niveau supérieur qu'on ne peut pas écrire, par exemple, « En attendant de vos nouvelles, veuillez agréer... ». On doit plutôt écrire « En attendant de vos nouvelles, **nous** vous prions d'agréer... ». En effet, c'est « nous » qui attendons des nouvelles et non la personne à qui l'on écrit.*

LES SUBORDONNÉES COMPLÉMENTS DE VERBE

Lorsque la position Compl. V est occupée par une phrase subordonnée, le verbe de cette phrase peut être soit à une forme conjuguée, soit à l'infinitif.

Les subordonnées à verbe conjugué compléments de verbe

Analysons la subordonnée complément de verbe dans les phrases suivantes :

Vincent ignore que Luce dort.

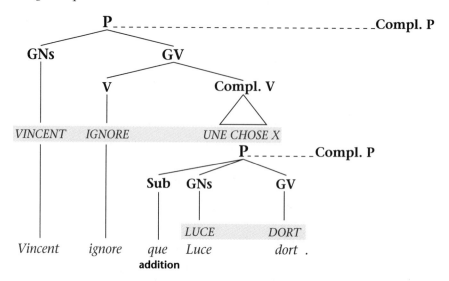

- Le verbe « ignorer » se construit avec un complément direct (ignorer « quelque chose »).
- La subordonnée *que Luce dort* joue le rôle de complément direct.
- La subordonnée est enchâssée au moyen du subordonnant non lié *que*.
- Le verbe de la subordonnée est à l'indicatif.

Vincent doute que Luce dorme.

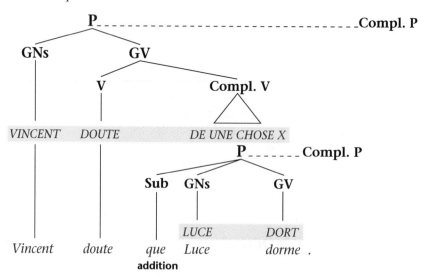

- Le verbe «douter» se construit avec un complément indirect (douter «**de** quelque chose»).
- La subordonnée *que Luce dorme* joue le rôle de complément indirect.
- La subordonnée est enchâssée au moyen du subordonnant non lié *que*.
- Le verbe «douter» commande le subjonctif dans la subordonnée.

Comme nous venons de le voir, l'analyse de l'enchâssement des subordonnées en position Compl. V est différente selon que le verbe se construit avec un complément direct ou un complément indirect. La pronominalisation du complément de verbe peut nous aider à mieux comprendre l'analyse proposée. Par exemple, dans la phrase *Vincent ignore que Luce dort*, si l'on remplace le complément de verbe par un pronom, on obtient : *Vincent l'ignore*. Remplaçons maintenant le complément de verbe par un pronom dans les phrases suivantes :

*Vincent doute **que Luce dorme**.*
*Vincent **en** doute.*
*Vincent ne se souvient pas **si Luce dormait**.*
*Vincent ne s'**en** souvient pas.*

Nous constatons que les subordonnées enchâssées commandées par un verbe qui se construit avec un complément indirect peuvent être remplacées par le pronom «en».

RÉGULARITÉS
- Une **subordonnée complément de verbe** dont le **verbe est conjugué** peut être introduite par un **subordonnant non lié**.
- Elle peut réaliser un complément direct ou indirect, selon ce que commande la construction du verbe de la phrase de niveau supérieur.
- Le verbe de la subordonnée est au subjonctif si le verbe de la phrase de niveau supérieur présente un événement comme incertain.

Analysons la subordonnée complément de verbe dans les phrases suivantes :
Katy se demande avec qui elle partira demain.

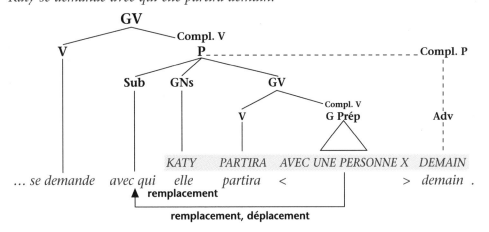

- Le verbe « se demander » se construit avec un complément direct (se demander « quelque chose »).
- La subordonnée *avec qui elle partira demain* joue le rôle de complément direct.
- La PHRASE P est enchâssée au moyen du subordonnant lié *avec qui*. Ce subordonnant remplace le groupe qui occupe la position Compl. V dans la subordonnée.
- Le verbe de la subordonnée est à l'indicatif.

Paul ne se souvient pas où Bernard doit aller.

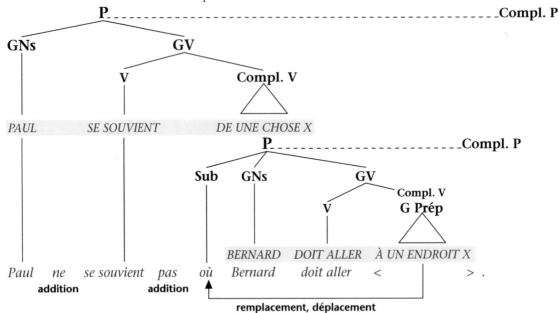

- Le verbe « se souvenir » se construit avec un complément indirect (se souvenir « **de** quelque chose »).
- La subordonnée *où Bernard doit aller* joue le rôle de complément indirect.
- La PHRASE P est enchâssée au moyen du subordonnant lié *où*. Ce subordonnant remplace le groupe qui occupe la position Compl. V dans la subordonnée.
- Le verbe de la subordonnée est à l'indicatif.

RÉGULARITÉS
- Une **subordonnée complément de verbe** dont le verbe est à une forme conjuguée peut être introduite par un **subordonnant lié**. Ce subordonnant joue un double rôle :
  - c'est un marqueur de l'enchâssement de la phrase subordonnée ;
  - il joue le même rôle que le groupe qu'il remplace dans la phrase subordonnée.
- La subordonnée peut réaliser un complément direct ou indirect, selon ce que commande la construction du verbe de la phrase de niveau supérieur.

Les subordonnées infinitives compléments de verbe

Observons maintenant des subordonnées compléments de verbe dont le verbe est à l'infinitif :

Paul décide de rentrer à Québec.

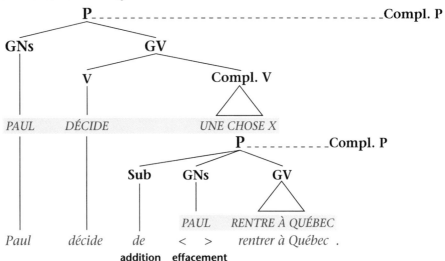

- Le verbe « décider » se construit avec un complément direct (décider « quelque chose »).
- La subordonnée *de rentrer à Québec* joue le rôle de complément direct.
- La PHRASE P est enchâssée au moyen du subordonnant non lié *de*.
- Le verbe de la subordonnée est à l'infinitif.
- Le sujet de la subordonnée, qui est le même que celui de la phrase de niveau supérieur (*Paul*), est effacé.

Tu sais avec qui rentrer à Montréal.

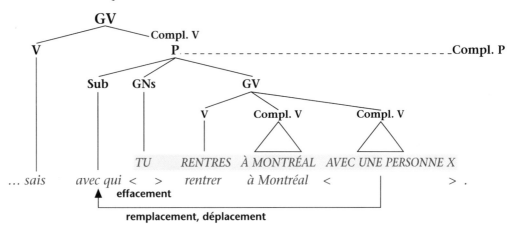

- Le verbe « savoir » se construit avec un complément direct (savoir « quelque chose »).
- La subordonnée *avec qui rentrer à Montréal* joue le rôle de complément direct.
- La subordonnée est enchâssée au moyen du subordonnant lié *avec qui*. Ce subordonnant remplace le groupe *avec une personne X*, qui occupe la position Compl. V dans la subordonnée.
- Le verbe de la subordonnée est à l'infinitif.
- Le sujet de la subordonnée, qui est le même que celui de la phrase de niveau supérieur (*tu*), est effacé.

J'ai vu la peintre travailler.

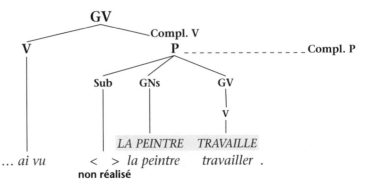

- Le verbe « voir » se construit avec un complément direct (voir « quelque chose »).
- La subordonnée *la peintre travailler* joue le rôle de complément direct.
- Le subordonnant n'est pas réalisé.
- Le verbe de la subordonnée est à l'infinitif.
- Le sujet de la subordonnée (*la peintre*), qui est différent de celui de la phrase de niveau supérieur (*je*), n'est pas effacé.

RÉGULARITÉS
- Une **subordonnée infinitive complément de verbe** peut être introduite :
  – par le subordonnant non lié « de » ;
  – par un subordonnant lié ;
  – sans subordonnant réalisé.
- Le sujet de la subordonnée infinitive est effacé lorsqu'il est identique à celui de la phrase de niveau supérieur.

LES SUBORDONNÉES COMPLÉMENTS DE NOM

Lorsque nous avons examiné la structure du groupe nominal, au chapitre 7, nous avons vu que la position Compl. N peut être occupée par une phrase :

*Le directeur de l'opéra présente la cantatrice **que je préfère**.*

Voyons comment se construisent les différentes sortes de subordonnées compléments de nom.

Les relatives

Dans la phrase suivante, analysons la subordonnée complément de nom :

Je visite les sites Internet que je préfère.

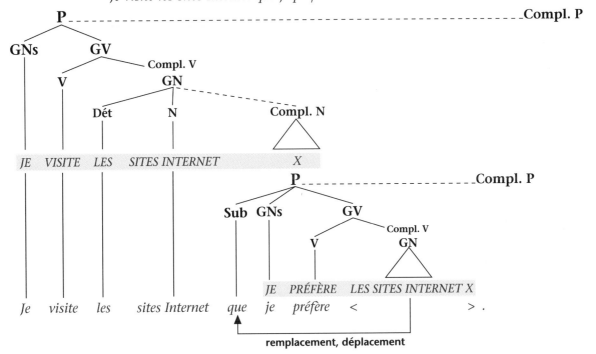

- Dans le groupe nominal *les sites Internet que je préfère*, le point d'enchâssement de la subordonnée est la position Compl. N.
- Le marqueur de l'enchâssement de la PHRASE P est un subordonnant lié (*que*). En effet, en plus de marquer l'enchâssement, ce subordonnant remplace un groupe de la PHRASE P enchâssée (*les sites Internet X*).

Un **pronom relatif** est un pronom qui remplace un groupe d'une PHRASE P enchâssée. Il sert à marquer l'enchâssement d'une subordonnée complément de nom.

Une **relative** est une subordonnée en position Compl. N qui est enchâssée à l'aide d'un pronom relatif.

Au chapitre 12, nous avons vu que les mots qui remplacent un groupe dans une phrase sont appelés *pronoms*. Les pronoms qui jouent aussi le rôle de marqueur de l'enchâssement des subordonnées compléments de nom s'appellent **pronoms relatifs**. Les subordonnées compléments de nom introduites par un pronom relatif s'appellent **relatives**.

La forme du pronom relatif dépend du groupe de la subordonnée qu'il remplace. Observons la forme du pronom relatif dans les phrases suivantes :

*J'ai pris les raisins **qui** étaient mûrs.*

GNs
J'ai pris les raisins qui < LES RAISINS X > ÉTAIENT MÛRS étaient mûrs .

remplacement, déplacement

- Le pronom relatif *qui* remplace le groupe nominal *les raisins X* en position GNs dans la PHRASE P enchâssée.

*Tu penses à la femme **que** tu deviendras.*

Attr
GN
Tu penses à la femme que tu deviendras < TU DEVIENDRAS LA FEMME X > .

remplacement, déplacement

- Le pronom relatif *que* remplace le groupe nominal *la femme X* en position Attr dans la PHRASE P enchâssée.

*Je voudrais voir le film **dont** tu as parlé.*

Compl. V
G Prép
Je voudrais voir le film dont tu as parlé < TU AS PARLÉ DE LE FILM X > .

remplacement, déplacement

- Le pronom relatif *dont* remplace le groupe prépositionnel *de le film X* en position Compl. V dans la PHRASE P enchâssée.
- La préposition *de* fait partie du pronom *dont*.

*Karine m'a parlé des conférences **auxquelles** elle a assisté.*

Compl. V
G Prép

KARINE A ASSISTÉ À LES CONFÉRENCES X

Karine m'a parlé des conférences auxquelles elle a assisté <   > .

remplacement, déplacement

- Le pronom relatif *auxquelles* remplace le groupe prépositionnel *à les con-férences X* en position Compl. V dans la PHRASE P enchâssée.
- La préposition *à* fait partie du pronom *auxquelles*.
- Le pronom *auxquelles* prend les marques du genre et du nombre du nom noyau qu'il remplace (*conférences*).

RÉGULARITÉS
- Une **subordonnée relative** s'enchâsse dans une phrase de niveau supérieur à la position Compl. N.
- Tout nom, quelle que soit sa position dans une phrase de niveau supérieur, peut être suivi d'une relative.
- Comme les autres pronoms, le **pronom relatif** (« qui », « que », « dont », etc.) a à la fois une valeur de remplacement et une valeur de reprise :
  - dans la phrase transformée, le pronom relatif *remplace* un groupe de la PHRASE P enchâssée ; il joue le même rôle que ce groupe ;
  - le pronom relatif *reprend* un groupe de la phrase de niveau supérieur ; il reçoit le genre et le nombre du nom noyau de ce groupe antécédent.

Dans les phrases que nous venons d'observer, le verbe de la relative est à une forme conjuguée. Il arrive aussi que le verbe de la relative soit à l'infinitif. Observons-en un exemple :

Claude cherche une amie à qui parler.

Compl. V
G Prép

CLAUDE PARLE À UNE AMIE X

Claude cherche une amie à qui <   > parler <   > .
effacement
remplacement, déplacement

- Le pronom relatif *à qui* remplace le groupe prépositionnel *à une amie X* en posi-tion Compl. V dans la PHRASE P enchâssée.
- La préposition *à* fait partie du pronom *à qui*.
- Le verbe de la relative est à l'infinitif (*parler*).
- Le sujet est effacé.

Les relatives détachées

Observons la relative dans les deux phrases qui suivent:

Louise a cueilli les raisins qui étaient mûrs.

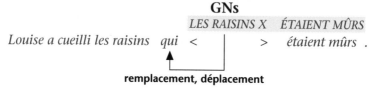

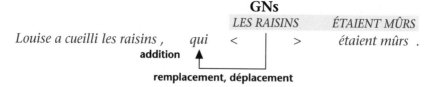

- Dans ces deux phrases, les deux groupes nominaux *les raisins qui étaient mûrs* n'ont pas le même sens. Dans la première phrase, la relative vient préciser quels raisins ont été cueillis parmi l'ensemble des raisins: ceux qui étaient mûrs. On pourrait reformuler la phrase ainsi: «Louise a cueilli (parmi l'ensemble des raisins) les raisins qui étaient mûrs.»

- Dans la seconde phrase, la relative est séparée du groupe nominal par une virgule. La relative sert à préciser ici que tous les raisins cueillis étaient mûrs. On pourrait reformuler la phrase ainsi: «Louise a cueilli les raisins. Tous ces raisins étaient mûrs.»

Ce type de relative est appelé *relative détachée*.

Les participiales compléments de nom

Le verbe d'une phrase subordonnée en position Compl. N peut être au participe. Observons la subordonnée complément de nom dans les phrases suivantes :

J'ai lu les indications figurant sur la notice.

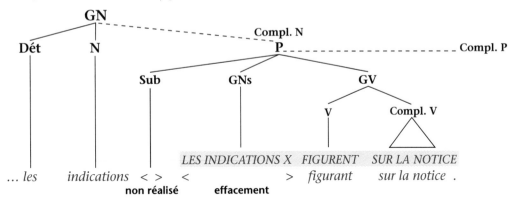

Les coureurs arrivés en retard sont disqualifiés.

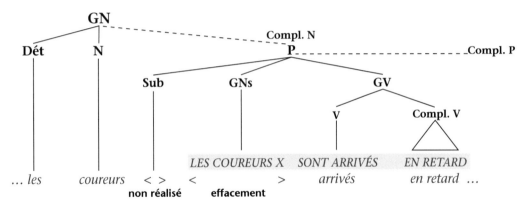

- Le verbe de la participiale peut être au participe présent (*figurant*) ou au participe passé (*arrivés*).
- Le groupe nominal sujet de la participiale est identique au groupe nominal de la phrase de niveau supérieur : *les indications* dans le premier exemple et *les coureurs* dans le second exemple. Ces groupes nominaux sujets sont donc effacés.
- Le subordonnant est non réalisé.

Les participiales détachées

Comme les relatives, les participiales peuvent être détachées du groupe nominal par une virgule. Observons les phrases suivantes :

Les coureurs arrivés hors des délais seront disqualifiés.

Les coureurs, arrivés hors des délais, seront disqualifiés.

On pourrait reformuler la première phrase de cette façon : « Parmi les coureurs, ceux qui arriveront hors des délais seront disqualifiés. » Cette formulation précise quels coureurs seront disqualifiés dans l'ensemble des coureurs.

On pourrait reformuler la seconde phrase de cette façon : « L'ensemble des coureurs sera disqualifié. Tous ces coureurs sont arrivés hors des délais. »

RÉGULARITÉS

- Une **subordonnée** en position Compl. N peut être une participiale.
- Le participe peut être au présent ou au passé.
- Le subordonnant est non réalisé et le sujet est effacé.
- La participiale peut être détachée du groupe nominal qu'elle complète par une virgule.

Nous avons vu au chapitre 5 que le sujet peut être un groupe autre qu'un groupe nominal, comme dans les phrases suivantes :

Que Diane soit partie prouve qu'elle était fâchée.

Qui dort dîne.

Ces groupes sont des groupes nominaux sujets dont le noyau n'est pas un nom. On peut les remplacer par « cela » (*Cela prouve qu'elle était fâchée*) et par « il » (*Il dîne*), comme on le fait pour les groupes nominaux.

On pourrait paraphraser ces deux phrases de la façon suivante :

Le fait que Diane soit partie prouve qu'elle était fâchée.

La personne qui dort dîne.

Pour obtenir les groupes nominaux sujets des phrases réalisées, on a effacé le déterminant et le nom pour ne conserver que la subordonnée complément de nom (*Que Diane soit partie* et *Qui dort*).

LES SUBORDONNÉES COMPLÉMENTS D'ADJECTIF

Nous avons vu au chapitre 9 qu'un groupe adjectival peut contenir un complément d'adjectif qui est toujours un groupe prépositionnel. Dans les phrases suivantes, essayons de remplacer le complément d'adjectif par un pronom :

Nos amies sont certaines **de leur retour**.

*Nos amies **en** sont certaines* < | >.

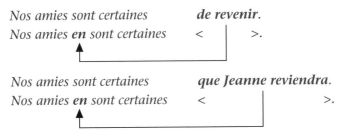

Nos amies sont certaines   **de revenir.**
Nos amies en sont certaines   <   >.

Nos amies sont certaines   **que Jeanne reviendra.**
Nos amies en sont certaines   <   >.

- Le groupe *de leur retour* est un groupe prépositionnel : il peut être remplacé par le pronom *en*.
- Le groupe *de revenir* est un groupe prépositionnel : il peut être remplacé par le pronom *en*.
- Le groupe *que Jeanne reviendra* est un groupe prépositionnel : il peut être remplacé par le pronom *en*.

Pour comprendre comment ces subordonnées se construisent, observons la dernière phrase à l'aide du schéma en arbre.

Nos amies sont certaines que Jeanne reviendra.

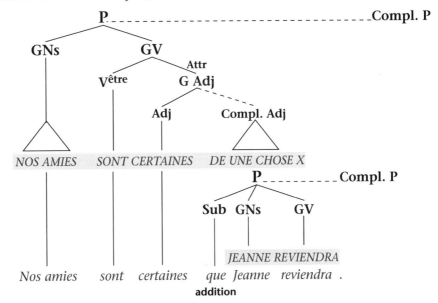

- La subordonnée *que Jeanne reviendra* réalise un groupe prépositionnel en raison de la construction de l'adjectif (certain « **de** quelque chose »).
- La subordonnée est enchâssée au moyen du subordonnant *que.*

Le verbe d'une subordonnée complément d'adjectif peut aussi être à l'infinitif. Observons ce type de subordonnée dans la phrase suivante :

Nos amies sont certaines de revenir.

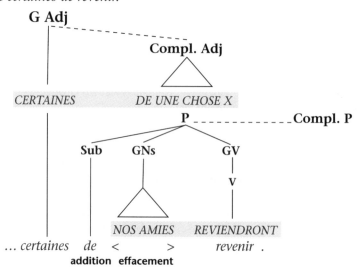

- La subordonnée *de revenir* réalise un groupe prépositionnel en raison de la construction de l'adjectif (certain « **de** quelque chose »).
- La subordonnée est enchâssée au moyen du subordonnant *de*.
- Le sujet de la subordonnée infinitive, qui est identique à celui de la phrase de niveau supérieur (*nos amies*), est effacé.

RÉGULARITÉS
- Une **subordonnée complément d'adjectif** est un groupe prépositionnel. On peut remplacer ce groupe par le pronom « en ».
- Le verbe d'une subordonnée complément d'adjectif peut être à une forme conjuguée ou à l'infinitif.

  Quand le verbe est à une forme conjuguée :
  – le subordonnant est « que ».

  Quand le verbe est à l'infinitif :
  – le subordonnant est « de » ;
  – le sujet est effacé.

LES SUBORDONNÉES CORRÉLATIVES

Certaines subordonnées occupent la position Modif d'un groupe de la PHRASE P de niveau supérieur. Observons ces subordonnées dans les phrases suivantes :

*Ce film était **si** passionnant **que j'ai acheté le livre**.*

*Ce film était **aussi** passionnant **que le livre**.*

Dans chacune de ces phrases, on note la présence d'un adverbe : *si* et *aussi*. Ces phrases contiennent des phrases enchâssées : *que j'ai acheté le livre* et *que le livre*.

Essayons d'effacer les adverbes « si » et « aussi » :

*Ce film était **si** passionnant que j'ai acheté le livre.*

*Ce film était ø passionnant que j'ai acheté le livre.

*Ce film était **aussi** passionnant que le livre.*

*Ce film était   ø   passionnant que le livre.

NOUS CONSTATONS QUE

- L'effacement de l'adverbe rend la phrase agrammaticale.

Dans les phrases que nous venons d'observer, la phrase enchâssée présente donc deux caractéristiques :

- elle est en relation avec un adverbe ;
- elle n'est pas placée immédiatement à la suite de cet adverbe, mais à la fin du groupe dont elle fait partie.

RÉGULARITÉ

- Le modificateur d'un groupe de la PHRASE P peut être composé de deux parties :
  - la première est un adverbe qui commande une phrase enchâssée (« si... que », « aussi... que », etc.) ;
  - la seconde est la phrase enchâssée.

> Une **corrélative** est une subordonnée qui, avec un **adverbe corrélatif**, forme le modificateur du groupe de la PHRASE P dans lequel elle est insérée.

Dans ces phrases, l'adverbe et la subordonnée sont en « co-relation », la subordonnée ne peut exister sans la présence de l'adverbe. Ils forment le modificateur. Voilà pourquoi on appelle cet adverbe **adverbe corrélatif**, et la subordonnée, **subordonnée corrélative**. Du point de vue du sens, on distingue deux sortes de subordonnées corrélatives.

Reprenons les deux phrases que nous avons observées plus haut :

*Ce film était **si** passionnant **que j'ai acheté le livre.***

La subordonnée sert ici à exprimer une conséquence qui découle du sens ajouté par l'adverbe qui accompagne l'adjectif (*si passionnant*). On appelle *consécutive* ce type de subordonnée.

*Ce film était **aussi** passionnant **que le livre.***

Ici, la subordonnée sert à comparer *le livre* et *ce film*, qui est un groupe de la phrase de niveau supérieur. On appelle *comparative* ce type de subordonnée.

La corrélative comparative peut établir :

- l'égalité : *ce film était **aussi** passionnant **que** le livre* ;
- la supériorité : *ce film était **plus** passionnant **que** le livre* ;
- l'infériorité : *ce film était **moins** passionnant **que** le livre.*

Analysons successivement les corrélatives consécutives et les corrélatives comparatives.

Les corrélatives consécutives

Dans les phrases suivantes, observons la construction de la corrélative consécutive :

*Ce film était **si** passionnant **que j'ai acheté le livre**.*

*Il y avait **tant de** fumée **que nous avons quitté la salle**.*

*L'orage est arrivé **si** vite **que nous avons été trempés**.*

*Kim a **tellement** couru **qu'elle est essoufflée**.*

- Dans la première phrase, la corrélative consécutive fait partie du groupe adjectival, dont le noyau est l'adjectif *passionnant*.
- Dans la deuxième phrase, la corrélative consécutive fait partie du groupe nominal, dont le noyau est le nom *fumée*.
- Dans la troisième phrase, la corrélative consécutive fait partie du groupe adverbial, dont le noyau est l'adverbe *vite*.
- Dans la dernière phrase, la corrélative consécutive fait partie du groupe verbal, dont le noyau est le verbe *a couru*.

On peut représenter l'enchâssement de la corrélative consécutive de la façon suivante :

Ce film était si passionnant que j'ai acheté le livre.

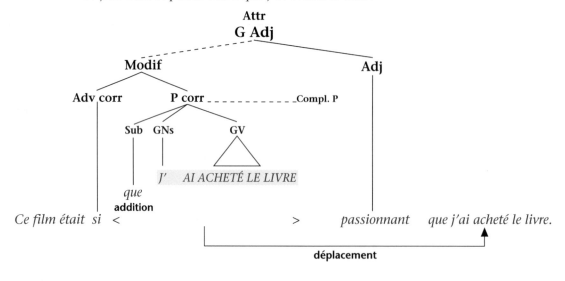

Les corrélatives comparatives

Dans les phrases suivantes, observons la construction de la corrélative comparative :

*Sophie est **aussi** riche **que Julien**.*

*Jeanne a trouvé **autant** de morilles **qu'elle a trouvé de chanterelles**.*

*Harry court **plus** vite **que Dominique**.*

*Les techniciens ont **moins** travaillé **que les analystes**.*

• Dans la première phrase, la corrélative comparative fait partie du groupe adjectival, dont le noyau est l'adjectif *riche*.

• Dans la deuxième phrase, la corrélative comparative fait partie du groupe nominal, dont le noyau est le nom *morilles*.

• Dans la troisième phrase, la corrélative comparative fait partie du groupe adverbial, dont le noyau est l'adverbe *vite*.

• Dans la dernière phrase, la corrélative comparative fait partie du groupe verbal, dont le noyau est le verbe *ont travaillé*.

• Dans toutes les phrases, l'enchâssement est marqué par le subordonnant *que*.

Il arrive qu'on puisse effacer des groupes de la phrase subordonnée. Observons la phrase suivante :

Sophie est aussi riche que Julien.

On trouve les deux PHRASES P suivantes :

SOPHIE EST RICHE

JULIEN EST RICHE

• Le groupe verbal de la corrélative comparative, qui est identique à celui de la phrase de niveau supérieur (*est riche*), est effacé.

Notons que l'effacement n'est pas obligatoire. On pourrait dire *Sophie est aussi riche que Julien est riche.*

On peut représenter l'enchâssement de la corrélative comparative de la façon suivante :

Sophie est aussi riche que Julien.

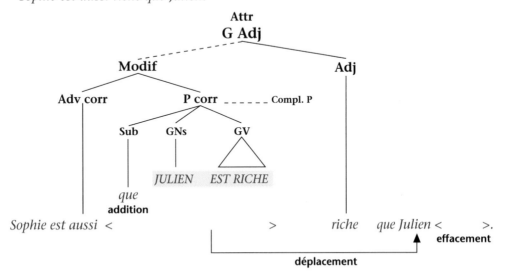

- Une **subordonnée corrélative** est en étroite relation avec un adverbe appelé **adverbe corrélatif**. Une subordonnée corrélative n'est pas possible sans la présence de cet adverbe corrélatif.

- Le point d'enchâssement de la subordonnée corrélative se trouve toujours dans un modificateur. Cependant, la subordonnée est toujours placée à la fin du groupe dont elle fait partie.

- La subordonnée corrélative peut occuper la position Modif des groupes suivants : groupe adjectival, groupe nominal, groupe adverbial, groupe verbal.

- Du point de vue du sens, on distingue deux sortes de corrélatives :
  - la **corrélative consécutive**, qui sert à exprimer une conséquence ;
  - la **corrélative comparative**, qui sert à exprimer une comparaison. Le groupe verbal de la corrélative comparative est souvent effacé.

LES SUBORDONNÉES ADJOINTES

> Une **subordonnée adjointe** est une PHRASE P qui dépend d'une autre PHRASE P, placée au même niveau qu'elle.

Toutes les subordonnées que nous avons vues jusqu'à présent étaient enchâssées dans une phrase de niveau supérieur, dans laquelle elles jouaient le rôle de complément. Cependant, certaines subordonnées ne sont pas enchâssées dans une phrase de niveau supérieur, mais placées au même niveau que la PHRASE P dont elles dépendent. On les appelle **subordonnées adjointes**.

LA RECONNAISSANCE DE LA SUBORDONNÉE ADJOINTE

Observons les phrases suivantes :

*Nous pourrons voir les îles **quand** le ciel sera clair.*

***Puisque** le ciel est clair, nous pourrons voir les îles.*

*Nous pourrons voir les îles, **bien que** le ciel soit gris.*

*Nous pourrons, **puisque** le ciel est clair, voir les îles.*

***Parce que** le ciel est clair, nous pourrons voir les îles.*

- Chacune de ces phrases contient une phrase introduite par un subordonnant : *quand*, *puisque*, *bien que*, *parce que*.

- Les phrases subordonnées introduites par les subordonnants *puisque* et *bien que* sont détachées par une virgule, qu'elles soient au début ou à la fin de la phrase.

Nous avons vu au chapitre 11 que, lorsqu'on veut mettre un groupe de la PHRASE P en évidence, on l'encadre par « c'est... que... ». Essayons de mettre en évidence les subordonnées dans les phrases que nous venons de voir :

*C'est quand le ciel sera clair **que** nous pourrons voir les îles.*

C'est puisque le ciel est clair **que nous pourrons voir les îles.*

C'est bien que le ciel soit gris **que nous pourrons voir les îles.*

*C'est parce que le ciel est clair **que** nous pourrons voir les îles.*

- Les subordonnées dont le marqueur est *quand* et *parce que* acceptent la mise en évidence par « c'est… que… ». Ces subordonnées occupent donc la position Compl. P.

- La mise en évidence des subordonnées dont le marqueur est *puisque* et *bien que* rend la phrase agrammaticale. Ces subordonnées n'occupent donc pas la position Compl. P.

RÉGULARITÉ

- Une **subordonnée adjointe** n'est pas enchâssée dans une PHRASE P, mais placée au même niveau qu'elle. Elle en est détachée par une virgule, quelle que soit sa place dans la phrase.

LES DIFFÉRENTES VALEURS DE LA SUBORDONNÉE ADJOINTE

Du point de vue du sens, on distingue trois types de subordonnées adjointes : les subordonnées justificatives, les subordonnées concessives, les subordonnées hypothétiques.

Les subordonnées justificatives

Les subordonnées justificatives expriment un argument, une raison qui justifie une conclusion. Elles sont introduites par le subordonnant « puisque » ou un subordonnant équivalent. Elles peuvent aussi avoir une construction participiale, sans subordonnant. Exemples :

raison avancée	conclusion
Puisque vous ne voulez pas venir,	*je pars sans vous.*
Comme il faisait beau,	*elle décida d'aller faire un tour en bateau.*
La porte étant fermée,	*il sonna.*

Les subordonnées concessives

Les subordonnées concessives expriment la concession, c'est-à-dire un fait qui s'oppose à une conclusion, mais sans empêcher celle-ci. Elles sont généralement introduites par le subordonnant « bien que », « quoi que » ou un subordonnant équivalent. Exemples :

fait contraire, mais non décisif	conclusion
Bien que Marc se sente mal,	*il est allé jouer dehors.*
Quoi que vous fassiez,	*soyez prudents.*

On remarquera que le verbe de ces subordonnées concessives est au subjonctif.

Les subordonnées hypothétiques

Les subordonnées hypothétiques expriment une hypothèse en rapport avec une conclusion. Elles sont la plupart du temps introduites par le subordonnant « si » ou un subordonnant équivalent. Exemple :

hypothèse	conclusion
Si le ciel est clair,	*nous pourrons voir les îles.*

Les subordonnées hypothétiques peuvent avoir d'autres constructions. Exemples :

*André se met-**il** à parler, aussitôt le silence règne ;*

*Qu'André **se mette** à parler, aussitôt le silence règne.*

RÉGULARITÉ

- Du point de vue du sens, on distingue **trois types de subordonnées adjointes** : les subordonnées justificatives, les subordonnées concessives et les subordonnées hypothétiques.
  - Les **subordonnées justificatives** sont introduites par un subordonnant (« puisque », « comme », etc.). Elles peuvent aussi avoir une construction participiale sans subordonnant.
  - Les **subordonnées concessives** sont introduites par un subordonnant (« bien que », « quoique », « quoi que », etc.).
  - Les **subordonnées hypothétiques** sont introduites par un subordonnant (« si », « à condition que », etc.). Elles peuvent aussi être construites de l'une ou l'autre des façons suivantes : reprise du sujet par un pronom ; « que » + verbe au subjonctif.

CAS PARTICULIERS

Nous avons vu que la subordination permet d'insérer une phrase dans une autre phrase. Nous verrons ici une autre façon d'insérer des phrases.

Les incises et les incidentes

Nous avons vu au chapitre 3 que les paroles rapportées occupaient la position Compl. V du verbe de l'expression introductrice. Exemples :

Dominique pense : *« Elle aurait pu m'attendre. »*

Stéphane dit : *« Attends-moi, j'irai te reconduire. »*

Contrairement aux phrases de niveau supérieur que nous avons analysées jusqu'à présent, l'expression introductrice peut être placée à différents endroits dans une phrase réalisée. Exemples :

*« Elle aurait pu m'attendre », **pense Dominique**.*

*« Attends-moi, **dit Stéphane**, j'irai te reconduire. »*

*« Attends-moi, j'irai te reconduire », **dit Stéphane**.*

Lorsque l'expression introductrice est située ailleurs qu'au début de la phrase, elle est encadrée de virgules et le sujet est placé après le verbe. L'expression introductrice peut être insérée à différents endroits dans une phrase réalisée ; c'est pour cette raison qu'on l'appelle **incise**.

On peut aussi insérer, dans une phrase réalisée, une autre phrase qui modalise ou qui explique le contenu de ce qu'on affirme. Exemples :

*Le printemps, **je le crains**, sera tardif cette année.*

*Claude (**l'élève qui avait remporté la compétition**) se préparait à revenir à l'école à temps plein.*

L'insertion est marquée ici par des virgules ou par des parenthèses. Les phrases qu'on insère pour modaliser ou expliquer une information s'appellent **incidentes**.

Synthèse LES TRANSFORMATIONS DE SUBORDINATION

On appelle **subordonnée** une PHRASE P qui dépend d'une autre PHRASE P.

La subordonnée est **enchâssée** lorsqu'elle joue le rôle d'un complément ou d'un modificateur à l'intérieur de la phrase de niveau supérieur ou à l'intérieur de l'un des groupes de celle-ci.

La subordonnée est **adjointe** lorsqu'elle est placée au même niveau que la phrase de niveau supérieur sans y être enchâssée.

Le subordonnant

Par rapport à la PHRASE P, la subordonnée est une phrase **transformée**. Cette transformation est marquée, avant tout, par la présence d'un mot qu'on appelle **subordonnant**.

Le subordonnant occupe la position située en tête de la subordonnée ; il peut être non lié ou lié :

- le subordonnant est **non lié** lorsque son seul rôle est d'introduire la subordonnée ;
- le subordonnant est **lié** lorsque son rôle est double : introduire la subordonnée et remplacer un élément de la phrase enchâssée.

Les subordonnées enchâssées

Le tableau suivant montre les différentes positions que peuvent occuper les subordonnées enchâssées dans une phrase de niveau supérieur.

C'est le point d'enchâssement de la subordonnée dans la phrase de niveau supérieur qui détermine le rôle qu'elle joue dans cette phrase.

LES SUBORDONNÉES ENCHÂSSÉES	
Point d'enchâssement	**Exemples**
Complément de phrase	*Nous partirons **dès que les bagages seront prêts.*** *Anne a écrit à Maria **avant de partir.*** ***En revenant**, nous prendrons le train.*
Complément de verbe	*Vincent ignore **que Luce dort.*** *Paul décide **de rentrer à Québec.***
Complément de nom	*Je visite les sites Internet **que je préfère.*** *J'ai lu les indications **figurant sur la notice.***
Complément d'adjectif	*Nos amies sont certaines **que Jeanne reviendra.*** *Nos amies sont certaines **de revenir.***
Modificateur dans : • un groupe adjectival • un groupe nominal • un groupe adverbial • un groupe verbal	*Ce film était **si** passionnant **que j'ai acheté le livre.*** *Il y avait **tant de** fumée **que nous avons quitté la salle.*** *L'orage est arrivé **si** vite **que nous avons été trempés.*** *Kim a **tellement** couru **qu'elle est essoufflée.***

Le tableau de la page 255 présente les points d'enchâssement des subordonnées ainsi que les subordonnants qui les introduisent.

Les subordonnées relatives

La subordonnée **relative** est la subordonnée enchâssée en position Compl. N. Elle est introduite par un pronom relatif. Comme les autres pronoms, le pronom relatif a une double valeur :

- une valeur de remplacement d'un groupe de la phrase subordonnée ;
- une valeur de reprise d'un groupe de la phrase de niveau supérieur.

La forme du pronom relatif dépend du groupe qu'il remplace et du rôle joué par ce groupe dans la phrase subordonnée.

Les subordonnées corrélatives

La subordonnée **corrélative** est enchâssée dans un modificateur. Le modificateur est composé de deux parties : l'adverbe corrélatif et la subordonnée qu'il commande. La subordonnée corrélative peut occuper la position Modif dans un groupe adjectival, un groupe nominal, un groupe verbal ou un groupe adverbial. Sur le plan du sens, on distingue deux sortes de subordonnées corrélatives :

- la corrélative consécutive, qui sert à exprimer la conséquence;
- la corrélative comparative, qui sert à exprimer la comparaison.

Voici quelques exemples de subordonnées corrélatives.

LES SUBORDONNÉES CORRÉLATIVES	
consécutive Dans un groupe adjectival Dans un groupe nominal Dans un groupe verbal Dans un groupe adverbial	*Simon est **si serviable qu'il m'a offert son aide**.* *Camilo a **tant de** patience **qu'il a classé toutes les feuilles**.* *Étienne a **tant** insisté **que nous sommes restés**.* *Jeannette a couru **si** vite **qu'elle est arrivée avant nous**.*
comparative Dans un groupe adjectival Dans un groupe nominal Dans un groupe verbal Dans un groupe adverbial	*Jean est **aussi** riche **que Pierre**.* *Sophie a trouvé **autant** de crocus **qu'elle a trouvé de tulipes**.* *Paul a **moins** travaillé **que Luc**.* *Olivier a couru **plus** vite **que Guillaume**.*

Les subordonnées adjointes

La subordonnée est **adjointe** lorsqu'elle est au même niveau que la PHRASE P dont elle dépend.

Sur le plan du sens, on distingue trois sortes de subordonnées adjointes:
- les **subordonnées justificatives**:

  ***Puisque l'accusé est absent**, il faut ajourner l'audience.*
- les **subordonnées concessives**:

  ***Bien que la question soit claire**, nous ne pouvons y répondre.*
- les **subordonnées hypothétiques**:

  ***Si tu lis attentivement ce texte**, tu auras une surprise.*

Cas particuliers

L'expression introductrice du discours rapporté peut être insérée à différents endroits de la phrase réalisée. On appelle **incises** ces insertions d'expressions introductrices.

Une **incidente** est une phrase qu'on insère dans une phrase réalisée pour la modaliser ou y ajouter une explication.

LE POINT D'ENCHÂSSEMENT ET LE SUBORDONNANT DES PHRASES ENCHÂSSÉES				
Point d'enchâssement	**Subordonnant**			
	Non lié		Lié	
	VERBE CONJUGUÉ	VERBE À L'INFINITIF, AU PARTICIPE	VERBE CONJUGUÉ	VERBE À L'INFINITIF, AU PARTICIPE
Compl. P	*Hervé va mieux **depuis que Sophie est là.*** *Hervé va mieux **parce que Sophie est là.***	*Hervé a changé **après avoir connu Sophie.*** *Hervé a changé **en connaissant Sophie.***		
Compl. V introduit directement	*Paul ignore **que Luce dort.*** *Paul ignore **si Luce dort.***	*Joël entend Sarah **chanter.*** *Joël espère **rentrer tôt.*** *Joël décide **de rester à Québec.***	*Paul ignore **où Luce dort.***	*Charles sait **comment rentrer.***
Compl. V introduit indirectement	*Paul se souvient **que Luce dormait.***	*Luc doute **de gagner la partie.*** *Luc s'attend **à rencontrer Lucie.***	*Charles ne se souvient pas **de quoi tu parlais.***	*Paul ne se souvient pas **où Bernard doit aller.***
Compl. N à la suite d'un nom qui n'exige pas de préposition		*France a engagé un secrétaire **parlant japonais.***	*France a engagé un secrétaire **qui parle japonais.***	*Sophie cherche une voisine **à qui donner ce chaton.***
Compl. N à la suite d'un nom qui exige une préposition	*L'idée **que nous passions par Venise** l'enchantait.*	*L'idée **de passer par Venise** l'enchantait.*		
Compl. Adj	*Paul était sûr **que Luce dormait.***	*Paul est sûr **de revoir Luce.***		
Modificateur à la suite d'un adverbe corrélatif	*Sylvie a **tant** couru **qu'elle est essoufflée.*** *Sylvie est **plus** habile **que Pierre.*** *La fumée est **telle** **que nous allons quitter la salle.*** *Luc a **assez** couru **pour qu'il soit essoufflé.***	*Luc a **assez** couru **pour être essoufflé.***		

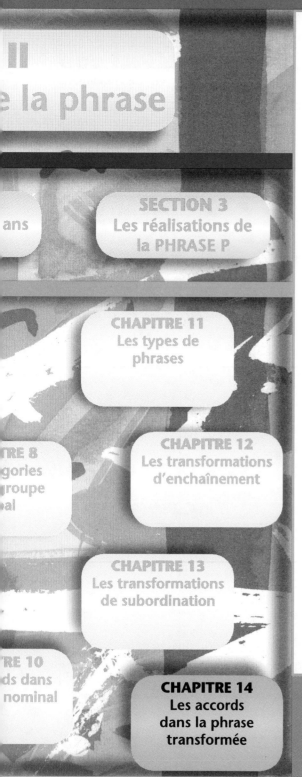

II

e la phrase

ans

SECTION 3
Les réalisations de
la PHRASE P

CHAPITRE 11
Les types de
phrases

TRE 8
gories
roupe
al

CHAPITRE 12
Les transformations
d'enchaînement

CHAPITRE 13
Les transformations
de subordination

RE 10
ds dans
nominal

CHAPITRE 14
Les accords
dans la phrase
transformée

La hiérarchisation

Chapitre 14

Les accords dans
la phrase transformée

Accordons, accordez, participons, participez !

Ça ne m'étonne pas que vous tentiez de vous cacher, mais je sais qui vous êtes.

Toute votre vie est un déguisement, monsieur. Vous êtes complexe, ambigu. C'est pour cette raison que tout le monde vous maltraite ou tente tout simplement de vous éviter. Pourtant, nous avons besoin de vous.

On vous écorche, on vous malmène, on vous accuse de toutes les fautes. Vous savez pourtant apporter des nuances si subtiles quand on a recours à vous et qu'on vous traite bien. Votre sens de la précision est si précieux !

Vous êtes un grand incompris, monsieur Participe. Mais ne vous découragez pas, votre situation va s'améliorer. Votre vie n'est peut-être pas sans nuages, mais tout n'est pas noir, rassurez-vous. Mes sujets finiront par vous comprendre et vous apprécier, car je vous nomme chevalier de l'harmonie au sein de mon royaume.

Nous avons parlé d'accords aux chapitres 6 et 10… et ce n'est pas fini. Ici, nous reparlerons brièvement de l'accord du verbe et de l'attribut avec le sujet, dans des phrases réalisées.

Mais, surtout, nous nous attarderons aux participes passés et aux règles qui régissent leur accord. Allez, un petit effort de participation, c'est pour une bonne cause : ne laissons pas tomber ce fameux Participe, il nous le rendra au centuple…

Traitement des notions

Les phrases que nous avons analysées dans les chapitres précédents présentaient des différences par rapport à la PHRASE P.

Quand on analyse des phrases transformées, on voit que les transformations peuvent porter sur une seule PHRASE P :

À quelle heure passent les coureurs ?

LES COUREURS PASSENT À UNE HEURE X

ou sur deux PHRASES P :

Le journal annonce quand passent les coureurs.

LE JOURNAL ANNONCE UNE CHOSE X

LES COUREURS PASSENT À UN MOMENT X

Si l'on compare la première phrase au modèle PHRASE P, on constate qu'on a remplacé un groupe prépositionnel en position Compl. P par un marqueur interrogatif placé en début de phrase et qu'on a inversé le sujet et le verbe. Si l'on compare la seconde phrase au modèle, on constate qu'elle correspond à deux PHRASES P et que la deuxième phrase a été enchâssée dans la première en position Compl. V.

Dans ce chapitre, nous utiliserons de façon systématique le modèle PHRASE P pour observer comment se font les accords dans des phrases transformées.

L'ACCORD DU VERBE AVEC LE SUJET

Nous savons que le verbe s'accorde toujours avec le sujet. Au chapitre 6, nous avons vu ces accords dans des phrases qui correspondent à la PHRASE P. Voyons maintenant comment cette règle d'accord s'applique dans des phrases transformées.

À l'aide du schéma en arbre, observons les phrases suivantes :

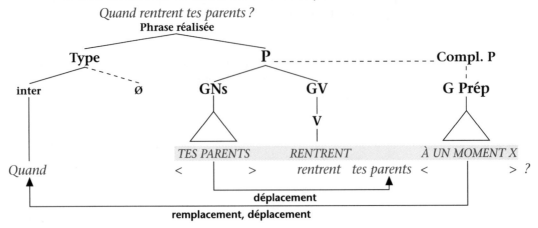

- Le verbe *rentrent* s'accorde avec le groupe nominal sujet *tes parents,* même si ce sujet est placé après le verbe dans la phrase réalisée.

Je n'aime pas les voyages. Ma sœur les aime.

Ma sœur les aime.

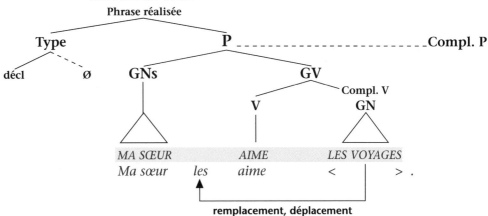

- Le verbe *aime* s'accorde avec le groupe nominal sujet *ma sœur,* séparé du verbe par le pronom complément *les* dans la phrase réalisée.

Tu prendras les places qui restent.

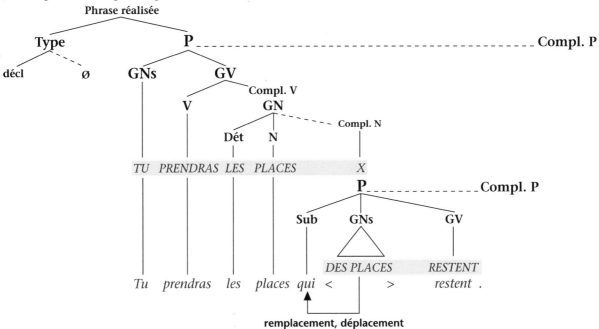

- Le groupe qui occupe la position GNs dans la PHRASE P (*des places*) est remplacé par *qui* dans la subordonnée relative.

- Le verbe *restent* s'accorde avec le groupe nominal sujet *qui* dans la phrase réalisée.

L'ACCORD DES ATTRIBUTS

Nous savons que l'adjectif, noyau du groupe adjectival qui occupe la position Attr, s'accorde avec le sujet. Au chapitre 6, nous avons vu cet accord dans des phrases qui correspondent à la PHRASE P. Voyons maintenant comment cette règle d'accord s'applique dans des phrases transformées.

Ensuite, nous verrons l'accord de l'attribut du complément direct.

L'ACCORD DE L'ATTRIBUT DU SUJET

À l'aide du schéma en arbre, observons la phrase suivante :

Soyez fières de votre réussite.

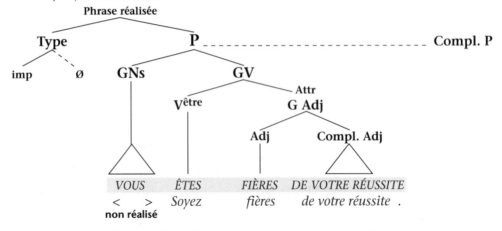

• Le groupe adjectival *fières de votre réussite* occupe la position Attr.

• L'adjectif *fières*, noyau du groupe adjectival, s'accorde avec le sujet *vous*, non réalisé dans la phrase impérative.

L'ACCORD DE L'ATTRIBUT DE COMPLÉMENT DIRECT

Nous avons vu au chapitre 8 qu'un attribut peut aussi caractériser le complément direct d'un verbe. Dans la PHRASE P, cet attribut suit le complément. Voyons maintenant l'accord de cet attribut dans les phrases suivantes :

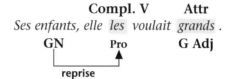

Compl. V **Attr**
J'estime *cette affaire* *classée* .
GN **G Adj**

- L'adjectif *classée*, qui occupe la position Attr du complément direct, s'accorde avec le complément de verbe *cette affaire*.

Compl. V **Attr**
Ses enfants, elle *les* *voulait* *grands* .
GN **Pro** **G Adj**
reprise

- L'adjectif *grands*, qui occupe la position Attr du complément direct, s'accorde avec le complément de verbe *les*, qui remplace *ses enfants* dans la phrase réalisée.

RÉGULARITÉ

- **L'adjectif noyau** d'un groupe adjectival qui occupe la position Attr du complément direct **s'accorde avec le complément direct**, quelle que soit la construction de la phrase réalisée dont il fait partie.

L'ACCORD DU PARTICIPE PASSÉ D'UN VERBE CONJUGUÉ AVEC L'AUXILIAIRE « AVOIR »

Lorsqu'un verbe est à une forme composée, le participe passé peut s'accorder. Au chapitre 6, nous avons vu que le participe passé d'un verbe conjugué avec l'auxiliaire « être » s'accorde avec le sujet.

Nous avons vu aussi que le participe passé d'un verbe conjugué avec l'auxiliaire « avoir » ne s'accorde jamais avec le sujet. Nous verrons ici qu'il s'accorde parfois avec le complément direct.

LE COMPLÉMENT DIRECT EST « ME », « TE », « NOUS », « VOUS »

Observons la place du nom personnel dans les phrases suivantes, puis essayons de le déplacer :

*Paul **m**'a vue.*   **Paul a vu **me**.*

*Il **t**'a observée.*   **Il a observé **te**.*

*Notre père **nous** a aimés.* **Notre père a aimé **nous**.*

*Il **vous** a parlé.* **Il a parlé à **vous**.*

- Les noms personnels *m'*, *t'*, *nous* et *vous* sont placés devant le verbe.
- Quand on les place après le verbe, la phrase devient agrammaticale.

Observons l'accord des participes passés en caractères gras dans les phrases suivantes :

Paul a vu Louise. *Louise dit : « Paul m'a **vue**. »*

Il a observé sa mère. *Il t'a **observée**.*

Le père a aimé ses enfants. *Notre père nous a **aimés**.*

Elle a parlé à ses amies. *Elle vous a **parlé**.*

- Le participe passé *vue* s'accorde avec le nom personnel *m'*; ce nom personnel est un complément direct (voir « quelqu'un »).
- Le participe passé *observée* s'accorde avec le nom personnel *t'*; ce nom personnel est un complément direct (observer « quelqu'un »).
- Le participe passé *aimés* s'accorde avec le nom personnel *nous*; ce nom personnel est un complément direct (aimer « quelqu'un »).
- Le participe passé *parlé* ne s'accorde pas avec le nom personnel *vous*; ce nom personnel est un complément indirect (parler « **à** quelqu'un »).

RÉGULARITÉS

- Les **noms personnels « me (m') »**, « **te (t')** », « **nous** » et « **vous** » sont obligatoirement placés devant le verbe qu'ils complètent.
- Le participe passé d'un verbe conjugué avec l'auxiliaire « avoir » **s'accorde** avec les noms personnels « me », « te », « nous » et « vous » lorsque ceux-ci sont des **compléments directs**.
- Le participe passé d'un verbe conjugué avec l'auxiliaire « avoir » **ne s'accorde pas** avec les noms personnels « me », « te », « nous » et « vous » lorsque ceux-ci sont des **compléments indirects**.

Nous venons de voir que les noms personnels « me », « te », « nous » et « vous » sont obligatoirement placés devant le verbe. Voyons maintenant comment s'accorde le participe passé employé avec l'auxiliaire « avoir » lorsque le complément direct est déplacé. Pour comprendre le mécanisme de cet accord, nous devons rétablir la PHRASE P et analyser les transformations effectuées.

LE COMPLÉMENT DIRECT EST PLACÉ EN TÊTE DE PHRASE

À l'aide du schéma en arbre, observons les phrases suivantes :

Quels romans as-tu lus ?

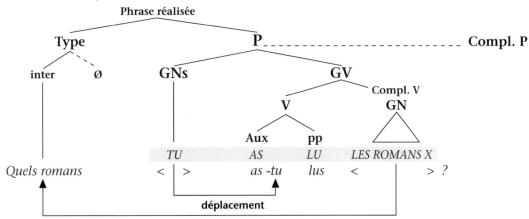

- Dans cette phrase de type interrogatif, le groupe nominal *quels romans*, qui remplace le complément direct *les romans X*, est placé au début de la phrase.
- Le participe passé s'accorde avec le groupe *quels romans*, complément direct.

Quelle ovation tu as eue !

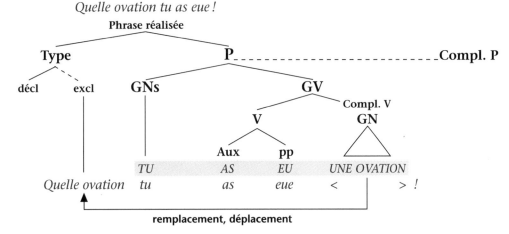

- Dans cette phrase de type exclamatif, le groupe nominal *quelle ovation*, qui remplace le complément direct *une ovation*, est placé au début de la phrase.
- Le participe passé s'accorde avec le groupe *quelle ovation*, complément direct.

RÉGULARITÉ
- Dans les phrases de type **interrogatif** et de type **exclamatif**, le participe passé du verbe conjugué avec l'auxiliaire « avoir » **s'accorde avec le complément direct placé en tête de phrase.**

LE COMPLÉMENT DIRECT EST UN PRONOM

À l'aide du schéma en arbre, observons les phrases suivantes :

Christina a écrit une lettre de protestation. Elle l'a publiée dans le journal.

Elle l'a publiée dans le journal.

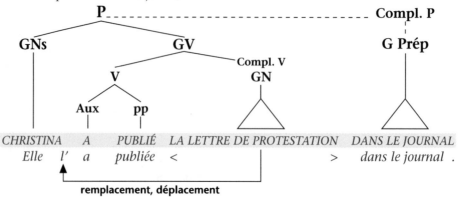

- Dans la phrase réalisée, le groupe nominal *la lettre de protestation* est remplacé par le pronom *l'* et placé devant le verbe.
- Le participe passé *publiée* s'accorde avec le pronom *l'*, complément direct.

J'ai rencontré les cousines de Marie-Jo. Je leur ai parlé.

Je leur ai parlé.

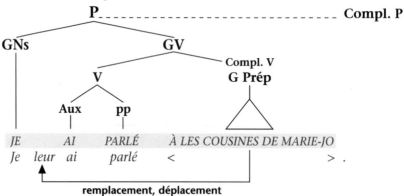

• Dans la phrase réalisée, le groupe prépositionnel *à les cousines de Marie-Jo* est remplacé par le pronom *leur* et placé devant le verbe.

• Le pronom *leur* est donc un complément indirect du verbe *ai parlé*.

• Le participe passé *parlé* ne s'accorde pas avec le pronom *leur*, complément indirect.

Véronique a préparé la disquette pour Maria. Je la lui ai remise.

     Je la lui ai remise.

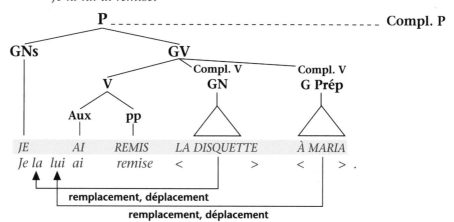

• Dans la phrase réalisée, le groupe nominal *la disquette*, qui occupe la position Compl. V dans la PHRASE P, est remplacé par le pronom *la* et placé devant le verbe ; le groupe prépositionnel *à Maria*, qui occupe la position Compl. V dans la PHRASE P, est remplacé par le pronom *lui* et placé devant le verbe.

• Le participe passé *remise* s'accorde avec le pronom *la,* complément direct.

RÉGULARITÉS

• Le participe passé d'un verbe conjugué avec l'auxiliaire « avoir » **s'accorde toujours** avec le pronom qui remplace **un complément direct**.

• Le participe passé d'un verbe conjugué avec l'auxiliaire « avoir » **ne s'accorde jamais** avec le pronom qui remplace **un complément indirect**.

Le participe passé d'un verbe conjugué avec l'auxiliaire « avoir » ne s'accorde pas avec le pronom « en » placé devant le verbe, parce que ce pronom remplace un mot ou un groupe nominal contenant un déterminant quantifiant (voir « La structure des déterminants quantifiants »). Exemples :

*J'ai mangé **deux pommes**.*
*J'**en** ai mangé deux.*

*As-tu mangé **des pommes**.*
*Oui, j'**en** ai mangé.*

LE COMPLÉMENT DIRECT EST UNE SUBORDONNÉE INFINITIVE

À l'aide du schéma en arbre, observons les phrases suivantes :

Les arbres étaient abîmés par le verglas.
Les pomiculteurs les ont vu abattre.

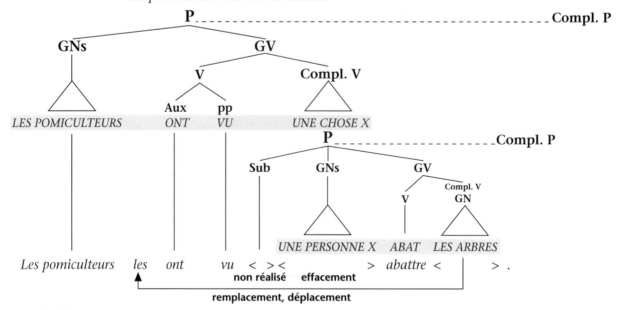

- Le complément de verbe dans la PHRASE P est une subordonnée infinitive : *abattre les arbres*.

- Le pronom *les* remplace le groupe nominal *les arbres*, qui occupe la position Compl. V dans la PHRASE P subordonnée.

- Le participe passé *vu* ne s'accorde pas avec le pronom *les* placé devant le verbe, puisque ce pronom n'est pas complément direct dans la PHRASE P de niveau supérieur.

Les spectateurs regardaient les chevaux sur la piste.
Ils les ont vus courir.

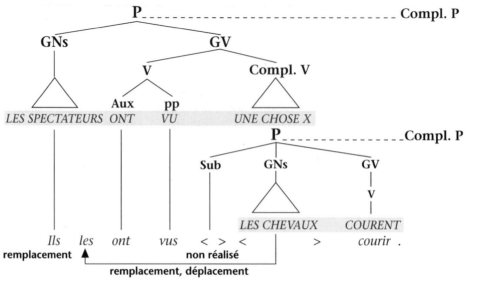

- Le complément de verbe de la PHRASE P est une subordonnée infinitive : *les chevaux courir.*
- Le pronom *les* remplace le groupe nominal *les chevaux*, qui occupe la position GNs dans la PHRASE P subordonnée.
- Le participe passé *vus* s'accorde avec le pronom *les* placé devant le verbe, puisque ce pronom remplace le groupe nominal sujet de la PHRASE P subordonnée.

RÉGULARITÉ

- Lorsque le complément de verbe d'une PHRASE P est une **subordonnée infinitive** :
  - le participe passé d'un verbe conjugué avec l'auxiliaire « avoir » **peut s'accorder** avec le pronom placé devant le verbe lorsque ce pronom remplace le **groupe nominal sujet de la subordonnée** ;
  - le participe passé d'un verbe conjugué avec l'auxiliaire « avoir » **ne s'accorde pas** avec le pronom placé devant le verbe lorsque ce pronom remplace le **groupe nominal complément de verbe de la subordonnée**.

LE PARTICIPE PASSÉ DANS LES SUBORDONNÉES RELATIVES

À l'aide du schéma en arbre, observons les phrases suivantes :

Karine aime toutes les chansons que les Beatles ont enregistrées.

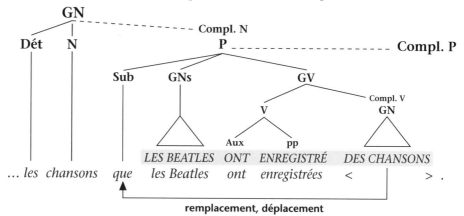

remplacement, déplacement

- Le pronom relatif *que* remplace le groupe nominal *des chansons*, qui occupe la position Compl. V dans la PHRASE P subordonnée.
- Le pronom relatif *que* est placé devant le verbe.
- Le participe passé *enregistrées* de la subordonnée relative s'accorde avec le pronom *que*, complément direct.

J'aimerais voir les films dont il a parlé.

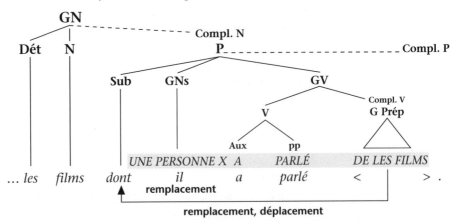

NOUS CONSTATONS QUE

- Le pronom relatif *dont* remplace le groupe prépositionnel *de les films*, qui occupe la position Compl. V dans la PHRASE P subordonnée.
- Le pronom relatif *dont* est placé devant le verbe.
- Le participe passé *parlé* de la subordonnée relative ne s'accorde pas avec le pronom *dont*, complément indirect.

LE PARTICIPE PASSÉ DES VERBES PRONOMINAUX

Au chapitre 6, nous avons vu que les verbes pronominaux sont des verbes qui contiennent le pronom « se » à l'infinitif. En consultant le dictionnaire, nous pouvons vérifier si un verbe est toujours pronominal, c'est-à-dire toujours accompagné de « se ». Exemple :

*Les joueurs se sont **méfiés** de cette idée.*

Le verbe « se méfier » est toujours pronominal. Le mot « se » fait partie de la construction du verbe ; il redouble le sujet. Nous avons vu que le participe passé d'un verbe toujours pronominal s'accorde avec le sujet.

Certains verbes ne sont pas toujours pronominaux, c'est-à-dire qu'ils peuvent être utilisés ou non dans une construction pronominale. Exemples : «regarder / se regarder», «observer / s'observer», «succéder / se succéder». Observons le participe passé de ces verbes quand ils sont utilisés dans une construction pronominale :

Construction non pronominale	Construction pronominale
Amélie a regardé sa sœur dans le miroir.	
Amélie l'a regardée dans le miroir.	*Amélie s'est **regardée** dans le miroir.*
Les joueurs ont observé les arbitres.	
Les joueurs les ont observés.	*Les joueurs se sont **observés**.*
Il a succédé à sa mère.	
Il lui a succédé.	*Ils se sont **succédé**.*

- Dans les phrases à construction pronominale :
  - le participe passé *regardée* s'accorde avec *s'*; *s'* est l'équivalent d'un groupe nominal («sa propre personne»);
  - le participe passé *observés* s'accorde avec *s'*; *s'* est l'équivalent d'un groupe nominal («l'un et l'autre» ou «les uns et les autres»);
  - le participe passé *succédé* ne s'accorde pas avec *se*; *se* est l'équivalent d'un groupe prépositionnel («l'un **à** l'autre» ou «les uns **aux** autres»).

RÉGULARITÉ

- Le participe passé d'un verbe qui n'est pas toujours pronominal, mais utilisé dans une construction pronominale **s'accorde avec «se»** lorsque «se» est l'équivalent d'un **complément direct**.

Examinons l'accord du participe passé dans différentes constructions pronominales lorsque c'est le complément de verbe qui commande l'accord.

À l'aide du schéma en arbre, observons les phrases suivantes :

Quels immeubles ta mère s'est-elle achetés ?

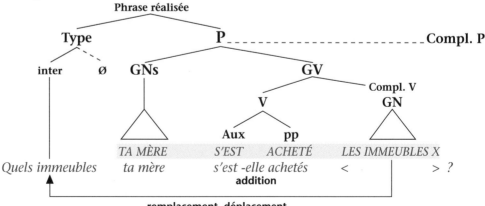

- Dans cette phrase de type interrogatif, le groupe nominal *quels immeubles*, qui remplace le complément direct *les immeubles X*, est placé au début de la phrase.
- Le participe passé du verbe pronominal (*achetés*) s'accorde avec le groupe *quels immeubles*, complément direct.

Ces immeubles étaient à vendre. Ma mère se les est achetés.

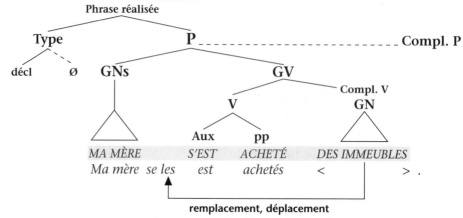

- Le pronom *les* remplace le complément direct *des immeubles*.
- Le pronom *les* est placé devant le verbe.
- Le participe passé du verbe pronominal (*achetés*) s'accorde avec le pronom *les*, complément direct.

J'hériterai des maisons que ma mère s'est achetées.

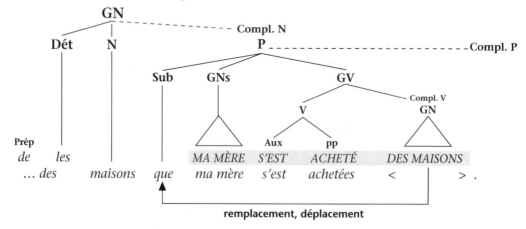

- Le pronom relatif *que* remplace le complément direct *des maisons*.
- Le pronom relatif *que* est placé devant le verbe.
- Le participe passé du verbe pronominal (*achetées*) s'accorde avec le pronom relatif *que*, complément direct.

- Le participe passé d'un verbe qui n'est pas toujours pronominal, mais utilisé dans une construction pronominale **s'accorde** avec le pronom qui remplace le **complément direct**.

- Le **pronom** qui remplace un complément direct a priorité sur le pronom « se » dans l'accord du participe passé d'un verbe utilisé dans une construction pronominale.

CAS PARTICULIERS

Nous avons vu que le participe passé d'un verbe conjugué avec l'auxiliaire « avoir » s'accorde avec le groupe nominal en position Compl. V lorsque celui-ci précède le verbe. Cette règle ne s'applique pas quand le groupe nominal complément de verbe contient un déterminant quantifiant. Elle ne s'applique pas non plus quand le verbe est dans une phrase impersonnelle. Voyons tour à tour ces deux cas.

LE COMPLÉMENT DIRECT CONTIENT UN DÉTERMINANT QUANTIFIANT

Certains verbes peuvent être complétés par un groupe nominal qui indique une durée, un prix ou une mesure. Ce groupe nominal contient toujours un déterminant quantifiant. Exemples :

*Nathalie a couru **vingt** minutes.*

*Ce logiciel coûte **cinq cents** dollars.*

*Cette citrouille pèse **trois** kilos.*

Ces mêmes verbes peuvent être complétés par un groupe nominal qui n'exprime pas une durée, un prix, une mesure. Ce groupe nominal ne contient donc pas de déterminant quantifiant. Exemples :

*Nathalie a couru **de** grands dangers.*

*Sa négligence lui a coûté **la** vie.*

*Ma sœur a pesé **les** citrouilles de son jardin.*

Observons l'accord du participe passé de ces verbes dans les deux séries de phrases suivantes :

*Les **vingt** minutes que Nathalie a **couru** lui ont paru des heures.*

*Ce logiciel ne vaut pas les **cinq cents** dollars qu'il a **coûté**.*

*D'après ton expérience, **combien de** kilos aurait **pesé** cette citrouille ?*

NOUS CONSTATONS QUE

- Les groupes nominaux qui occupent la position Compl. V contiennent un déterminant quantifiant : *les **vingt** minutes, les **cinq cents** dollars, **combien de** kilos*.

- Les participes passés *couru*, *coûté* et *pesé* ne s'accordent pas avec ces groupes nominaux, même si ceux-ci sont placés devant le verbe.

*Les dangers que Nathalie a **courus** ont impressionné ses élèves.*

*Les efforts que ce travail lui a **coûtés** ont épuisé Lara.*

*Les citrouilles que ma sœur a **pesées** provenaient de son jardin.*

- Les groupes nominaux qui occupent la position Compl. V ne contiennent pas de déterminant quantifiant : *les dangers, les efforts, les citrouilles.*
- Les participes passés *courus, coûtés* et *pesées* s'accordent avec ces groupes nominaux placés devant le verbe.

RÉGULARITÉ

- Dans le cas de certains verbes :
  - lorsqu'un groupe nominal complément direct **contenant un déterminant quantifiant** est placé devant le verbe, le participe passé **ne s'accorde pas** ;
  - lorsqu'un groupe nominal complément direct **ne contenant pas de déterminant quantifiant** est placé devant le verbe, le participe passé **s'accorde** avec le groupe nominal.

LE PARTICIPE PASSÉ DANS UNE PHRASE IMPERSONNELLE

Nous avons vu qu'on peut parfois utiliser la phrase impersonnelle pour réarranger l'information donnée dans une phrase. Le « il » impersonnel est un mot qui ne reprend aucun groupe nominal. Exemple :

UN TRAIN PASSE À DEUX HEURES

Il passe un train à deux heures.

Observons les participes passés dans ces phrases impersonnelles :

*Quelle chaleur il a **fait** l'été dernier !*

*Te souviens-tu de la tempête qu'il y a **eu** ?*

*Quelle pluie il est **tombé** hier !*

- Les participes passés *fait* et *eu*, conjugués avec l'auxiliaire « avoir », ne s'accordent pas, même si le groupe nominal est placé devant le verbe.
- Le participe passé *tombé*, conjugué avec l'auxiliaire « être », ne s'accorde pas.

RÉGULARITÉ

- Le participe passé d'une phrase à construction impersonnelle **ne s'accorde pas**, qu'il soit conjugué avec l'auxiliaire « avoir » ou avec l'auxiliaire « être ».

Quand on analyse les accords dans une phrase réalisée, on doit toujours utiliser la PHRASE P.

L'accord du verbe avec le sujet

Le verbe s'accorde toujours avec le sujet, quelle que soit la construction de la phrase réalisée.

L'accord du participe passé d'un verbe conjugué avec l'auxiliaire « avoir »

L'accord du participe passé employé avec l'auxiliaire « être » se fait toujours avec le sujet. Pour l'accord du participe passé employé avec l'auxiliaire « avoir », de nombreux cas peuvent se présenter. Ces cas sont résumés dans le tableau suivant.

L'ACCORD DU PARTICIPE PASSÉ CONJUGUÉ AVEC L'AUXILIAIRE « AVOIR »			
Cas possibles	**Le participe passé s'accorde...**	**Le participe passé ne s'accorde pas...**	**Observations**
Le complément est « me », « te », « nous », « vous ».	avec « me », « te », « nous », « vous » s'ils équivalent à un groupe nominal.	avec « me », « te », « nous », « vous » s'ils équivalent à un groupe prépositionnel.	« Me », « te », « nous » et « vous » sont toujours placés devant le verbe.
Le complément direct est placé en tête de phrase.	avec ce complément.		Ce cas survient dans les phrases de type exclamatif et de type interrogatif.
Le complément est un pronom placé devant le verbe.	avec ce pronom s'il remplace un complément direct.	avec ce pronom s'il remplace un complément indirect.	
Le complément direct est une subordonnée infinitive.	avec le pronom si ce pronom remplace le sujet de la PHRASE P subordonnée.	avec le pronom si ce pronom remplace le complément de verbe de la PHRASE P subordonnée.	
Le participe passé dans une subordonnée relative.	avec le subordonnant lié « que » qui remplace le complément direct.	avec le subordonnant lié qui remplace un complément indirect.	

Le participe passé des verbes pronominaux

Quand le participe passé se trouve dans une construction pronominale, plusieurs cas peuvent se présenter. Ces cas sont résumés dans le tableau suivant.

L'ACCORD DU PARTICIPE PASSÉ DANS UNE CONSTRUCTION PRONOMINALE			
Cas possibles	Le participe passé s'accorde...	Le participe passé ne s'accorde pas...	Observations
Le verbe est toujours pronominal.	avec le sujet.		
Le verbe est occasionnellement pronominal.	avec « se » s'il équivaut à un complément direct.	avec « se » s'il équivaut à un complément indirect.	
	avec le pronom qui remplace un complément direct.		C'est la même règle que pour le participe passé utilisé avec l'auxiliaire « avoir »
	avec le sujet si le pronom est un complément indirect placé devant le verbe.		

L'accord des attributs

L'attribut du sujet

L'adjectif noyau d'un groupe adjectival qui occupe la position Attr s'accorde toujours avec le sujet, quelle que soit la construction de la phrase réalisée dont il fait partie.

L'attribut de complément direct

L'adjectif noyau du groupe adjectival qui occupe la position Attr de complément direct s'accorde avec le groupe nominal complément direct, quelle que soit la construction de la phrase réalisée dont il fait partie.

Cas particuliers

Le complément direct contient un déterminant quantifiant

Dans le cas de certains verbes, lorsqu'un groupe nominal complément direct contenant un déterminant quantifiant est placé devant le verbe, le participe passé ne s'accorde pas ; et lorsqu'un groupe nominal complément direct ne contenant pas de déterminant quantifiant est placé devant le verbe, le participe passé s'accorde avec le groupe nominal.

Le participe passé dans une phrase impersonnelle

Le participe passé d'une phrase à construction impersonnelle ne s'accorde pas, qu'il soit conjugué avec l'auxiliaire « avoir » ou avec l'auxiliaire « être ».

Mise en place : La grammaire du texte

> Un **texte** est une suite d'énoncés devant former un tout.
>
> Un **texte cohérent** est un texte dont on perçoit facilement la structure et l'unité.

Comme nous l'avons vu dans la deuxième partie, la grammaire de la phrase étudie les relations entre les groupes de mots dans la phrase. La grammaire du texte, que nous étudierons dans la troisième partie, s'intéresse plutôt aux relations entre les phrases dans le texte. Comme les phrases d'un texte sont des phrases réalisées et qu'elles sont produites dans un contexte de communication précis, nous les appellerons *énoncés*.

Si toute suite de mots ne donne pas nécessairement un énoncé, toute suite d'énoncés ne forme pas nécessairement un texte. Exemple :

La fille dont je vous ai parlé joue du violon. Socrate et Platon sont deux philosophes de la Grèce antique. Pourquoi faut-il changer de bas régulièrement ?

Et de la même façon que tout énoncé n'est pas nécessairement bien contruit, c'est-à-dire *grammatical*, tout texte n'est pas nécessairement bien construit, c'est-à-dire *cohérent*. Exemple :

La bicyclette est moins polluante que l'automobile. En outre, elle est plus rapide.

Il faudrait plutôt dire : *La bicyclette est moins polluante que l'automobile. Par contre, l'automobile est plus rapide*[1].

Pour corriger le texte maladroit et en faire une suite cohérente, nous avons changé le connecteur *en outre* et le pronom *elle*.

L'utilisation des connecteurs et celle des pronoms font partie des nombreux procédés qui servent à relier les énoncés entre eux pour en faire un texte cohérent.

Dans les chapitres qui suivent, nous définirons tous ces procédés de cohérence. Mais, surtout, nous analyserons leur effet sur le récepteur — dans la grammaire du texte, nous l'appellerons lecteur —, c'est-à-dire que nous apprendrons en quoi ces procédés aident le lecteur à comprendre les relations entre les énoncés d'un texte et à voir ce dernier comme un ensemble, une unité, un tout cohérent.

Nous étudierons deux types de relations entre les énoncés : les relations de *cohésion* et les relations de *hiérarchisation*.

---

1. Dans l'exemple, la correction apparaît en rouge. C'est la convention que nous utiliserons dans cette partie.

La cohésion

Pour comprendre ce qu'est la cohésion, imaginons le texte comme une chaîne dont les anneaux seraient les énoncés. Pour ne pas briser la chaîne, il faut que chaque énoncé soit attaché à celui qui le précède et à celui qui le suit.

Le point d'attache entre deux énoncés qui se suivent est constitué par les indices de cohésion. Exemple :

1. *Pedro a reçu une mobylette pour son anniversaire.* 2. ***Mais il** aurait préféré une bicyclette.* 3. ***Pedro** est un **écologiste sincère**.*

Dans cet exemple, l'énoncé 2 comporte deux indices de cohésion (*mais* et *il*), qui servent de points d'attache avec le précédent. L'énoncé 3 en contient deux autres (*Pedro* et *écologiste sincère*), qui le relient non seulement à l'énoncé 2, mais aussi à l'ensemble des énoncés 1 et 2, ce qui crée encore plus d'unité, de continuité, de cohésion.

Il ne faudrait pas, cependant, qu'il y ait trop de continuité entre deux énoncés, car le second paraîtrait répétitif par rapport au premier. Le lecteur ne comprendrait pas qu'on ait eu besoin d'un second énoncé pour dire la même chose que dans le premier : il ne saisirait pas le rôle du second par rapport au premier. Exemple :

1. *Annie a reçu un baladeur pour son anniversaire.* 2. *Elle l'a reçu pour sa fête.*

De la même façon que chaque anneau ajouté à un autre rallonge une chaîne, chaque énoncé ajouté à un autre enrichit un texte avec de l'information nouvelle. Nous dirons que chaque énoncé fait *progresser* le texte. Mais la progression ne doit pas être trop rapide d'un énoncé au suivant, sous peine de briser la chaîne. Il doit donc y avoir, entre plusieurs énoncés devant former un ensemble cohérent, une juste part de continuité ou de cohésion, et une juste part de progression.

Dans les chapitres 15 et 16, nous verrons divers moyens d'assurer cet équilibre entre la continuité ou la cohésion du texte et sa progression.

La hiérarchisation

Un texte n'est pas seulement une chaîne d'énoncés reliés les uns aux autres à l'aide de procédés de cohésion. C'est aussi une organisation comparable à un parti politique, à un club sportif ou à une industrie, par exemple. Comme dans toute organisation, les membres du texte que sont les énoncés n'ont pas tous le même rôle, la même importance, le même statut hiérarchique dans l'ensemble. Nous verrons que certains énoncés de premier niveau en commandent d'autres de deuxième niveau, lesquels, à leur tour, peuvent diriger les énoncés d'un troisième niveau, etc. Nous verrons aussi que différents énoncés peuvent avoir le même statut, c'est-à-dire être du même niveau.

Pour qu'un texte soit cohérent, il faut que le lecteur puisse en comprendre l'organisation, c'est-à-dire reconnaître le rôle, le statut hiérarchique, l'importance relative de chaque énoncé. Plus précisément, le lecteur doit être capable de déterminer quels énoncés sont dominants ou subordonnés et, parmi les dominants ou les subordonnés, lesquels sont coordonnés, c'est-à-dire ont le même statut hiérarchique.

Reprenons l'exemple de la chaîne. Nous pourrons illustrer l'organisation hiérarchique d'un texte en faisant varier la grosseur des anneaux qui représentent les énoncés. Exemple :

Chaîne hiérarchisée

Texte	1	2	3	4	5
	La bicyclette est un moyen de transport très économique.	*Il est possible de s'en procurer une à très bas prix.*	*En outre, son entretien ne coûte à peu près rien.*	*Par contre, elle exige une bonne forme physique.*	*Dans les côtes de la Gaspésie, par exemple, elle peut ruiner les mollets trop mous.*
Statut hiérarchique de chaque énoncé	Dominant	Subordonné à énoncé 1	Subordonné à énoncé 1	Dominant	Subordonné à énoncé 4
	et	et	et	et	
	coordonné à énoncé 4	coordonné à énoncé 3	coordonné à énoncé 2	coordonné à énoncé 1	

Cet exemple illustre une structure hiérarchique parmi bien d'autres possibles. L'essentiel, dans la hiérarchisation d'un texte, est de bien faire voir l'importance relative de chaque énoncé. Nous étudierons les procédés de hiérarchisation après avoir vu les procédés de cohésion.

Nous avons illustré l'importance relative de chaque énoncé par la grosseur des anneaux. Si nous faisions du cinéma, nous indiquerions l'importance d'un personnage ou d'un objet en le situant au premier plan, par exemple, ou en le centrant sur l'image.

La cohésion et la hiérarchisation sont les deux aspects principaux d'un texte cohérent, et ces deux aspects sont indissociables.

Par ailleurs, la capacité d'articuler des énoncés entre eux pour en faire un texte cohérent est indépendante de celle qui consiste à combiner des groupes de mots entre eux pour construire un énoncé grammatical. Le fait est que certains textes aux énoncés maladroits s'avèrent très cohérents, alors que d'autres dont les énoncés sont impeccables manquent de cohérence.

Reprenons encore une fois l'image de la chaîne, qui représente un texte, et des anneaux, qui symbolisent les énoncés. Chacun des anneaux peut être en métal, en bois ou même en carton, selon la qualité de construction des énoncés.

Mais des anneaux en métal, s'ils ne sont pas bien reliés entre eux, ne formeront jamais une chaîne :

Par contre, même de pauvres anneaux en carton, s'ils sont bien reliés entre eux, donneront la chaîne que constitue un texte cohérent :

Nous nous intéresserons désormais à la qualité de la chaîne et non plus à celle des anneaux. Nous concentrerons donc nos efforts sur la cohésion et la hiérarchisation d'un ensemble d'énoncés, c'est-à-dire sur la cohérence du texte.

Chapitre 15

La cohésion

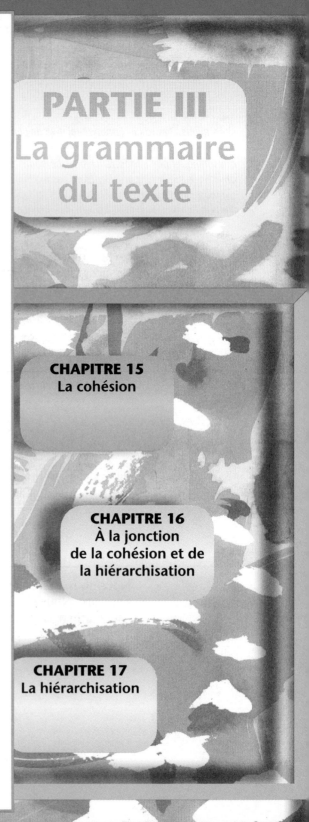

PARTIE III
**La grammaire
du texte**

CHAPITRE 15
La cohésion

CHAPITRE 16
À la jonction
de la cohésion et de
la hiérarchisation

CHAPITRE 17
La hiérarchisation

Vérifions les attaches !

Un texte est un peu comme un convoi de wagons reliés entre eux par des attaches. Pour que le train se rende à destination sans problème, il faut que toutes les attaches soient solides.

De même, pour que le lecteur puisse construire progressivement sa compréhension d'un texte, il faut que les énoncés comportent des attaches appropriées.

Ces attaches, ce sont les relations de cohésion.

Traitement des notions

La **cohésion** est ce qui permet à un lecteur de comprendre ce que des énoncés successifs ont en commun dans un texte, et de voir ces énoncés comme un tout.

Par les relations de **cohésion**, le lecteur comprend ce que deux énoncés successifs ont en commun et qui les fait voir comme un tout. En d'autres termes, le lecteur voit les points d'attache entre les anneaux de la chaîne « texte ».

Ce que des énoncés cohésifs peuvent avoir en commun et qui les relie les uns aux autres, ce sont essentiellement des *thèmes* et du *sens* : nous parlerons alors de cohésion *thématique* et de cohésion *sémantique*. Pour comprendre ces deux types de points d'attache entre des énoncés, nous étudierons les procédés qui les expriment, en commençant par la récurrence, qu'on appelle aussi « reprise de l'information ».

LA RÉCURRENCE (ou reprise de l'information)

La **récurrence** (ou reprise de l'information) consiste en la reprise de certains éléments d'un énoncé dans un autre énoncé pour assurer la cohésion thématique d'un texte. Le terme qui est repris et celui qui le reprend sont appelés **termes de la récurrence**.

La **cohésion thématique** est ce qui permet, dans un texte, de montrer que des énoncés successifs parlent sensiblement de la même chose.

La **récurrence** (ou reprise de l'information) est la reprise de certains éléments d'un énoncé dans un autre énoncé. Le terme qui est repris et celui qui le reprend sont appelés **termes de la récurrence**. Grâce à ces reprises, le lecteur constate qu'on parle sensiblement du même sujet, d'un énoncé à l'autre, et il n'a pas à subir de pénibles coq-à-l'âne : c'est ce en quoi consiste la **cohésion thématique**.

Voyons quelques exemples de récurrence :

Thierry   s'est acheté une bicyclette.
    Il   veut se mettre en forme.

Thierry s'est acheté   une bicyclette.
                    Ce moyen de transport   est très économique.

Thierry s'est acheté une bicyclette.
            Cela   fait bien plaisir à Sophie.

Thierry   s'est acheté une bicyclette.
Sa santé   s'améliorera grandement.

Thierry s'est acheté   une bicyclette.
            Le dérailleur   a 18 vitesses.

LE MÉCANISME DE BASE DE LA RÉCURRENCE

Avant d'étudier le mécanisme de base de la récurrence, il importe de rappeler que le *thème* (ou le sujet) d'un énoncé est ce dont on parle et que le *prédicat* est ce qu'on dit du thème ou du sujet (voir « La relation entre le groupe nominal et le groupe verbal », p. 53). Dans *Mathilde veut devenir informaticienne*, par exemple, *Mathilde* est le thème de l'énoncé et *veut devenir informaticienne*, le prédicat.

Observons de plus près les cinq exemples présentés à la page précédente.

- Dans tous les exemples, le thème de chaque second énoncé (*il*, *ce moyen de transport*, *cela*, *sa santé*, *le dérailleur*) est la reprise d'un mot ou d'un groupe de mots de chaque premier énoncé.

    Ce que ces exemples illustrent ainsi, c'est le *mécanisme de base de la récurrence* : on reprend l'un des éléments d'un énoncé donné pour en faire le thème du suivant.

    Toutes ces reprises, d'un énoncé à un autre, constituent des points d'attache importants entre les anneaux de la chaîne « texte ». Elles ont pour but de maintenir la *continuité thématique* du texte en faisant en sorte que ce dont il est question dans un énoncé donné, c'est-à-dire le thème, ait déjà été désigné ou évoqué dans un énoncé précédent.

- Les reprises peuvent être directes ou indirectes.

    Les reprises directes expriment l'*identité* entre les termes de la récurrence. C'est le cas dans les trois premiers exemples : *Thierry* et *il* désignent la même personne ; *une bicyclette* et *ce moyen de transport* représentent le même objet ; *cela* remplace tout l'énoncé qui le précède.

    Les reprises indirectes, pour leur part, expriment non pas l'identité, mais plutôt *la parenté* entre les termes de la récurrence. Dans ces cas, le second terme de la récurrence sert à évoquer, à rappeler le premier terme et non pas à le désigner directement. Ainsi, dans les quatrième et cinquième exemples : *sa santé* évoque *Thierry* en signifiant « la *santé* de *Thierry* » ; *le dérailleur* évoque *une bicyclette* en signifiant « le *dérailleur* de la *bicyclette* ».

- Le choix du terme du premier énoncé qui deviendra le thème du second varie selon cinq schémas de base :
    - ce peut être le thème de l'énoncé (*Thierry*, dans le premier exemple) ;
    - ce peut être le prédicat ou une partie du prédicat de l'énoncé (*une bicyclette*, dans le deuxième exemple) ;
    - ce peut être l'ensemble de l'énoncé (repris par *cela*, dans le troisième exemple) ;
    - ce peut être un dérivé du thème de l'énoncé (*sa santé*, dérivé de *Thierry*, dans le quatrième exemple) ;
    - ce peut être un dérivé du prédicat de l'énoncé (*le dérailleur*, dérivé de *une bicyclette*, dans le cinquième exemple).

    Soulignons que les dérivés sont toujours des reprises indirectes.

- Les reprises peuvent s'effectuer à l'aide de procédés variés.
  - On peut évidemment utiliser la répétition :

    Maude et Antoine sont arrivés. **Maude** *a l'air fatiguée.*
  - On peut aussi utiliser un déterminant défini ou démonstratif :

    J'ai entendu un pianiste et une chanteuse. **Le** *pianiste jouait faux.*
    Ce *pianiste avait pourtant étudié au conservatoire.*
  - On peut encore utiliser un groupe nominal sans nom réalisé :

    Thierry s'est acheté une bicyclette. **L'ancienne** *n'avait que trois vitesses.*

Mais voyons aussi quels sont les procédés utilisés dans les exemples qui nous intéressent ici :
- la pronominalisation : *Thierry...* **il...** (premier exemple ; voir aussi troisième exemple) ;
- la substitution lexicale, avec déterminant défini ou démonstratif : *... une bicyclette.* **Ce moyen de transport...** (deuxième exemple) ;
- la contiguïté sémantique, avec déterminant défini ou possessif : *... une bicyclette.* **Le dérailleur... Les freins...** (cinquième exemple ; voir aussi quatrième exemple).

Nous verrons plus loin, dans les sections « La coréférence » et « La contiguïté sémantique », lequel de ces procédés il convient d'utiliser pour que le lecteur reconnaisse avec facilité l'identité ou la parenté qu'on souhaite exprimer. L'important, pour le moment, est de comprendre en quoi la récurrence contribue à la cohérence du texte, quel que soit le procédé choisi pour l'effectuer.

EN PRATIQUE Lorsque nous rédigeons et que nous ne savons pas comment poursuivre notre texte de façon cohérente, dépannons-nous en commençant l'énoncé à venir par la reprise, directe ou indirecte, de l'un des éléments du dernier énoncé écrit.

D'AUTRES MÉCANISMES DE LA RÉCURRENCE

Nous avons expliqué et illustré comment opère le mécanisme de base de la récurrence. Voyons-en maintenant d'autres mécanismes.
- Le thème d'un énoncé n'est pas le seul élément de cet énoncé à devoir, idéalement, être une reprise du contexte antérieur. Exemple :

  Sophie a enfin terminé son devoir de trigonométrie. Sa sœur l'a aidée.

  Sa sœur est le thème du second énoncé, dérivé de *Sophie* dans le premier ; et *l'* est la récurrence de *Sophie*.
- Le thème d'un énoncé donné peut être étranger au contexte antérieur ; dans ce cas, la continuité thématique pourra être assurée par la reprise du thème du premier énoncé dans le prédicat du second. Exemple :

  Plusieurs familles de ce quartier sont dans le besoin. Nous **leur** *viendrons en aide.*

  Nous est le thème du second énoncé, étranger au premier énoncé ; et *leur* est la récurrence de *plusieurs familles*, thème du premier énoncé.

Soulignons que l'introduction, dans un second énoncé, d'un thème étranger au premier énoncé peut être compensée soit par la résonance, soit par la jonction, deux procédés de cohérence que nous verrons plus loin.

- D'autres éléments que les thèmes respectifs de deux énoncés voisins peuvent faire l'objet d'une récurrence pour soutenir la continuité thématique d'un texte. Exemple :
*La chaleur du corps s'échappe principalement par la tête lorsqu'il fait froid. Combien de personnes, cependant, sortent dans la rue, l'hiver, sans **couvre-chef** (ou **nu-tête**)?* (Et non pas ↻ *sans bottes* ; et non pas ↻ *nu-pieds*.)

Les mécanismes de la récurrence varient donc selon les contextes. Il ne s'agit pas, cependant, d'en appliquer péniblement et minutieusement les règles. Nous n'y arriverions jamais. Et surtout, nous pourrions dire adieu au plaisir d'écrire.

Il suffit, quand on écrit, de se mettre à la place de la personne qui va lire notre texte. On vérifie alors s'il y a suffisamment de reprises entre deux énoncés voisins pour maintenir la continuité thématique du texte. Autrement dit, il faut s'appliquer à ressentir s'il n'y aurait pas un ou plusieurs coq-à-l'âne dans notre texte, puis à les corriger s'il y a lieu.

Afin d'évaluer notre capacité à dépister ces coq-à-l'âne, nous observerons quelques exemples fautifs et nous tenterons de les corriger. Nous ferons le même exercice par la suite pour chaque procédé de cohérence que nous étudierons.

Des défauts de récurrence

Les défauts de récurrence que nous allons maintenant analyser ne nuisent que légèrement à la compréhension. Toutefois, en étant à l'affût de ces défauts légers, nous développerons la sensibilité voulue pour éviter des défauts plus graves.

L'absence de récurrence

↻ *Le réseau Internet est un moyen d'information sans pareil. Nous pouvons visiter un musée de notre choix sans même que nous ayons à nous déplacer.*

↻ *La télévision numérique retransmet des images d'une saisissante netteté. On peut presque compter les plombages d'un rieur dans une foule.*

Le réseau Internet est un moyen d'information sans pareil. Il nous permet de visiter un musée de notre choix sans même que nous ayons à nous déplacer. (Ou *Grâce à lui, nous pouvons visiter…*)

La télévision numérique retransmet des images d'une saisissante netteté. Elle nous permet presque de compter les plombages d'un rieur dans une foule. (Ou *On peut presque y compter…*, *y* étant mis pour *la télévision* ou pour *des images*.)

- Dans ces exemples, aucun élément du premier énoncé n'est repris dans le second. Si l'on ne lisait que le deuxième énoncé, il serait même impossible de deviner qu'il explique un énoncé antérieur.

- Il faut donc y reprendre *le réseau Internet* par *il*, et *la télévision numérique* par *elle*.

L'insuffisance de récurrence

 *Pour être réparateur, le sommeil doit avoir lieu dans un **lit** confortable. Combien de pauvres gens, cependant, dorment dans des **chambres** minables!*

Si nous ne réglons pas nos problèmes de pollution maintenant, la planète ne survivra pas. Il faudrait faire quelque chose avant que toutes les espèces vivantes disparaissent.

*Pour être réparateur, le sommeil doit avoir lieu dans un **lit** confortable. Combien de pauvres gens, cependant, dorment dans des lits minables!*

*Si nous ne réglons pas nos problèmes de pollution **maintenant**, la planète ne survivra pas. Il faudrait vite faire quelque chose avant que toutes les espèces vivantes disparaissent.*

ANALYSONS

- Dans le premier exemple, il n'y a pas suffisamment de récurrence entre les deux énoncés, tout particulièrement entre *lit* et *chambres*: il faut donc répéter *lit* dans le second énoncé ou encore utiliser *sur des matelas défoncés, matelas* rappelant *lit*, par contiguïté sémantique.
- Dans le deuxième exemple, il y a lieu d'améliorer la récurrence entre les deux énoncés en ajoutant au second un mot qui rappelle l'urgence de la situation, par exemple *vite*.

Le mauvais choix du terme de la récurrence

 ***Les nombreux spectacles** que propose la ville aident-ils les citadins à se rencontrer et à fraterniser davantage? Non, au contraire, **elle** les maintient chacun dans leur bulle.*

***Les randonnées à vélo** ne coûtent pas cher et elles sont très bénéfiques pour la santé. **Il** exerce le muscle cardiaque et favorise l'élimination des toxines.*

***Les nombreux spectacles** que propose la ville aident-ils les citadins à se rencontrer et à fraterniser davantage? Non, au contraire, ils les maintiennent chacun dans leur bulle.*

***Les randonnées** à vélo ne coûtent pas cher et elles sont très bénéfiques pour la santé. Elles exercent le muscle cardiaque et favorisent l'élimination des toxines.*

ANALYSONS

- Dans le premier exemple, il y a suffisamment de récurrence entre les deux énoncés, puisque le thème du second (*elle*) est une reprise d'un élément du premier (*la ville*). Cependant, cet élément (*la ville*) ne peut pas être repris en première position thématique dans le second énoncé. En effet, s'il fait partie du thème du premier énoncé, il n'en est qu'un élément accessoire, parce qu'il est complément de nom dans la phrase; il faut donc reprendre le thème par *ils*.
- Il en va de même pour le deuxième exemple, où le complément de nom *vélo* est repris par *il*, qui est en première position thématique. L'effet sur la continuité thématique y est moins nuisible que dans le premier exemple, mais le texte sera plus cohérent si l'on utilise *elles* mis pour *les randonnées à vélo*.

Le glissement d'identité entre les termes de la récurrence

L'être humain a sans cesse amélioré ses moyens de locomotion. *On* a d'abord inventé la roue, puis le moteur à injection. Aujourd'hui, *il* se déplace en fusée.

L'être humain a sans cesse amélioré ses moyens de locomotion. Il a d'abord inventé la roue, puis le moteur à injection. Aujourd'hui, il se déplace en fusée.

Les jeux vidéo captivent **les jeunes** *des heures durant. Encouragés à battre* **nos** *propres records d'habileté,* **nous** *ne voyons pas le temps passer.*

Les jeux vidéo captivent **les jeunes** *des heures durant. Encouragés à battre* leurs *propres records d'habileté,* ils *ne voient pas le temps passer.*

- Dans ces exemples, il y a suffisamment de récurrence, le choix de l'élément à reprendre est adéquat, mais il existe un glissement d'identité entre cet élément et sa reprise. En d'autres mots, l'identité n'est pas totale entre les termes de la récurrence, qui désignent pourtant le même référent (c'est-à-dire la réalité à laquelle réfèrent ces mots).

- Ainsi, dans le premier exemple, on passe de *l'être humain* à *on*, puis à *il*, alors que ces trois termes représentent la même réalité. Dans le deuxième exemple, on observe un glissement d'identité de *les jeunes* à *nous*. Il faut donc utiliser des termes de reprise qui désignent le même référent dans tous les énoncés.

EN PRATIQUE Lorsque nous rédigeons et que nous ressentons une imperfection dans la continuité thématique entre deux énoncés (par exemple des coq-à-l'âne), vérifions :
- s'il y a suffisamment de récurrence entre ces énoncés ;
- si les termes repris sont de bons candidats à une reprise ;
- si l'identité est totale entre des termes qui doivent désigner le même référent.

Autrement dit, évitons les glissements d'identité.

LA CORÉFÉRENCE

Nous avons vu que divers procédés servent à reprendre de l'information d'un énoncé à un autre. La coréférence est l'un de ces procédés. Nous étudierons ici ses mécanismes propres.

Pour comprendre ce qu'est la coréférence, imaginons la scène suivante. Une amie que vous n'avez pas vue depuis une semaine vous croise dans un couloir de l'école et vous dit, sans préambule, « La porte est restée ouverte » ou « Ce gâteau était excellent » ou « Elle t'invite à dîner ». Vous demanderez, avec raison, « Quelle porte ? » ou « Quel gâteau ? » ou « Qui ça, elle ? Qui donc m'invite à dîner ? »

C'est que les pronoms (« Elle ») et les groupes nominaux employés avec des déterminants définis (« La porte ») ou démonstratifs (« Ce gâteau ») ne peuvent être interprétés que par rapport à un antécédent, c'est-à-dire quelque chose dont on a déjà parlé. Ils remplacent un mot ou un groupe de mots qui désignent un être, une chose, une notion, un événement qu'on a besoin de connaître. On dira que les pronoms et les groupes nominaux employés avec des déterminants définis ou démonstratifs sont des *substituts* et que les mots ou les groupes de mots que ces pronoms ou que ces groupes nominaux reprennent sont des *antécédents*.

Ainsi, dans *J'ai mangé un gâteau aux courgettes. Ce gâteau était excellent*, ce gâteau est le substitut de l'antécédent *un gâteau aux courgettes*. Le substitut *ce gâteau* et son antécédent *un gâteau aux courgettes* renvoient ou réfèrent à la même réalité. On dira qu'ils *coréfèrent* à la même réalité.

> La **coréférence** est l'utilisation des pronoms ou des déterminants identifiants pour signifier que deux mots ou groupes de mots renvoient à la même réalité.

La **coréférence** est l'utilisation de certains mots pour signifier que deux mots ou groupes de mots renvoient à la même réalité. Ces mots, qu'on appelle *marqueurs de coréférence*, sont les pronoms et les déterminants identifiants, c'est-à-dire : les déterminants définis « le », « la », « les »; les déterminants démonstratifs « ce », « cette », « ces »; et les déterminants possessifs de la troisième personne « son », « sa », « ses », « leur », « leurs » (voir « Les déterminants identifiants », p. 110-111).

Le rôle de la coréférence est de signifier expressément que ce dont il est question dans un énoncé donné est la même chose que ce dont on a parlé dans un énoncé précédent. Nous utilisons la coréférence tous les jours, spontanément.

Qui aurait l'idée de dire, par exemple :

○ *Il y a un policier dans le gymnase. **Un** policier est en train de donner une conférence.*

Nous dirions plutôt :

Il y a un policier dans le gymnase. Il (ou Ce policier ou Ce représentant de la loi) est en train de donner une conférence.

Ou :

○ *J'ai reçu une bicyclette pour mon anniversaire. **Un** dérailleur a 18 vitesses.*

Et :

J'ai reçu une bicyclette pour mon anniversaire. Le dérailleur a 18 vitesses.

Si nous n'utilisions pas la coréférence, notre interlocuteur serait en droit de se demander s'il s'agit du même policier ou de la même bicyclette dans les deux énoncés qui en parlent.

Tout l'art de la coréférence consiste alors à permettre au lecteur de retrouver sans peine l'antécédent qui permet de comprendre le sens d'un substitut dans un texte.

Dans les pages qui suivent, nous analyserons différents cas où le lecteur ne peut que difficilement retrouver l'antécédent, sinon pas du tout. Nous étudierons ces cas d'abord dans l'utilisation des pronoms, puis dans celle des déterminants définis, démonstratifs et possessifs.

LA PRONOMINALISATION

La pronominalisation (voir « Le pronom du point de vue du sens : valeur de reprise », p. 207-208) est la reprise d'un mot ou d'un groupe de mots par un pronom. Exemples :

*Sarah n'avait plus de crayons. Sa sœur **lui en** a prêté.*

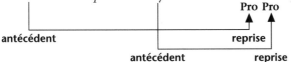

*Élyse revient du Portugal. **Elle y** allait pour étudier.*

La pronominalisation est la forme de coréférence la plus puissante : ce sont les pronoms qui indiquent avec le plus de clarté que l'on continue à parler de la même chose d'un énoncé à un autre.

Bien employée, la pronominalisation facilite donc la saisie des liens entre les énoncés. Utilisée maladroitement, au contraire, elle peut nuire à la compréhension d'un texte ou la ralentir.

Des défauts de pronominalisation

Voici quelques cas d'utilisation maladroite de la pronominalisation.

L'antécédent est absent

⚲ *Lucie n'avait pas de devoirs à faire hier soir. **Il** n'en avait pas donné.*

Lucie n'avait pas de devoirs à faire hier soir. Le professeur n'en avait pas donné.

⚲ *Les banques, c'est bien connu, ne prêtent qu'aux riches. Les pauvres ont beau **en** manquer douloureusement, rien n'y fait.*

Les banques, c'est bien connu, ne prêtent qu'aux riches. Les pauvres ont beau manquer douloureusement d'argent, rien n'y fait.

⚲ *Ariane adore les chats, mais elle y est allergique. C'est donc impensable pour elle.*

Ariane adore les chats, mais elle y est allergique. En posséder un est donc impensable pour elle.

 **ANALYSONS**

- Que reprennent *il*, *en* et *c'* ? Aucun de ces pronoms n'a d'antécédent explicite, c'est-à-dire dûment mentionné, dans l'énoncé antérieur. Il faut le deviner !

- On doit donc écrire *le professeur* dans le premier exemple, *d'argent* dans le deuxième et *en posséder un* dans le troisième.

EN PRATIQUE Lorsque nous rédigeons, demandons-nous si nos pronoms ont un antécédent explicite dans l'énoncé antérieur.

L'antécédent est ambigu

*Louise était en bateau avec Béchir et Michel. Elle **l'**a poussé par inadvertance et **il** est tombé à l'eau.*

*Louise était en bateau avec Béchir et Michel. Elle a poussé Béchir (**ou** Michel) et il est tombé à l'eau.*

*Plusieurs émissions de télé comportent des scènes de violence. Les enfants **les** regardent et **les** reproduisent ensuite avec leurs amis.*

*Plusieurs émissions de télé comportent des scènes de violence. Les enfants regardent ces émissions et les reproduisent ensuite… (**Ou** … Les enfants regardent ces scènes et les reproduisent ensuite… **Ou** … Les enfants regardent ces émissions et en reproduisent ensuite les scènes de violence…)*

*Certaines émissions de télévision sont bien faites, alors que d'autres sont médiocres. **Elles** sont réalisées par des gens qui n'ont pas beaucoup de respect pour les téléspectateurs.*

Certaines émissions de télévision sont bien faites, alors que d'autres sont médiocres. Ces dernières sont réalisées par des gens qui n'ont pas beaucoup de respect pour les téléspectateurs.

- Dans le premier exemple, qui est *l'*? *Béchir* ou *Michel*? Le pronom *l'* a deux antécédents possibles dans l'énoncé antérieur. Il est impossible de deviner lequel est le bon. Il faut donc répéter *Béchir* ou *Michel*.

- Dans le deuxième exemple, que représente *les* dans chacun des cas? *Plusieurs émissions de télé* ou *des scènes de violence*? Chaque pronom *les* a deux antécédents possibles dans la phrase antérieure. Il est impossible de deviner lequel est le bon. On doit donc le préciser.

- Dans le troisième exemple, que représente *elles*? Les émissions bien faites ou les médiocres? Le pronom *elles* a deux antécédents possibles dans l'énoncé antérieur. Il faut continuer à lire pour découvrir le bon. Comme dans les deux autres exemples, on ne peut donc pas utiliser ici la pronominalisation.

> **EN PRATIQUE** Lorsque nous rédigeons, demandons-nous si nos pronoms n'ont qu'un seul antécédent possible dans le contexte antérieur.

L'antécédent est trop éloigné

*Élyse sort de l'hôpital aujourd'hui. Sa mère est soulagée. **Elle** retournera en classe dans deux semaines.*

Élyse sort de l'hôpital aujourd'hui. Sa mère est soulagée. Élyse retournera en classe dans deux semaines.

- Que représente le pronom *elle*? La première réaction du lecteur est de croire qu'un pronom reprend ce dont on vient tout juste de parler. Ici, on croit d'abord que *elle* remplace *sa mère*. Il faut lire le reste de l'énoncé pour comprendre que ce n'est pas le cas.

- Il faudrait donc répéter *Élyse*. On pourrait aussi utiliser tout substitut qui désigne Élyse plus clairement qu'un pronom: *La jeune fille retournera… La convalescente retournera…* Mais on ne peut pas dire *Cette jeune fille…* pour des raisons qui seront énoncées à la section «La définitivisation», page 291.

*Tout récemment, les pompiers ont saccagé leur équipement pour obtenir de meilleures conditions de travail. Mais imaginez ce que ce serait si tous les travailleurs insatisfaits en faisaient autant : il ne resterait plus grand-chose en état de fonctionner dans les usines et les bureaux ! Je veux bien croire que ce sont **eux** qui risquent leur vie dans les incendies, mais il y a des limites aux moyens de pression.*

Tout récemment, les pompiers ont saccagé leur équipement pour obtenir de meilleures conditions de travail. Mais imaginez ce que ce serait si tous les travailleurs insatisfaits en faisaient autant : il ne resterait plus grand-chose en état de fonctionner dans les usines et les bureaux ! Je veux bien croire que ce sont les pompiers qui risquent leur vie dans les incendies, mais il y a des limites aux moyens de pression.

- Que représente le pronom *eux* ? Pour les mêmes raisons que celles invoquées à l'exemple précédent, le lecteur croira d'abord que *eux* remplace *les travailleurs* dont on vient tout juste de parler dans l'énoncé précédent. Il faut lire le reste du texte pour comprendre que ce n'est pas le cas.
- Il faut donc répéter *les pompiers*.

*L'instauration de la semaine de quatre jours aurait des effets bénéfiques pour tous. Les gens auraient davantage de temps libre. Cela leur permettrait de jouir enfin de la vie. De plus, **cela** exigerait des employeurs qu'ils embauchent plus de monde, ce qui créerait de l'emploi.*

L'instauration de la semaine de quatre jours aurait des effets bénéfiques pour tous. Les gens auraient davantage de temps libre. Cela leur permettrait de jouir enfin de la vie. De plus, la semaine de quatre jours exigerait des employeurs qu'ils embauchent plus de monde, ce qui créerait de l'emploi.

Le premier *cela* représente *Les gens auraient davantage de temps libre*. Mais que représente le deuxième *cela* ? La même chose que le premier ? Il faut lire le reste de la phrase pour s'apercevoir que non. Dans le second cas, il faut donc répéter *la semaine de quatre jours*.

EN PRATIQUE Lorsque nous rédigeons, demandons-nous si le véritable antécédent de nos pronoms est bien celui que le lecteur croira. En d'autres termes, demandons-nous si chaque pronom substitut et son antécédent sont suffisamment rapprochés l'un de l'autre pour être appariés spontanément par le lecteur.

LA DÉFINITIVISATION (ou utilisation de déterminants identifiants)

La **définitivisation** est l'utilisation de certains déterminants identifiants pour indiquer un lien de coréférence.

Un autre moyen d'indiquer un lien de coréférence (directe ou indirecte) entre un groupe nominal et un antécédent est l'utilisation de déterminants identifiants (voir p. 110-111). L'usage de ces déterminants avec un groupe nominal est appelé **définitivisation**. Exemples :

*Jean-Sébastien Bach est mort à Leipzig en 1750. **Le** célèbre compositeur nous a laissé une œuvre inestimable.*

*Jean-Sébastien Bach est mort à Leipzig en 1750. **Ce** père de famille nombreuse a écrit une musique inoubliable.*

*Jean-Sébastien Bach est mort à Leipzig en 1750. **Son** œuvre, cependant, est immortelle.*

La **substitution lexicale** est la reprise directe d'un mot ou d'un groupe de mots par un autre groupe nominal comportant un déterminant défini ou démonstratif.

Dans les deux premiers exemples, l'antécédent *Jean-Sébastien Bach* est remplacé par un groupe nominal définitivisé : *le célèbre compositeur* et *ce père de famille nombreuse*. Cette **substitution** (ou **reprise**) **lexicale** exprime *l'identité* entre l'antécédent et le substitut lexical. Dans le troisième exemple, *son œuvre* exprime plutôt une *parenté* entre l'antécédent et le nom définitivisé par un déterminant possessif.

Mais qu'on veuille exprimer l'identité ou la parenté entre un groupe nominal définitivisé et son antécédent, il importe de veiller à ce que le lecteur puisse reconnaître facilement cette identité ou cette parenté.

Une partie de cette reconnaissance repose sur la relation de sens entre l'antécédent et le groupe nominal définitivisé. Ainsi toute personne sachant que Jean-Sébastien Bach est un célèbre compositeur et qu'il avait une famille nombreuse aurait du mal à accepter un texte comme *Jean-Sébastien Bach est mort à Leipzig en 1750. **Le célèbre peintre** nous a laissé une œuvre inestimable* ou *Jean-Sébastien Bach... **Ce célibataire endurci**...* Toute personne qui ne le saurait pas, par contre, se mettrait sans doute à croire que Jean-Sébastien Bach était effectivement un peintre ou qu'il était célibataire !

Une autre partie de la reconnaissance, par le lecteur, de l'identité ou de la parenté entre un antécédent et un groupe nominal définitivisé repose sur l'usage de la définitivisation. Permettons-nous une petite taquinerie et considérons l'exemple suivant :

*La rhinadelle est excellente pour la santé. **Cette plante aromatique** a la propriété d'oxygéner le sang. Il suffit de faire infuser **ses aiguilles** et de boire le breuvage ainsi obtenu.*

Si nous ignorions que *rhinadelle* est un mot inventé pour les besoins de la présente démonstration, ne serions-nous pas prêts à croire que la rhinadelle existe vraiment, qu'elle est une plante aromatique et qu'elle a des aiguilles ? C'est que la définitivisation (*cette plante, ses aiguilles*) a la propriété d'imposer la coréférence, indépendamment de la relation de sens entre les mots.

Des défauts de définitivisation

Nous avons déjà étudié quelques-unes des contraintes qui pèsent sur l'emploi des pronoms dans la coréférence. Voyons maintenant quelques conditions à l'utilisation de la définitivisation. Nous constaterons qu'on ne peut utiliser indifféremment les déterminants définis, démonstratifs ou possessifs pour indiquer la coréférence, sous peine d'embrouiller le lecteur.

Remplacer un déterminant défini par un déterminant démonstratif

Je préfère de beaucoup les échecs au Monopoly. **Le** jeu exige plus de stratégie et la victoire y est plus valorisante.

Je préfère de beaucoup les échecs au Monopoly. Ce jeu exige plus de stratégie et la victoire y est plus valorisante.

Les enfants que nous gardons exigent souvent de nous ce qu'ils n'oseraient attendre de leurs parents. Parfois, **les exigences des enfants** sont absurdes.

Les enfants que nous gardons exigent souvent de nous ce qu'ils n'oseraient attendre de leurs parents. Parfois, ces exigences sont absurdes.

- Dans le premier exemple, *le jeu* rappelle-t-il spontanément *les échecs* comme il le devrait ? Dans le second, est-on certain que *les exigences des enfants*, mentionnées dans le deuxième énoncé, soient les mêmes que celles évoquées dans le premier ?
- L'utilisation des déterminants démonstratifs (*ce jeu, ces exigences*) est essentielle à la clarté du texte.

Remplacer un déterminant démonstratif par un déterminant défini

La plus grande vedette actuelle chantera bientôt en orbite pour le compte de la NASA. **Ce** contrat a été signé devant 1 000 journalistes.

La plus grande vedette actuelle chantera bientôt en orbite pour le compte de la NASA. Le contrat a été signé devant 1 000 journalistes. (**Ou** *Son* contrat a été signé…)

J'aime bien aller garder pour me faire un peu d'argent de poche. Mais quand **ces enfants** veulent jouer au Monopoly, je préférerais rester chez moi et pauvre.

J'aime bien aller garder pour me faire un peu d'argent de poche. Mais quand les enfants veulent jouer au Monopoly, je préférerais rester chez moi et pauvre.

- Dans le premier exemple, de quel contrat s'agit-il ? Le substitut *ce* contrat n'a pas d'antécédent dans l'énoncé qui le précède. Il n'y a pas été mentionné explicitement ; mais comme il y est quand même sous-entendu, on peut le définitiviser à l'aide d'un déterminant défini (*le*) qui lui donnera alors la signification suivante : « le *contrat* de *la plus grande vedette actuelle* », cette vedette étant, elle, explicitement mentionnée dans l'énoncé antérieur.
- Comme il en va de même pour le deuxième exemple, il faut remplacer *ces enfants* par *les* enfants pour signifier « les enfants que je garde », la garde d'enfants par l'émetteur étant explicitement mentionnée dans l'énoncé antérieur.

Préciser dans l'énoncé même une définitivisation par déterminant démonstratif

La discothèque la plus proche est située à 13 km de chez moi. Sans moyen de transport, je peux difficilement m'adonner à **ce divertissement**.

La discothèque la plus proche est située à 13 km de chez moi. Sans moyen de transport, je peux difficilement m'adonner à ce divertissement qu'est la danse.

Maints petits villages sont construits en bordure d'un chemin de fer. Leurs habitants sont souvent réveillés, la nuit, par le bruit de **ce mastodonte**.

Maints petits villages sont construits en bordure d'un chemin de fer. Leurs habitants sont souvent réveillés, la nuit, par le bruit de ce mastodonte qu'est le train.

• Comme pour les exemples précédents, *ce divertissement*, ici, n'a pas d'antécédent dans l'énoncé antérieur. Cette fois, cependant, on ne peut pas utiliser un déterminant défini et dire «je peux difficilement m'adonner **au** divertissement»; on continuerait à se demander de quel divertissement il s'agit. Il en va de même pour *ce mastodonte*.

• Dans les deux cas, la correction consiste à préciser dans l'énoncé même de quel divertissement ou de quel mastodonte il s'agit. Soulignons toutefois que dans *ce divertissement qu'est la danse* et dans *ce mastodonte qu'est le train*, les expressions *ce divertissement* et *ce mastodonte* peuvent être interprétées sans le secours du contexte antérieur. Elles deviennent alors de simples présentatifs et elles n'ont plus aucune valeur coréférentielle.

EN PRATIQUE Lorsque nous rédigeons, vérifions si l'usage que nous faisons des déterminants identifiants pour indiquer la coréférence permet au lecteur d'apparier sans peine le groupe nominal ainsi définitivisé et son antécédent.

LA CONTIGUÏTÉ SÉMANTIQUE (ou utilisation des champs sémantiques)

La **cohésion sémantique** est ce qui permet, dans un texte, de relier les énoncés entre eux par la signification.

La contiguïté sémantique est un autre procédé qui sert à reprendre de l'information d'une phrase à une autre. Nous poursuivons donc notre étude de la cohésion thématique. Mais nous verrons que la contiguïté sémantique joue également un rôle dans la **cohésion sémantique**. Ce type de cohésion permet que des énoncés soient reliés par la signification, de manière à éviter les incohérences de sens entre eux.

La sémantique se rapporte au sens, à la signification. Le terme « contiguïté » signifie « proximité », « voisinage ». La contiguïté sémantique concerne donc le rapprochement de sens entre plusieurs mots.

Pour bien comprendre ce qu'est la contiguïté sémantique, observons d'abord ces deux figures :

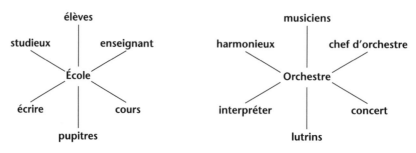

Chacune de ces figures rassemble des mots qui évoquent la même idée. Nous dirons que les mots de la première appartiennent au **champ sémantique** d'« école » et que les mots de la seconde appartiennent au champ sémantique d'« orchestre ».

C'est la reconnaissance, par le lecteur, du champ sémantique commun à plusieurs expressions qui crée de la **contiguïté sémantique** entre des énoncés.

La contiguïté sémantique est la récurrence de traits sémantiques communs à plusieurs mots. Elle joue deux rôles dans la cohérence : un rôle thématique et un rôle sémantique.

LES DEUX RÔLES DE LA CONTIGUÏTÉ SÉMANTIQUE

Comme nous l'avons vu dans la section « La récurrence », à la page 282, la contiguïté sémantique joue d'abord un rôle dans la cohésion thématique du texte. Ainsi, une suite d'énoncés dont les thèmes respectifs seraient « un orchestre », « les musiciens », « le chef d'orchestre » et « le concert » serait thématiquement cohérente, parce que ses thèmes feraient partie du même champ sémantique et qu'ils s'évoqueraient les uns les autres par leurs traits sémantiques communs.

Mais la cohésion thématique ne suffit pas à assurer toute la cohésion d'un texte. En effet, les thèmes sont placés dans des contextes où l'on dit quelque chose à leur sujet ; et ce qu'on en dit doit être conciliable avec le sens des énoncés qui suivront. C'est ce en quoi consiste la cohésion sémantique.

Or, la contiguïté sémantique joue aussi un rôle dans la cohésion sémantique du texte. Toujours par le jeu des évocations de sens entre les mots (noms, adjectifs, verbes ou adverbes), la contiguïté sémantique contribue à faire voir la signification d'un énoncé comme étant compatible avec celle d'un autre énoncé. En d'autres termes, elle contribue à prévenir les contradictions entre deux énoncés qui doivent former une suite cohérente.

Considérons l'exemple suivant :

*L'église que j'ai visitée cet après-midi était plongée dans la **pénombre**. Seuls les cierges émettaient une **clarté scintillante**.*

Il est facile de voir que les termes *pénombre* et *clarté scintillante* n'appartiennent pas au même champ sémantique et que leur mise en relation rend les deux énoncés sémantiquement incompatibles. Il aurait plutôt fallu dire *Seuls les cierges émettaient une **faible lueur**,* ou quoi que ce soit d'autre qui évoque la pénombre.

Des défauts de contiguïté sémantique

Voyons deux exemples où la contiguïté sémantique n'est pas appliquée, et découvrons des moyens pour remédier au problème.

*L'automobile est **la cause de nombreux accidents**. Beaucoup trop de gens conduisent **ce salon ambulant**.*

*Les boissons gazeuses peuvent être **néfastes pour la santé**. Plusieurs abusent pourtant de ces boissons remplies de bulles et **d'énergie**.*

*L'automobile est **la cause de nombreux accidents**. Beaucoup trop de gens conduisent ce cercueil ambulant.*

*Les boissons gazeuses peuvent être **néfastes pour la santé**. Plusieurs abusent pourtant de ces boissons remplies de bulles et de calories vides.*

- L'automobile peut certes être qualifiée de *salon ambulant*, mais pas dans un contexte où on l'accuse de causer de nombreux accidents. Il y a incompatibilité sémantique entre ce qu'évoquent respectivement *la cause de nombreux accidents* et *ce salon ambulant*.
- Semblablement, les expressions *néfastes pour la santé* et *boissons remplies d'énergie* sont sémantiquement incompatibles.
- Dans les deux cas, il faut donc choisir d'autres mots permettant la contiguïté sémantique.

EN PRATIQUE Lorsque nous rédigeons, vérifions si les mots que nous utilisons dans un énoncé (noms, adjectifs, verbes, adverbes) ont une signification compatible avec le sens de l'énoncé antérieur.

LE PARALLÉLISME SÉMANTIQUE
(ou mise en parallèle des éléments de sens)

Le parallélisme sémantique n'est pas un procédé de *reprise* de l'information. Toutefois, comme nous le verrons, il joue quand même un rôle dans la cohésion thématique du texte tout en contribuant aussi à sa cohésion sémantique.

Tout le monde a déjà chanté « Un kilomètre à pied, ça use, ça use ; un kilomètre à pied, ça use les souliers », suivi du refrain :

« La peinture à l'huile, c'est plus difficile, mais c'est bien plus beau que la peinture à l'eau. »

Dans ce refrain, la peinture à l'huile et la peinture à l'eau sont comparées sous deux aspects : la difficulté et la beauté. Le résultat de cette comparaison peut être illustré dans ce que l'on appelle une matrice à quatre entrées, comme suit :

	Aspect 1 (difficulté)	**Aspect 2** (beauté)
La peinture à l'huile	difficile	beau
La peinture à l'eau	moins difficile	moins beau

La comparaison qui est illustrée dans cette matrice a été exprimée dans *un seul énoncé*.

Nous verrons des cas où des comparaisons semblables sont exprimées dans *deux énoncés*. Elles prennent alors le nom de **parallélisme sémantique**.

En voici un exemple, également disposé dans une matrice à quatre entrées.

L'automobile est rapide, mais elle cause des accidents mortels. L'autobus est plus lent, mais plus sécuritaire.

> Le **parallélisme sémantique** est la mise en correspondance sémantique de tous les éléments pouvant faire l'objet d'une comparaison ou d'une illustration entre deux énoncés.

L'automobile	est rapide,	*mais elle cause des accidents mortels.*
L'autobus	est plus lent,	*mais plus sécuritaire.*

Cet exemple est une *comparaison* de l'automobile et de l'autobus. On y énonce d'abord deux caractéristiques de l'automobile. Puis, on les met en correspondance sémantique avec deux caractéristiques comparables de l'autobus.

Ainsi l'évocation de la lenteur de l'autobus dans le second énoncé rappelle la rapidité de l'automobile dans le premier énoncé. Semblablement, le fait de souligner le caractère sécuritaire de l'autobus dans le second énoncé remet en mémoire l'autre caractéristique de l'automobile dans le premier énoncé, à savoir qu'elle cause des accidents mortels.

Par sa fonction de rappel, le parallélisme sémantique joue un rôle dans la cohésion thématique. Et parce qu'il mise également sur la signification, il joue aussi un rôle dans la cohésion sémantique. Comme la contiguïté sémantique, le parallélisme sémantique joue donc un rôle à la fois thématique et sémantique.

Analysons maintenant quelques cas de mises en parallèle ratées parce qu'incomplètes.

Des défauts de parallélisme sémantique

🔖 *Le chat est un compagnon autonome et silencieux. Ainsi, il fait sa toilette lui-même.*

Le chat	est un compagnon autonome	et silencieux.
Ainsi, **il**	fait sa toilette lui-même.	

Cet exemple, qui exprime une *illustration*, est une mise en parallèle ratée parce qu'incomplète. En effet, seul le caractère autonome du chat est rappelé dans le second énoncé. À quoi a-t-il servi, alors, de souligner qu'il était silencieux? À la lecture du second énoncé, cette caractéristique risque d'être oubliée.

Il faut compléter la mise en parallèle par un ajout, dans le second énoncé, comme ───────►

et il ne miaule pas pour un rien.

On pourrait aussi enlever *et silencieux*, dans le premier énoncé.

Voyons un deuxième exemple à corriger, pour bien saisir comment fonctionne ce procédé.

🔖 *Les infirmières, les éducatrices et les psychologues travaillent 8 heures par jour et en reçoivent un salaire bien mérité. La mère de famille, elle, joue tous ces rôles 24 heures sur 24.*

Les infirmières, les éducatrices et les psychologues	travaillent 8 heures par jour	et en reçoivent un salaire bien mérité.
La mère de famille, elle,	joue tous ces rôles 24 heures sur 24.	

À quoi sert-il de souligner la rémunération si l'on désire ne comparer que les heures de travail? Voilà une mise en parallèle incomplète, comme l'illustre la matrice ci-dessus.

Comme dans le premier exemple, on peut compléter la mise en parallèle par un ajout, dans le second énoncé ───────►

, et ce, sans aucune rémunération.

Ou encore on peut enlever *et en reçoivent un salaire bien mérité* dans le premier énoncé.

Lorque nous rédigeons, vérifions si tous les éléments d'un énoncé pouvant faire l'objet d'une comparaison ou d'une illustration dans un autre ont été mis en parallèle sémantique. Autrement dit, vérifions si nos comparaisons et nos illustrations mettent en valeur tous les termes susceptibles d'être comparés ou illustrés.

LE CONTRASTE SÉMANTIQUE

Avec le contraste sémantique, nous poursuivons notre étude des procédés qui contribuent aux deux types de cohésion : thématique et sémantique.

Le parallélisme sémantique, nous venons de le voir, souligne la correspondance entre des termes. Le **contraste sémantique** souligne plutôt, comme son nom l'indique, un contraste.

Le **contraste sémantique** est la mise en relief d'une opposition sémantique déjà exprimée entre deux énoncés, par l'utilisation de l'antonymie entre deux éléments stratégiques de ces énoncés.

Exemple :

Ma voisine s'est toujours montrée **polie**. *Pourtant, c'est* **avec grossièreté** *qu'elle m'a dit sa façon de penser hier.*

Dans cet exemple, l'usage de l'antonymie entre *polie* et *avec grossièreté* met en relief l'opposition déjà exprimée par le connecteur *pourtant*. Sans l'ajout de *avec grossièreté*, l'opposition annoncée par *pourtant* serait trop faiblement marquée, car il n'existe pas qu'une manière de dire sa façon de penser. On peut même le faire avec courtoisie !

Parce qu'il précise ou qu'il ajoute du sens, le contraste exerce une fonction sémantique. Mais son application, dans le second énoncé, joue également un rôle dans la cohésion thématique en rappelant, par contraste, un élément important, stratégique du premier énoncé (*polie*).

Parfois, le contraste sémantique est superflu parce qu'il exprime une signification qui est déjà fortement suggérée dans le second énoncé.

Exemple :

Ma voisine s'est toujours montrée **polie**. *Pourtant, c'est* **avec grossièreté** *qu'elle m'a mis à la porte hier.*

Dans cet exemple, le contraste sémantique est superflu parce que la grossièreté est déjà évoquée dans *elle m'a mis à la porte*.

Des défauts de contraste sémantique

Dans certains cas, l'usage du contraste sémantique est absolument requis pour renforcer une opposition trop faiblement exprimée ou pour remédier à de véritables incohérences. C'est le cas des exemples qui suivent.

Ma famille et moi sommes des gens très réservés. Pourtant, lors des dernières élections, nous avons accueilli la nouvelle de notre victoire.

*Ma famille et moi sommes des gens **très réservés**. Pourtant, lors des dernières élections, c'est avec exubérance que nous avons accueilli la nouvelle de notre victoire.*

Fatou est la personne la plus anxieuse que je connaisse. Mais elle affronte la période des examens, cette année.

*Fatou est la personne la plus **anxieuse** que je connaisse. Mais c'est avec insouciance qu'elle affronte la période des examens cette année.*

*En classe, Marc-André est un élève **bien ordinaire**. Mais quand il s'élance sur la patinoire et qu'il marque presque tous les buts de son équipe, il devient un **très bon** athlète.*

*En classe, Marc-André est un élève **bien ordinaire**. Mais quand il s'élance sur la patinoire et qu'il marque presque tous les buts de son équipe, il devient un athlète extraordinaire.*

- Dans le premier exemple, où est l'opposition, promise par *pourtant*, entre le fait d'être des gens réservés et celui d'accueillir la nouvelle de sa victoire ? Il faut préciser : *avec exubérance*. Il est également possible de déplacer *avec exubérance* ailleurs dans la phrase, comme suit : *Pourtant, lors des dernières élections, nous avons accueilli la nouvelle de notre victoire avec exubérance.*

- Dans le deuxième, l'opposition, promise par *mais*, entre le fait d'être anxieux et celui d'affronter la période des examens n'est pas suffisamment marquée, car il existe plusieurs façons d'affronter une chose. On peut même le faire avec anxiété ! Il faut donc ajouter : *avec insouciance*.

- Le troisième cas est un peu différent, car on y voit l'opposition entre *bien ordinaire* et *très bon*. Il est cependant possible de mettre cette opposition davantage en relief de façon à provoquer un meilleur rappel thématique, par contraste, entre Marc-André l'élève et Marc-André l'athlète : on a donc remplacé *très bon* **par** *extraordinaire*.

EN PRATIQUE Lorsque nous rédigeons, vérifions si les oppositions que nous exprimons entre deux énoncés sont suffisamment appuyées, soutenues par le sens des mots qu'ils contiennent.

LA RÉSONANCE

La résonance est un autre procédé qui joue un rôle dans les deux types de cohésion : thématique et sémantique.

Pour comprendre ce qu'est la résonance, imaginons de nouveau (voir « La coréférence », p. 287) une rencontre fortuite avec un ami que nous n'avons pas vu depuis un certain temps. Cette fois-ci, l'ami en question nous dit, toujours sans préambule, « Moi aussi, je change d'école » ou « Moi non plus, je n'irai pas au bal de fin d'année ». Nous lui demanderons, avec raison, « Qui d'autre change d'école ? » ou « Qui d'autre n'ira pas au bal de fin d'année ? »

C'est que des expressions comme « moi aussi, je… » et « moi non plus, je ne… » évoquent quelqu'un d'autre, dans le contexte antérieur. De nombreuses variantes de ces expressions ont aussi ce pouvoir d'évoquer quelqu'un ou quelque chose d'autre dont on aurait déjà parlé : « Moi-même, je… » ; « quant à moi, je… » ; « pour ma part, je… » ; « de mon côté, je… » ; ou tout simplement « moi, je… ». Ou encore « toi, tu… » ; « lui, il… » ; « Félix, lui, … » ; « les médecins, pour leur part, … » ; « quant à la bicyclette, elle… » ; « de leur côté, les élèves… » ; « les élèves, eux, … » ; etc.

Ce que ces expressions ont en commun, c'est qu'on s'y réfère deux fois à la même personne ou à la même chose.

Dans « moi, je… » par exemple, « moi » et « je » réfèrent à la même personne ; et dans « Félix, lui, … », toujours à titre d'exemple, « Félix » est désigné deux fois, puisque « Félix » et « lui » représentent la même personne. Cette double désignation d'une personne ou d'une chose s'observe aussi dans une expression comme « les élèves, de leur côté, … » (où « de leur côté » signifie « du côté des élèves »), ainsi que dans chacun des autres exemples cités ci-dessus.

Comme nous l'avons souligné antérieurement, l'usage de la double désignation a la propriété d'évoquer quelqu'un ou quelque chose d'autre dans le contexte antérieur, ce qui crée de la continuité thématique. Exemple :

Jean-Marie est le meilleur marqueur de son équipe de hockey. Kostas, lui, adore l'opéra.

Dans cet exemple, le thème du second énoncé (*Kostas*) est un thème nouveau, c'est-à-dire qu'il ne reprend aucun terme du premier, que ce soit directement ou indirectement (voir « La récurrence », p. 282). En outre, le thème du premier énoncé (*Jean-Marie*) n'est repris nulle part dans le second.

Les deux énoncés paraissent pourtant bien reliés thématiquement, parce que la double désignation *Kostas, lui,* a pour effet d'évoquer, de rappeler, de « faire résonner » *Jean-Marie* dans le contexte antérieur, d'où le nom du procédé : la **résonance**.

La **résonance** est l'utilisation d'une double désignation (« moi-même, je… » ; « pour ma part, je… », etc.) pour évoquer quelqu'un ou quelque chose d'autre dans le contexte antérieur et maintenir ainsi la continuité thématique d'un texte lorsque la progression du discours exige l'introduction de thèmes nouveaux.

Des défauts de résonance

Les exemples qui suivent nous permettront d'apprécier l'utilité de la résonance dans des cas de brusques changements de la thématique entre deux énoncés.

Ma mère dit des condiments qu'ils masquent le goût des aliments. Ma tante assaisonne de ketchup tout ce qu'elle mange.

Ma mère dit des condiments qu'ils masquent le goût des aliments. Ma tante, elle, assaisonne de ketchup tout ce qu'elle mange.

Les producteurs de la télévision doivent faire preuve de jugement en présentant des émissions et des films non violents à l'heure où les enfants sont encore debout. Les parents ont le devoir de soustraire leurs enfants à l'influence néfaste des émissions et des films violents.

Les producteurs de la télévision doivent faire preuve de jugement en présentant des émissions et des films non violents à l'heure où les enfants sont encore debout. De leur côté, les parents ont le devoir de soustraire leurs enfants à l'influence néfaste des émissions et des films violents.

Depuis quelque temps, la directrice de notre polyvalente veut installer des caméras vidéo dans les couloirs pour contrer les opérations de taxage qui s'y déroulent. Je crois qu'on devrait surveiller ce qui se passe dans les couloirs.

Depuis quelque temps, la directrice de notre polyvalente veut installer des caméras vidéo dans les couloirs pour contrer les opérations de taxage qui s'y déroulent. Moi aussi, je crois qu'on devrait surveiller ce qui se passe dans les couloirs.

ANALYSONS

- Dans ces exemples, on ressent un brusque changement de la thématique entre deux énoncés, et ce, pour deux raisons principales.
- D'abord, chaque énoncé fautif introduit un thème nouveau, étranger à l'énoncé antérieur. Ainsi, ni *ma tante* (premier exemple), ni *les parents* (deuxième exemple), ni *je* (troisième exemple) ne sont la récurrence directe ou indirecte d'un terme de l'énoncé précédent.
- Ensuite, aucun énoncé ne reprend par récurrence, dans les textes fautifs, le thème de l'énoncé antérieur. En effet, on y cherchera en vain la récurrence de *ma mère* (premier exemple), de *les producteurs de la télévision* (deuxième exemple) et de *la directrice de notre polyvalente* (troisième exemple).
- Il est toutefois possible de compenser un tel manque de récurrence par de la résonance, ainsi que le démontrent les corrections.

EN PRATIQUE Lorsque nous rédigeons et que nous ressentons un brusque changement de la thématique entre deux énoncés, vérifions si nous ne pouvons pas utiliser l'une des nombreuses formes de la résonance.

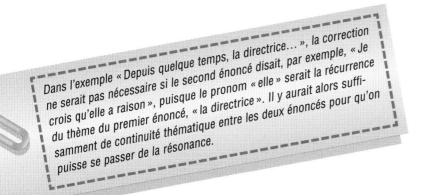

Dans l'exemple « Depuis quelque temps, la directrice… », la correction ne serait pas nécessaire si le second énoncé disait, par exemple, « Je crois qu'elle a raison », puisque le pronom « elle » serait la récurrence du thème du premier énoncé, « la directrice ». Il y aurait alors suffisamment de continuité thématique entre les deux énoncés pour qu'on puisse se passer de la résonance.

Comme nous venons de le voir, la résonance a le pouvoir de créer de la continuité thématique là où il n'y en avait pas.

Mais elle joue également un rôle dans la continuité sémantique du texte. En effet, dire « moi, je… » ou « moi-même, je… », par exemple, cela n'a pas la même signification. « Moi, je… » annonce une opposition, et « moi-même, je… », une adhésion à ce que d'autres disent ou font dans le contexte antérieur. À cet égard, la résonance crée du sens en exprimant certaines relations logiques entre les phrases. Les nuances de sens qu'elle peut exprimer sont cependant fort limitées en comparaison de la jonction, un procédé que nous verrons au prochain chapitre.

Synthèse LA COHÉSION

Les relations de cohésion permettent au lecteur de saisir ce que deux énoncés successifs d'un texte ont en commun.

Ce que des énoncés cohésifs peuvent avoir en commun, ce sont des thèmes, c'est-à-dire ce dont on parle, et du sens.

On distingue donc deux types de cohésion :
- la cohésion thématique, ou continuité du thème ;
- la cohésion sémantique, ou continuité du sens.

Outre la jonction (voir le chapitre 16), les procédés de cohésion sont :
- la récurrence (ou reprise de l'information) ;
- la coréférence ;
- la contiguïté sémantique ;
- le parallélisme sémantique ;
- le contraste sémantique ;
- la résonance.

La récurrence

La récurrence consiste à reprendre un mot ou un groupe de mots d'un énoncé dans un autre énoncé.

Exemple :

Thierry *s'est acheté une bicyclette.* **Il** *veut se mettre en forme.*

La récurrence contribue à la cohésion thématique du texte.

La coréférence

La coréférence consiste à utiliser un pronom ou un déterminant identifiant pour signifier que deux mots ou groupes de mots présents dans des énoncés différents renvoient à une même réalité.

Exemple :

Il y a **un policier** *dans le gymnase.* **Il** *(ou* **Ce policier***) est en train de donner une conférence.*

La coréférence contribue à la cohésion thématique du texte.

La contiguïté sémantique

La contiguïté sémantique est la récurrence de traits sémantiques communs à certains éléments de deux énoncés.

Exemple :

*L'automobile est **la cause de nombreux accidents**. Beaucoup trop de gens conduisent **ce cercueil ambulant**.*

La contiguïté sémantique contribue à la cohésion thématique et à la cohésion sémantique d'un texte.

Le parallélisme sémantique

Le parallélisme sémantique consiste à établir une correspondance entre tous les éléments de deux énoncés qui sont susceptibles d'être comparés (ou illustrés).

Exemple :

*L'automobile est **rapide**, mais **elle cause des accidents mortels**.*
*L'autobus est plus **lent**, mais **plus sécuritaire**.*

Le parallélisme sémantique contribue à la cohésion thématique et à la cohésion sémantique du texte.

Le contraste sémantique

Le contraste sémantique consiste à renforcer l'opposition entre deux énoncés en utilisant un antonyme.

Exemple :

*Mon voisin s'est toujours montré **poli**. Pourtant, c'est **avec grossièreté** qu'il m'a dit sa façon de penser hier.*

Le contraste sémantique contribue à la cohésion thématique et à la cohésion sémantique du texte.

La résonance

La résonance consiste à utiliser une double désignation (par exemple, «pour ma part, je») afin d'évoquer ce dont on a déjà parlé. On utilise la résonance pour assurer la cohésion entre deux énoncés quand on change de thème.

Exemple :

*Jean-Marie est le meilleur compteur de son équipe de hockey. Antoine, **lui**, adore l'opéra.*

La résonance contribue à la cohésion thématique et sémantique du texte.

Chapitre 16

À la jonction de la cohésion et de la hiérarchisation

PARTIE III
La grammaire du texte

CHAPITRE 15
La cohésion

CHAPITRE 16
À la jonction
de la cohésion et de
la hiérarchisation

CHAPITRE 13
Les transformations
de subordination

CHAPITRE 17
La hiérarchisation

CHAPITRE 10
Les accords dans
le groupe nominal

CHAPITRE 14
Les accords
dans la phrase
transformée

Le casse-tête

Construire un texte, c'est un peu comme construire un casse-tête. La forme des quatre coins, des bordures et des autres pièces sont des indices de structure alors que les couleurs et le dessin permettent de donner du sens à l'image, à la condition bien sûr que les pièces soient correctement agencées. Comme nous le verrons dans ce chapitre, les connecteurs sont comme des pièces de casse-tête : ils servent à révéler aussi bien le sens d'un texte (la cohésion sémantique) que sa forme (la hiérarchisation).

Traitement des notions

Le présent chapitre est consacré à un seul procédé de cohérence : la jonction. Nous verrons que ce procédé contribue autant à la cohésion d'un texte qu'à sa hiérarchisation.

La cohésion nous est désormais familière. Nous savons qu'elle relie entre eux les énoncés successifs d'un texte comme les anneaux d'une chaîne.

Avec la jonction, nous commencerons à comprendre ce qu'est la hiérarchisation du texte. Pour nous y préparer, rappelons-nous l'image des anneaux de différentes dimensions. Souvenons-nous que la taille de ces anneaux reflétait l'importance de chaque énoncé dans un ensemble.

LA JONCTION (OU LIAISON PAR CONNECTEURS)

La **jonction** est l'utilisation de connecteurs (« mais », « cependant », « en effet », « donc », etc.) pour exprimer des relations logiques (la conséquence, la cause, l'opposition, la démonstration, etc.) ou temporelles (l'antériorité, la postériorité, ou la simultanéité) entre des énoncés et pour marquer la structure hiérarchique du texte.

La **jonction** est l'utilisation de connecteurs (« mais », « cependant », « en effet », « donc », etc.) pour exprimer des relations logiques ou temporelles entre des énoncés et pour marquer la structure hiérarchique du texte.

Les connecteurs exercent donc une fonction sémantique et une fonction structurelle. Étudions ces deux fonctions à tour de rôle.

LA FONCTION SÉMANTIQUE DES CONNECTEURS

Par leur fonction sémantique, les connecteurs indiquent le sens de la relation entre deux énoncés, comme le montre le tableau de la page suivante. Observons ce tableau, et plus particulièrement les exemples de sa troisième colonne. Examinons la signification des connecteurs qui y sont illustrés.

Comme nous le constatons, les connecteurs sont porteurs de sens et ils constituent un point d'attache très important entre les anneaux de la chaîne « texte ». Ils contribuent alors à la cohérence *sémantique* du texte, donc à sa cohésion. Mais les connecteurs jouent également un rôle dans la cohérence *structurelle* du texte, c'est-à-dire dans sa hiérarchisation.

CLASSIFICATION ET ILLUSTRATION DES PRINCIPAUX CONNECTEURS		
Connecteurs	**Relations exprimées**	**Exemples**
Mais, cependant, en revanche, en contrepartie, au contraire, par contre, toutefois, néanmoins, pourtant, or, par ailleurs, d'autre part	L'opposition, la restriction (connecteurs adversatifs-restrictifs)	*Le téléphone est parfois un véritable tyran.* **En contrepartie,** *il nous rend mille et un services.*
En effet, c'est que, c'est-à-dire	L'explication (connecteurs explicatifs)	*Le téléphone nous tyrannise. Il suffit,* **en effet,** *d'une seule de ses sonneries pour que nous accourions aussitôt.* *Au téléphone, notre interlocuteur n'a aucun indice visuel sur nos émotions.* **C'est qu'**il ne peut voir ni nos mimiques ni notre attitude corporelle.*
Donc, en conséquence, par conséquent, c'est pourquoi, aussi, alors	La conséquence, la conclusion (connecteurs consécutifs-conclusifs)	*Au téléphone, notre interlocuteur ne peut voir ni nos mimiques ni notre attitude corporelle. Il n'a* **donc** *aucun indice visuel sur nos émotions.*
Par exemple, notamment, ainsi	L'illustration (connecteurs illustratifs)	*Il existe plusieurs moyens de résister à la tyrannie du téléphone.* **Par exemple,** *on peut brancher le répondeur et prendre les messages au moment opportun.*
Bref, en somme, donc	Le résumé, la synthèse (connecteurs résumatifs)	*Même si le téléphone les dérange, les gens se précipitent généralement dès la première sonnerie. Ils brûlent de savoir qui les appelle et pourquoi.* **En somme,** *la curiosité l'emporte sur le besoin de quiétude.*
Et, de plus, en outre, également, aussi	L'addition (connecteurs additifs)	*Contrairement à la poste, le téléphone nous permet de communiquer instantanément avec notre interlocuteur.* **De plus,** *il nous fait entendre la voix de notre correspondant.*
Premièrement / deuxièmement, d'abord / ensuite / enfin	L'énumération (connecteurs énumératifs)	*Le téléphone a deux avantages sur la poste.* **Premièrement,** *il nous permet de communiquer instantanément avec notre interlocuteur.* **Deuxièmement,** *il nous fait entendre la voix de notre correspondant.*
D'abord, après, ensuite, puis, alors, pendant ce temps, auparavant, depuis, plus tard, autrefois / aujourd'hui	Les relations temporelles (connecteurs temporels)	**Au moment de son invention,** *en 1876, le téléphone ne suscita qu'un intérêt mitigé.* **Aujourd'hui,** *il est considéré comme un appareil de première nécessité.*

LA FONCTION STRUCTURELLE DES CONNECTEURS

Par leur fonction structurelle, les connecteurs contribuent à l'organisation d'un texte. Plus précisément, ils aident le lecteur à distinguer les informations principales des informations secondaires ; ils l'aident également à délimiter les grands ensembles du texte et à en reconnaître les sous-ensembles, un peu comme dans une structure mathématique. Voyons comment.

Considérons le texte suivant, dont on a retiré les connecteurs. Reconnaissons que, passé les trois premiers énoncés, il est difficile de comprendre non seulement le sens des relations entre les énoncés, mais aussi la structure du texte.

1. *Le téléphone nous tyrannise.* 2. *Une seule de ses sonneries nous fait nous précipiter sur lui.* 3. *Peu d'entre nous résistent à l'envie de savoir qui les appelle et pourquoi.* 4. *Peut-être s'agit-il d'un appel urgent.* 5. *Le téléphone nous rend mille et un services.* 6. *Il nous épargne bien des déplacements inutiles.* 7. *Lorsque nous cherchons un article de sport, il est plus efficace de téléphoner aux boutiques spécialisées que de s'y rendre.* 8. *Il représente une sécurité en cas d'urgence.* 9. *Le téléphone est un despote indispensable.*

Redonnons maintenant à ce texte ses connecteurs et reproduisons sa structure dans un tableau qui la mettra en valeur.

TEXTE ET NIVEAU (N 1, N 2, N 3) DES ÉNONCÉS				STATUT HIÉRARCHIQUE DES ÉNONCÉS
N 1	1. *Le téléphone nous tyrannise.*			Dominant
	N 2	2. *Une seule de ses sonneries, en effet, nous fait nous précipiter sur lui.*		Subordonné à énoncé 1
		N 3	3. *Il faut dire que peu d'entre nous résistent à l'envie de savoir qui les appelle et pourquoi.*	Subordonné à énoncé 2
		N 3	4. *En outre, peut-être s'agit-il d'un appel urgent.*	Subordonné à énoncé 2 Coordonné à énoncé 3
N 1	5. *En contrepartie, le téléphone nous rend mille et un services.*			Dominant Coordonné à énoncé 1
	N 2	6. *Ainsi, il nous épargne bien des déplacements inutiles.*		Subordonné à énoncé 5
		N 3	7. *Lorsque nous cherchons un article de sport, par exemple, il est plus efficace de téléphoner aux boutiques spécialisées que de s'y rendre.*	Subordonné à énoncé 6
	N 2	8. *Il représente aussi une sécurité en cas d'urgence.*		Subordonné à énoncé 5 Coordonné à énoncé 6
N 1	9. *En somme, le téléphone est un despote indispensable.*			Dominant Coordonné à énoncés 1-5

En observant le tableau qui précède, on peut faire les constatations suivantes :

- Le texte est constitué de trois grands ensembles délimités chacun par un énoncé dominant de *niveau 1*, c'est-à-dire un énoncé qui n'est pas sous la domination d'un autre. Ces énoncés de niveau 1 (énoncés 1, 5 et 9) forment un mini-texte cohérent en lui-même et ils résument le texte à eux seuls. Ils renferment assurément les informations principales du texte.

- Le texte contient aussi des sous-ensembles délimités par des énoncés subordonnés de *niveau 2*, c'est-à-dire des énoncés qui servent à développer, à expliquer un énoncé dominant de niveau 1. Ces énoncés de niveau 2 ne forment pas un texte cohérent en lui-même, puisqu'ils dépendent d'un énoncé dominant. Mais ils peuvent être compris indépendamment des énoncés de niveau 3, qu'ils dominent. En lisant les énoncés 1, 2, 5, 6, 8 et 9, on obtient un autre résumé cohérent du texte, mais plus détaillé que le premier.

- Enfin, le texte renferme des sous-sous-ensembles constitués par les énoncés subordonnés de *niveau 3*. Ces énoncés expliquent ou développent les énoncés de niveau 2. Ils contiennent les informations secondaires du texte. Soulignons que les énoncés de niveau 3 auraient pu être expliqués ou détaillés à leur tour dans des énoncés de niveau 4, puis ces derniers, dans des énoncés de niveau 5, etc.

L'important, quand on écrit un texte, est de faire en sorte que le lecteur puisse discerner le niveau de chaque énoncé. Il pourra ainsi délimiter les grands ensembles, les sous-ensembles, les sous-sous-ensembles, etc. En d'autres termes, le lecteur doit pouvoir reconnaître le statut hiérarchique de chaque énoncé.

Comme nous l'avons vu à la page 278, un énoncé peut être *dominant* ou *subordonné* par rapport à un autre. Par ailleurs, plusieurs énoncés dominants peuvent être *coordonnés* entre eux, de la même façon que plusieurs énoncés subordonnés peuvent être *coordonnés* entre eux.

La *dominance*, la *subordination* et la *coordination* représentent donc les trois statuts hiérarchiques des énoncés dans un texte.

Or, les connecteurs facilitent la reconnaissance du statut hiérarchique des énoncés.

- Les connecteurs adversatifs-restrictifs et résumatifs (« en contrepartie » et « en somme » dans notre exemple) attribuent un rôle dominant aux énoncés qu'ils introduisent.

- Les connecteurs additifs (« en outre » et « aussi » dans notre exemple) ont pour effet de coordonner les énoncés qu'ils relient, c'est-à-dire de leur accorder le même statut.

- Les autres types de connecteurs (représentés dans notre exemple par les connecteurs explicatifs et illustratifs « en effet », « il faut dire que », « ainsi » et « par exemple ») indiquent la subordination à l'énoncé antérieur.

Comme nous venons de le voir, les connecteurs sont des marqueurs de relation très puissants. Mais il ne faut pas en abuser, car ils sont parfois redondants, superflus.

LES CONNECTEURS REDONDANTS ET LES CONNECTEURS ESSENTIELS

Dans les sections traitant de la cohésion thématique, nous avons vu que le lecteur s'attend à ce que l'on continue à parler de la même chose d'un énoncé à un autre. C'est d'ailleurs cette attente de continuité thématique qui lui permet d'interpréter les pronoms et les autres marqueurs de coréférence. Dans *Zoé n'ira pas en classe. Elle a la grippe*, par exemple, on interprète naturellement *elle* comme représentant *Zoé*.

Mais quand on lit, on fait également des prédictions d'ordre sémantique sur la suite du texte. Plus précisément, on anticipe spontanément une relation explicative entre deux énoncés qui se suivent : on s'attend à ce que le second expose la cause ou la conséquence du premier.

Ainsi, dans *Zoé n'ira pas en classe. Elle a la grippe*, on interprète la grippe de Zoé comme étant la *cause* de son absence en classe. Inversement, dans *Zoé a la grippe. Elle n'ira pas en classe*, on voit spontanément l'absence de Zoé en classe comme la *conséquence* de sa grippe.

De telles relations explicatives, de la cause à l'effet et inversement, n'ont pas besoin d'un connecteur pour être comprises, parce qu'elles font partie de ce qu'on appelle « les attentes naturelles du lecteur ».

Ainsi, les connecteurs *en effet* et *donc* sont redondants dans *Zoé n'ira pas en classe. En effet, elle a la grippe* et dans *Zoé a la grippe. Elle n'ira donc pas en classe*.

> Un **connecteur essentiel** est un connecteur dont l'emploi est nécessaire pour qu'un lecteur puisse comprendre le sens d'un texte, parce que la relation qu'il exprime ne peut pas être clairement prédite dans le contexte antérieur. Dans le cas où cette relation peut être prédite et qu'un connecteur est quand même utilisé, il est alors dit *redondant*.

À l'opposé, un **connecteur** est dit **essentiel** lorsque la relation qu'il exprime (opposition, illustration, addition, etc.) ne peut pas être clairement prédite dans le contexte antérieur.

Les défauts de jonction que nous analyserons représentent tous des cas où il manque un connecteur essentiel entre deux énoncés, c'est-à-dire un connecteur dont l'absence nuira à la compréhension du texte.

Nous étudierons, dans l'ordre, le cas des connecteurs adversatifs-restrictifs, illustratifs, additifs, énumératifs, explicatifs, consécutifs-conclusifs et résumatifs.

DES DÉFAUTS DE JONCTION (LIAISON PAR CONNECTEURS)

Les connecteurs adversatifs-restrictifs (« mais », « cependant », « toutefois », « or », etc.)

Les exemples qui suivent montrent comment l'absence d'un connecteur adversatif-restrictif peut nuire à la compréhension d'un texte.

1. *Les jeux électroniques exercent la faculté d'attention et la vitesse de réaction chez les personnes qui s'y adonnent.* 2. *Ils risquent de créer une dépendance psychologique chez les joueurs et les joueuses.* 3. *Pour plusieurs, l'ambition de battre leurs propres records d'habileté devient une véritable obsession.*	**N 1** — 1. *Les jeux électroniques exercent la faculté d'attention et la vitesse de réaction chez les personnes qui s'y adonnent.* **N 1** — 2. *Cependant, ils risquent de créer une dépendance psychologique chez les joueurs et les joueuses.* **N 2** — 3. *Pour plusieurs, l'ambition de battre leurs propres records d'habileté devient une véritable obsession.*

ANALYSONS

- Sans connecteur, l'énoncé 2 risque d'être perçu, à tort, comme une explication ou une conséquence de l'énoncé 1, et comme subordonné (de niveau 2) à celui-ci. Puisqu'il exprime plutôt une opposition par rapport à l'énoncé 1, il convient de marquer cette opposition par un connecteur adversatif-restrictif (*cependant*). Un tel connecteur lui redonnera, en outre, la position dominante qui lui revient (niveau 1).
- L'énoncé 3, qui est subordonné à l'énoncé 2 et qui l'explique manifestement, n'a pas besoin, quant à lui, d'être introduit par un connecteur.

1. *Quand on achète un chiot, on pense surtout au compagnon de jeu, à l'ami fidèle ou au bon gardien qu'il deviendra.* 2. *On doit prévoir ses besoins.* 3. *Il faudra en effet le nourrir, le soigner, le dresser et le promener, même quand il fera un temps… de chien !*	**N 1** — 1. *Quand on achète un chiot, on pense surtout au compagnon de jeu, à l'ami fidèle ou au bon gardien qu'il deviendra.* **N 1** — 2. *On doit toutefois prévoir ses besoins.* **N 2** — 3. *Il faudra en effet le nourrir, le soigner, le dresser et le promener, même quand il fera un temps… de chien !*

ANALYSONS

- On peut faire ici la même analyse qu'à l'exemple précédent.
- Par ailleurs, l'énoncé 3, dans cet exemple, n'a pas vraiment besoin du connecteur *en effet*; cependant, il n'est pas incorrect de l'utiliser.

1. *Vous pouvez emmener votre chien en voyage en Europe.* 2. *Renseignez-vous.* 3. *Il se peut que certains pays exigent qu'il soit vacciné.*	**N 1** — 1. *Vous pouvez emmener votre chien en voyage en Europe.* **N 1** — 2. *Mais renseignez-vous.* **N 2** — 3. *Il se peut que certains pays exigent qu'il soit vacciné.*

ANALYSONS

- À quel propos l'énoncé 2 conseille-t-il de se renseigner? À propos de ce qui est dit dans l'énoncé 1 ou dans l'énoncé 3? Pour indiquer que l'énoncé 2 domine l'énoncé 3, et que l'ensemble qu'ils forment exprime une restriction par rapport à l'énoncé 1, il faut un connecteur adversatif-restrictif (*mais*).
- Voilà un exemple un peu différent des deux précédents, parce qu'il illustre davantage la fonction structurelle des connecteurs adversatifs-restrictifs que leur fonction sémantique.

Les connecteurs illustratifs (« par exemple », « notamment », « ainsi », etc.)

C'est lorsqu'un texte « ne tient pas ses promesses » que l'emploi d'un connecteur illustratif devient essentiel. Les deux exemples suivants le démontrent.

1. *Il y aurait tout de même des avantages à démolir le Stade olympique de Montréal. 2. On cesserait d'engloutir des millions pour lui fabriquer un toit qui tienne enfin le coup. 3. [Puis, retour aux inconvénients.]*	N 1 — 1. *Il y aurait tout de même des avantages à démolir le Stade olympique de Montréal.*
	N 2 — 2. *Par exemple, on cesserait d'engloutir des millions pour lui fabriquer un toit qui tienne enfin le coup.*
	N 1 — 3. [Retour aux inconvénients.]

- L'énoncé 1 promet plusieurs avantages, mais la suite n'en livre qu'un seul, à l'énoncé 2. Pour ne pas décevoir le lecteur dans ses attentes, il faut lui indiquer explicitement qu'on n'exposera qu'un seul des avantages annoncés. On le fera à l'aide du connecteur illustratif *par exemple*.

- On pourrait aussi formuler le texte ainsi : *Il y aurait tout de même un avantage... On cesserait d'engloutir...* L'énoncé 1 ne promettant alors qu'un seul avantage, effectivement donné à l'énoncé 2, on n'a plus besoin de *par exemple*. L'énoncé 2 devient alors explicatif et ne requiert aucun connecteur.

1. *Plusieurs hypothèses ont été avancées pour expliquer la disparition des dinosaures. 2. Il se pourrait qu'à la suite de la collision d'un astéroïde avec la Terre, un nuage de poussières ait enveloppé la planète, plongeant ainsi dans l'obscurité et le froid les animaux, dont plusieurs espèces auraient alors péri. 3. [Puis, paragraphe sur la fossilisation qui a permis de retrouver des traces de dinosaures.]*	N 1 — 1. *Plusieurs hypothèses ont été avancées pour expliquer la disparition des dinosaures.*
	N 2 — 2. *Il se pourrait, notamment, qu'à la suite de la collision d'un astéroïde avec la Terre, un nuage de poussières ait enveloppé la planète, plongeant ainsi dans l'obscurité et le froid les animaux, dont plusieurs espèces auraient alors péri.*
	N 1 — 3. [Paragraphe sur la fossilisation qui a permis de retrouver des traces de dinosaures.]

- On peut faire ici une analyse semblable à celle de l'exemple précédent.

Les connecteurs additifs (« et », « de plus », « en outre », etc.)

De la même façon que le symbole « + » est indispensable à toute addition de nombres, les connecteurs additifs sont généralement indispensables à toute addition d'énoncés. En voici un exemple :

1. *Il y a les tourtières à préparer, sans parler des cadeaux à emballer.* 2. *Que dire de l'arbre de Noël à décorer ?*

1. *Il y a les tourtières à préparer, sans parler des cadeaux à emballer.* 2. *Et que dire de l'arbre de Noël à décorer ?*

- L'énoncé 1 énonce deux tâches du temps des Fêtes. L'énoncé 2 en ajoute une autre, qu'il convient de mettre en évidence par le connecteur additif *et* ; ainsi, le lecteur s'attend à un ajout et non pas à une simple explication de l'énoncé 1.
- Sans le connecteur additif *et*, l'énoncé 2 risque d'être perçu comme subordonné à l'énoncé précédent, comme étant moins important que lui. Avec le connecteur additif, les deux énoncés reçoivent le même statut hiérarchique, et les informations qu'ils contiennent, la même attention.

Comme les connecteurs adversatifs-restrictifs et illustratifs, les connecteurs additifs sont presque toujours requis parce qu'ils expriment une relation qui ne fait pas partie des attentes naturelles du lecteur. Voici toutefois deux exceptions à l'emploi obligé des connecteurs additifs.

On peut d'abord éviter l'emploi des connecteurs additifs dans une énumération s'il y a beaucoup de parallélisme syntaxique entre les énoncés. Comme nous le verrons plus loin, le parallélisme syntaxique (voir « Le parallélisme syntaxique », page 334) est un procédé de hiérarchisation qui utilise la même structure grammaticale d'un énoncé à un autre pour introduire un contenu sémantique différent. Exemple :

1. *N'est-ce pas la cigarette qui vous jaunit les doigts ?* 2. *N'est-ce pas elle qui vous fait tousser dès le réveil ?* 3. *N'est-ce pas elle qui vous encrasse les poumons ?*

Chacun des trois énoncés expose ici un désagrément de la cigarette. Les trois énoncés sont donc dans une relation additive. Mais le parallélisme syntaxique — où l'on utilise toujours la même structure syntaxique (*N'est-ce pas elle qui… ?*) — rend les connecteurs additifs superflus.

On peut ensuite éviter l'usage des connecteurs additifs par une annonce explicite de l'énumération à venir. Des annonces telles que « Voici la liste de… » ou « Voyons les différents aspects de… » orientent les attentes du lecteur dans le sens voulu. Mais attention ! Pour pouvoir éviter l'emploi des connecteurs additifs dans une telle construction, il faudra aussi que les éléments de l'énumération se suivent à la file, sans interruption. Exemple :

1. *L'hiver a quand même ses charmes* [annonce]. 2. *Il adoucit le paysage.* 3. *Il apaise les gens.* 4. *Ses forêts enneigées offrent un spectacle féerique.* 5. *Ses étangs gelés réjouissent les patineurs et les patineuses.*

Et l'on pourrait continuer longtemps ainsi, sans connecteur additif, à la condition de ne pas interrompre, par une explication ou un exemple, l'énumération promise dans le premier énoncé.

Voyons maintenant en quoi l'exemple qui suit est fautif.

N 1	**1.** *Voici les raisons pour lesquelles nous aimerions vivre à la campagne.*	
	N 2	**2.** *L'air y est indiscutablement plus pur qu'en ville.*
	N 2	**3.** *Les gens y sont plus serviables et chaleureux.*
		N 3 **4.** *Ils s'entraident et se rendent visite à des kilomètres à la ronde, alors que les citadins ignorent même leur voisin de palier.*
	N 2	**5.** *En outre, on n'a pas besoin de traverser des ponts encombrés et de grises banlieues pour aller faire du ski l'hiver ou du canot l'été.*

1. *Voici les raisons pour lesquelles nous aimerions vivre à la campagne.* **2.** *L'air y est indiscutablement plus pur qu'en ville.* **3.** *Les gens y sont plus serviables et chaleureux.* **4.** *Ils s'entraident et se rendent visite à des kilomètres à la ronde, alors que les citadins ignorent même leur voisin de palier.* **5.** *On n'a pas besoin de traverser des ponts encombrés et de grises banlieues pour aller faire du ski l'hiver ou du canot l'été.*

ANALYSONS

- Malgré l'annonce d'une énumération à l'énoncé 1, il faut un connecteur additif, à l'énoncé 5, parce que les éléments de l'énumération aux énoncés 2, 3 et 5 ont été séparés par l'explication de l'un d'entre eux à l'énoncé 4.
- Sans le connecteur additif, l'énoncé 5 risque d'être perçu, à son tour, comme l'explication ou la conséquence de celui qui le précède. Il se verrait alors attribuer le niveau 4, alors qu'il est de niveau 2, comme les autres éléments de l'énumération.
- Le connecteur additif agit donc ici sur la structure du texte.

Analysons un dernier exemple fautif qui met encore plus en évidence l'action structurante des connecteurs additifs.

N 1	**1.** *Les activités des paparazzis sont à la limite de la légalité, car ces photographes envahissent la vie privée des gens.*
	N 2 **2.** *Nuit et jour, ils épient leurs moindres gestes.*
N 1	**3.** *De plus, ils vivent de l'argent gagné en vendant des photos que, bien souvent, ils ont prises sans le consentement de leurs « victimes ».*

1. *Les activités des paparazzis sont à la limite de la légalité, car ces photographes envahissent la vie privée des gens.* **2.** *Nuit et jour, ils épient leurs moindres gestes.* **3.** *Ils vivent de l'argent gagné en vendant des photos que, bien souvent, ils ont prises sans le consentement de leurs « victimes ».*

ANALYSONS

- Les énoncés 1 et 3 exposent chacun un aspect de la presque illégalité des activités des paparazzis. Comme il n'y a pas d'annonce d'énumération, l'énoncé 2 est perçu comme une explication de l'énoncé 1, ce qu'il est.
- Le statut hiérarchique de l'énoncé 3, par contre, ne peut être clarifié que par un connecteur additif (ici *de plus*), qui mettra en évidence l'autre aspect presque illégal des activités des paparazzis, le premier étant le fait qu'ils envahissent la vie privée des gens (énoncé 1).

- Lorsqu'une relation additive n'est pas indiquée entre plusieurs énoncés successifs ou non, utilisons un connecteur additif pour introduire chaque ajout.
- On peut également utiliser le parallélisme syntaxique ou annoncer l'énumération à venir. Dans ce dernier cas, il faut veiller à ne pas interrompre l'énumération ou penser à remettre un connecteur additif après chaque interruption.

Les connecteurs énumératifs (« premièrement/deuxièmement », « d'abord/ensuite/enfin », etc.)

Les connecteurs énumératifs jouent un rôle semblable à celui des connecteurs additifs. Exemple :

1. *Voici les raisons pour lesquelles nous aimerions vivre à la campagne.* **2. D'abord,** *l'air y est indiscutablement plus pur qu'en ville.* **3. Ensuite,** *les gens y sont plus serviables et chaleureux.* **4.** *Ils s'entraident et se rendent visite à des kilomètres à la ronde, alors que les citadins ignorent même leur voisin de palier.* **5. Enfin,** *on n'a pas besoin de traverser des ponts encombrés et de grises banlieues pour aller faire du ski l'hiver ou du canot l'été.*

Il faut cependant éviter d'énoncer « d'abord » ou « premièrement », sans jamais donner le « ensuite » ou le « deuxièmement » qu'attendra inévitablement le lecteur.

De même, on évitera de commencer une énumération par un connecteur énumératif et de la poursuivre avec un connecteur additif. Exemple :

1. *Les activités des paparazzis sont à la limite de la légalité.* **2. Premièrement,** *ces photographes envahissent la vie privée des gens.* **3.** *Nuit et jour, en effet, ils épient leurs moindres gestes.* **4. De plus,** *ils vivent de l'argent gagné en vendant des photos que, bien souvent, ils ont prises sans le consentement de leurs « victimes ».*

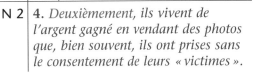

N 1	**1.** *Les activités des paparazzis sont à la limite de la légalité.*	
	N 2	**2. Premièrement,** *ces photographes envahissent la vie privée des gens.*
		N 3	**3.** *Nuit et jour, en effet, ils épient leurs moindres gestes.*
	N 2	**4.** *Deuxièmement, ils vivent de l'argent gagné en vendant des photos que, bien souvent, ils ont prises sans le consentement de leurs « victimes ».*

- Malgré le *de plus* de l'énoncé 4, on continue d'attendre un *deuxièmement*. On pourrait penser, en effet, que les énoncés 3 et 4 sont deux explications de l'énoncé 2, coordonnées par *de plus*.
- Il faut donc introduire l'énoncé 4 par *deuxièmement* plutôt que par *de plus*.

L'exemple qui suit est une modification de l'exemple que nous venons de voir. Il illustre la propriété qu'ont les connecteurs énumératifs de bien détacher les éléments d'une énumération dans une structure complexe où il y a déjà des connecteurs additifs.

N 1			1. *Les activités des paparazzis sont à la limite de la légalité.*
	N 2		2. ***Premièrement***, *ces photographes envahissent la vie privée des gens.*
		N 3	3. *Nuit et jour, en effet, ils épient leurs moindres gestes.*
		N 3	4. ***De plus***, *ils s'introduisent effrontément auprès de leurs parents et amis.*
	N 2		5. ***Deuxièmement***, *ils vivent de l'argent gagné en vendant des photos que, bien souvent, ils ont prises sans le consentement de leurs « victimes ».*

C'est cette particularité structurante des connecteurs énumératifs qui les fait parfois préférer aux connecteurs additifs.

EN PRATIQUE
- Lorsque nous avons commencé à utiliser un connecteur énumératif, continuons partout où cela est requis.
- Lorsque les éléments d'une énumération se trouvent dans une structure trop complexe pour qu'on n'utilise que les connecteurs additifs, choisissons les connecteurs énumératifs.

Les connecteurs explicatifs (« en effet », « c'est que », « c'est-à-dire », etc.) et consécutifs-conclusifs (« donc », « en conséquence », « c'est pourquoi », etc.)

Comme nous l'avons dit, on s'attend naturellement à une relation de cause à effet (ou l'inverse) entre deux énoncés successifs. Le fait de marquer ce type de relation par un connecteur explicatif ou consécutif-conclusif est donc souvent superflu, bien que nullement nuisible.

Étudions d'abord le cas des connecteurs explicatifs.

Les connecteurs explicatifs

Voici deux exemples de connecteurs explicatifs superflus, mais non nuisibles.

*Zoé n'ira pas en classe. **En effet**, elle a la grippe.*

*Shan manquera son autobus. **C'est qu**'elle s'est levée en retard.*

Si l'usage des connecteurs explicatifs est le plus souvent superflu, il existe des cas où il est indispensable si l'on veut éviter un problème de compréhension. Exemples :

1. **a)** *Le téléphone cellulaire est un appareil extrêmement utile* 1. **b)** *bien que son usage soit à proscrire durant un spectacle.* 2. *Il est très désagréable d'entendre une sonnerie retentir au milieu d'une pièce de théâtre ou d'un concert.*

1. **a)** *Le téléphone cellulaire est un appareil extrêmement utile* 1. **b)** *bien que son usage soit à proscrire durant un spectacle.* 2. *Il est* en effet *très désagréable d'entendre une sonnerie retentir au milieu d'une pièce de théâtre ou d'un concert.*

1. **a)** *Cette femme est sans doute coupable* 1. **b)** *même si elle affiche un air innocent.* 2. *Elle a un regard parfaitement candide.*

1. **a)** *Cette femme est sans doute coupable* 1. **b)** *même si elle affiche un air innocent.* 2. *En effet, elle a un regard parfaitement candide.*

ANALYSONS

- Dans chacun de ces deux exemples, on ne comprend pas spontanément le lien entre les deux énoncés. Pourtant, l'énoncé 2 est explicatif par rapport à l'énoncé 1. Mais la partie de l'énoncé 1 qu'il explique n'est pas celle qu'on s'attendrait à voir expliquer. En effet, l'explication de l'énoncé 2 s'applique à la partie b de l'énoncé 1, une partie plutôt effacée par rapport à la partie a, qui est davantage mise en évidence.

- Puisque l'énoncé 2 explique une partie plus effacée de l'énoncé 1, il convient de l'introduire par un connecteur explicatif qui dira expressément au lecteur : « Attention ! Nous allons expliquer quelque chose. »

- Une autre solution consisterait à modifier l'énoncé 1 de façon à mettre en évidence l'information qu'on s'apprête à expliquer dans l'énoncé 2. On n'aura alors plus besoin de *en effet* :

  1. **a)** *L'usage du téléphone cellulaire est à proscrire durant un spectacle* 1. **b)** *bien que cet appareil soit extrêmement utile.* 2. *Il est très désagréable d'entendre une sonnerie retentir au milieu d'une pièce de théâtre ou d'un concert.*

  1. **a)** *Cette femme affiche un air innocent* 1. **b)** *même si elle est sans doute coupable.* 2. *Elle a un regard parfaitement candide.*

EN PRATIQUE Pour évaluer la nécessité d'un connecteur explicatif dans un énoncé donné, demandons-nous si cet énoncé explique une partie mise en évidence dans l'énoncé qui le précède. Si la réponse est non, introduisons notre explication par un connecteur explicatif ou modifions l'énoncé antérieur de façon à mettre en évidence l'information à expliquer.

Voyons maintenant le cas des connecteurs consécutifs-conclusifs.

Les connecteurs consécutifs-conclusifs

Comme les connecteurs explicatifs, les connecteurs consécutifs-conclusifs sont souvent superflus, parce qu'ils introduisent une relation naturellement attendue par le lecteur. Leur usage n'est pourtant pas nuisible. Exemples :

*Zoé a la grippe. Elle n'ira **donc** pas en classe.*

*Shan s'est levée en retard. **Par conséquent**, elle manquera son autobus.*

Mais il est des cas où, sans être absolument essentiel, l'usage des connecteurs consécutifs-conclusifs est souhaitable. Exemples :

1. *René Lévesque a été ministre du cabinet Lesage de 1960 à 1966.* 2. *Il a **donc** participé à la Révolution tranquille.*

1. *Après leur naissance, les bébés koalas poursuivent leur développement dans une cavité incubatoire ventrale que porte leur mère.* 2. *Les koalas sont **donc** des marsupiaux.*

Voilà des exemples où la reconnaissance du lien consécutif-conclusif entre deux énoncés exige du lecteur des connaissances d'*ordre encyclopédique*, c'est-à-dire des connaissances que tout le monde ne possède pas nécessairement. L'emploi du connecteur consécutif-conclusif « donc » y est par conséquent essentiel.

Les connaissances d'ordre encyclopédique s'opposent à celles d'*ordre pragmatique*, qui relèvent plutôt, elles, du sens commun. Les énoncés qui concernent des connaissances d'ordre pragmatique n'ont donc pas besoin de connecteur consécutif-conclusif pour être acceptés comme la conséquence ou la conclusion d'un énoncé antérieur. C'était le cas dans les exemples « Zoé a la grippe… » et « Shan s'est levée… ».

EN PRATIQUE Pour évaluer la nécessité d'un connecteur consécutif-conclusif dans un énoncé donné, demandons-nous si cet énoncé est une conséquence ou une conclusion d'ordre pragmatique par rapport à l'énoncé qui le précède. Si la réponse est non, introduisons notre conclusion ou notre conséquence par un connecteur consécutif-conclusif.

Les connecteurs résumatifs (« bref », « en somme », « donc », etc.)

Nous venons d'étudier les connecteurs consécutifs-conclusifs, dont le connecteur « donc » est le représentant le plus fréquent. Mais le connecteur « donc » est polysémique, c'est-à-dire qu'il peut exprimer plusieurs types de relations. Ainsi, ce connecteur sert également à exprimer la synthèse, le résumé. Nous verrons que, lorsqu'il est résumatif, le connecteur « donc », de même que les autres connecteurs résumatifs (« bref », « en somme », etc.), est généralement indispensable. Nous verrons aussi qu'à la différence du « donc » consécutif-conclusif le « donc » résumatif attribue un rôle dominant aux énoncés qu'il introduit.

Étudions maintenant quelques-uns de ces cas où « donc » est indispensable lorsqu'il exprime le résumé ou la synthèse, et tentons de corriger les exemples fautifs qui suivent.

✂ [1. Longue démonstration visant à dénoncer le fait que la consommation de viande encourage la violence à l'égard des animaux. Dernier énoncé de cette démonstration et suite :] *2. Pour un seul repas de côtelettes ou de saucisses, un animal est sacrifié. 3. La consommation de viande encourage la violence à l'égard des animaux.*	N 1 [1. Premier énoncé du texte, nécessairement de niveau 1, puis longue démonstration visant à dénoncer le fait que la consommation de viande encourage la violence à l'égard des animaux.]

	N 2	[Dernier énoncé de cette démonstration :] *2. Pour un seul repas de côtelettes ou de saucisses, un animal est sacrifié.*
N 1		*3. La consommation de viande encourage donc la violence à l'égard des animaux.*

- Sans l'ajout du connecteur résumatif *donc*, l'énoncé 3 paraîtrait répétitif.

✂ *1. Les cartes de crédit permettent d'acheter à peu près n'importe quoi sans qu'on ait besoin d'avoir d'argent liquide sur soi. 2. Par contre, ces minces rectangles de plastique nous incitent souvent à acquérir des objets hors de prix. 3. Les cartes de crédit nous encouragent à vivre au-dessus de nos moyens.*	N 1 *1. Les cartes de crédit permettent d'acheter à peu près n'importe quoi sans qu'on ait besoin d'avoir d'argent liquide sur soi.*
	N 1 *2. Par contre, ces minces rectangles de plastique nous incitent souvent à acquérir des objets hors de prix.*
	N 1 *3. Les cartes de crédit nous encouragent donc à vivre au-dessus de nos moyens.*

- Sans le connecteur résumatif *donc* à l'énoncé 3, il est difficile de comprendre le statut hiérarchique de cet énoncé dans le texte.

EN PRATIQUE Pour éviter qu'un énoncé résumatif paraisse répétitif et pour bien marquer son statut hiérarchique dans un ensemble, introduisons-le par un connecteur résumatif.

Synthèse À LA JONCTION DE LA COHÉSION ET DE LA HIÉRARCHISATION

La jonction d'énoncés par des mots de relation, ou connecteurs, a une double fonction :

- une fonction sémantique ;
- une fonction structurelle.

Par sa fonction sémantique, la jonction contribue à la cohésion du texte, en indiquant le sens de la relation entre deux énoncés.

Par sa fonction structurelle, elle contribue à sa hiérarchisation, en marquant le niveau (1er, 2e, 3e, etc.) d'un énoncé, ainsi que son statut hiérarchique (dominant, subordonné, coordonné).

La fonction sémantique des connecteurs

La jonction exprime la relation logique (conséquence, cause, opposition, etc.) ou la relation temporelle (antériorité, simultanéité, postériorité) qui unit deux énoncés successifs.

Le tableau qui suit regroupe les principaux types de connecteurs en fonction des relations qu'ils expriment.

PRINCIPAUX TYPES DE CONNECTEURS		
Connecteurs	**Relations exprimées**	**Exemples**
Adversatifs-restrictifs	Opposition, restriction	Mais, cependant, en revanche, au contraire, par contre, toutefois, néanmoins
Explicatifs	Explication	En effet, c'est que, c'est-à-dire
Consécutifs-conclusifs	Conséquence, conclusion	Donc, par conséquent, c'est pourquoi, aussi, alors
Illustratifs	Illustration	Par exemple, notamment, ainsi
Résumatifs	Résumé, synthèse	Bref, en somme, donc
Additifs	Addition	Et, de plus, en outre, également, aussi
Énumératifs	Énumération	Premièrement/deuxièmement, d'abord/ensuite/enfin
Temporels	Temps	D'abord, après, ensuite, puis, alors, aujourd'hui, autrefois

La fonction structurelle des connecteurs

La jonction sert aussi à marquer l'importance d'un énoncé par rapport aux autres. Elle aide ainsi le lecteur à distinguer les informations principales des informations secondaires, à délimiter les grands ensembles d'un texte (énoncés de niveau 1) et à en reconnaître les sous-ensembles (énoncés de niveau 2, 3, 4, etc.).

Les trois statuts hiérarchiques possibles d'un énoncé sont :
- la dominance ;
- la subordination ;
- la coordination.

Les connecteurs adversatifs-restrictifs et résumatifs (« en contrepartie », « en somme », etc.) introduisent des énoncés dominants ; les connecteurs additifs (« en outre », « aussi », etc.) coordonnent des énoncés de même niveau hiérarchique ; les autres types de connecteurs introduisent un énoncé subordonné à un énoncé antérieur.

Le principe de la jonction

La présence d'un connecteur pour relier deux énoncés est obligatoire lorsque la relation entre ces énoncés ne peut pas être prédite par le lecteur à l'aide du contexte antérieur.

Le tableau suivant reprend les différents types de connecteurs et explique dans quels cas la présence d'un connecteur est indispensable pour rendre le texte intelligible.

TYPE DE CONNECTEUR	CONDITIONS D'UTILISATION
Connecteurs adversatifs-restrictifs	Quand l'opposition entre deux énoncés n'est pas clairement indiquée, il faut utiliser un connecteur adversatif ou restrictif : « mais », « cependant », « toutefois », « or », etc.
Connecteurs illustratifs	Lorsqu'un énoncé annonce plusieurs choses, mais que la suite du texte n'en présente qu'une, il faut utiliser un connecteur illustratif : « par exemple », « notamment », « ainsi », etc.
Connecteurs additifs	Lorsque la relation d'addition entre deux énoncés n'est pas clairement indiquée, il faut introduire le second par un connecteur additif : « et », « de plus », « en outre », etc.
Connecteurs énumératifs	Lorsqu'on commence à utiliser un connecteur énumératif (« premièrement/deuxièmement », « d'abord », « ensuite », « enfin », etc.), il faut poursuivre avec ce même type de connecteur.
Connecteurs explicatifs	Lorsqu'un énoncé n'explique pas la partie principale de l'énoncé antérieur, il faut introduire cet énoncé par un connecteur explicatif (« en effet », « c'est que », « c'est-à-dire », etc.) ou modifier l'énoncé antérieur pour mettre en évidence la partie expliquée.
Connecteurs consécutifs-conclusifs	Si la compréhension de la conséquence ou de la conclusion présentée dans un énoncé relève du sens commun, le connecteur est superflu. Par contre, si la conséquence ou la conclusion ne va pas de soi, il faut introduire cet énoncé par un connecteur consécutif ou conclusif : « en conséquence », « c'est pourquoi », « donc », etc.
Connecteurs résumatifs	Pour éviter qu'un énoncé résumatif ne paraisse répétitif et pour bien marquer son statut hiérarchique dans un ensemble, il faut l'introduire par un connecteur résumatif : « bref », « en somme », « donc », etc.

Chapitre 17
La hiérarchisation

PARTIE III
La grammaire
du texte

CHAPITRE 15
La cohésion

CHAPITRE 16
À la jonction
de la cohésion et de
la hiérarchisation

CHAPITRE 17
La hiérarchisation

Une question d'organisation

Il en va dans un texte comme dans un magasin. Un texte doit être bien ordonné, bien organisé, afin que le lecteur puisse s'y retrouver. Nous avons commencé à faire ce travail avec les connecteurs (voir le chapitre précédent). Nous poursuivrons ce travail de structuration ou de hiérarchisation du texte dans les pages qui suivent.

Traitement des notions

Avec la jonction, dont nous venons de traiter au chapitre 16, nous avons clos la section «cohésion» de notre étude sur la cohérence et nous en avons ouvert le volet «hiérarchisation». Nous allons maintenant approfondir cette notion.

> Les procédés de **hiérarchisation** ont pour but de mettre en valeur certaines informations par rapport à d'autres dans un texte.

La **hiérarchisation** permet de mettre en valeur certaines informations d'un texte. Elle est comparable à un éclairage de théâtre qui fait ressortir un personnage ou un élément de décor particulier. Nous verrons d'abord les procédés qui hiérarchisent *les énoncés dans le texte*, puis ceux qui hiérarchisent *les mots ou les groupes de mots dans l'énoncé*.

LES PROCÉDÉS DE HIÉRARCHISATION DES ÉNONCÉS DANS LE TEXTE

Parmi les procédés de hiérarchisation des énoncés dans le texte, nous étudierons l'ordre des énoncés, l'articulation des informations, les énoncés présentatifs et les séparateurs de catégories sémantiques.

L'ORDRE DES ÉNONCÉS

L'ordre de présentation des énoncés a deux fonctions : regrouper les informations parentes et les hiérarchiser.

L'ordre des énoncés pour les regrouper

Un texte bien hiérarchisé met ensemble ce qui va ensemble. Il regroupe les énoncés par thèmes afin de mettre ces thèmes en valeur.

Voyons des cas où le désordre des énoncés empêche de bien voir les différents thèmes d'un texte.

> Un texte désordonné est comparable à un coffre dans lequel divers objets sont empilés pêle-mêle. Il serait bien difficile d'en faire l'inventaire !
> Un texte ordonné, au contraire, ressemble plutôt à un coffre au contenu bien rangé, dont les objets sont regroupés par catégories : par exemple une pile de chandails, une pile de pyjamas, une pile de bas, etc.
> De la même façon qu'il est plus facile de faire l'inventaire d'un coffre bien rangé, il est plus facile de savoir de quoi parle un texte ordonné.

Des défauts liés à l'ordre des énoncés pour les regrouper

1. La cigarette peut causer toutes sortes de maladies, dont le cancer de la gorge ou du poumon. 2. Et puis, elle coûte cher: le prix d'un paquet équivaut à celui d'un poulet rôti. 3. De plus, la cigarette est très nocive pour les femmes enceintes.

1. Certaines personnes considèrent le sport comme un moyen de se mettre en forme, tandis que d'autres s'y adonnent par amour de la compétition. 2. Pour moi, le sport constitue un simple divertissement. 3. C'est aussi, pour plusieurs, un moyen de se faire des amis.

1. La cigarette peut causer toutes sortes de maladies, dont le cancer de la gorge ou du poumon. 3. De plus, la cigarette est très nocive pour les femmes enceintes. 2. Et puis, elle coûte cher: le prix d'un paquet équivaut à celui d'un poulet rôti.

1. Certaines personnes considèrent le sport comme un moyen de se mettre en forme, tandis que d'autres s'y adonnent par amour de la compétition. 3. C'est aussi, pour plusieurs, un moyen de se faire des amis. 2. Pour moi, le sport constitue un simple divertissement.

- Dans le premier exemple, les énoncés 1 et 3 développent un même thème, soit l'effet de la cigarette sur la santé, alors que l'énoncé 2 en expose un autre : son coût. Il est pourtant difficile de bien percevoir ces deux thèmes, car leurs différentes parties sont entremêlées.

- Il en va de même pour le deuxième exemple, dans lequel l'énoncé 2 expose ce que le sport constitue pour l'émetteur, et les énoncés 1 et 3 ce qu'il représente pour d'autres personnes.

- Dans les deux exemples, l'énoncé 2 devient un *thème intrus* dans l'ensemble thématique constitué par les énoncés 1 et 3. Le thème exposé dans les énoncés 1 et 3, de son côté, est un *thème éclaté*, car ses différentes parties sont dispersées.

- Dans les deux cas, il faut donc modifier l'ordre des énoncés en 1-3-2 pour regrouper les informations issues d'un même thème et ainsi mieux faire « voir » ce thème.

EN PRATIQUE Lorsque nous rédigeons, veillons à ordonner les énoncés de façon à les regrouper par thèmes.

L'ordre des énoncés pour les hiérarchiser

Dans un texte où les informations ne sont pas bien hiérarchisées, les énoncés sont disposés de façon si maladroite qu'il est difficile de discerner quel énoncé domine quel autre, ou de distinguer ce qui est une cause et ce qui est une conséquence. Nous analyserons maintenant de tels cas.

Un texte désordonné est aussi comparable à une colonne d'objets à l'équilibre précaire, où de petits objets en supportent des gros et où des objets tout en largeur vacillent sur des objets plus étroits. Cette colonne risque fort de s'effondrer ! De la même façon, un texte qui ne dispose pas les énoncés selon leur importance relative s'écroulera lui aussi.

Des défauts liés à l'ordre des énoncés pour les hiérarchiser

1. *Le réseau Internet est fabuleux comme moyen de communication.* **2.** *Il nous permet de converser en temps réel et à peu de frais avec des gens de tous les continents.* **3.** *C'est pourquoi il est de plus en plus populaire.*

2. *Le réseau Internet nous permet de converser en temps réel et à peu de frais avec des gens de tous les continents.* **1.** *C'est pour cette raison qu'il est fabuleux comme moyen de communication.* **3.** *C'est aussi pour cette raison qu'il est de plus en plus populaire.*

- L'énoncé 2 est encadré de ses deux conséquences (énoncés 1 et 3). C'est comme si l'on superposait, dans une colonne, une petite brique, une grosse brique, et encore une petite. Mais surtout, les deux conséquences sont trop éloignées l'une de l'autre pour que le lecteur puisse les voir en même temps. Elles sont même *compétitives* en ce sens qu'un lecteur normal ne retiendra probablement que la toute dernière citée, à l'énoncé 3.

- La correction consiste à modifier l'ordre des énoncés de façon à rapprocher les deux conséquences, puis à coordonner ces conséquences par un connecteur additif qui leur donnera le même statut hiérarchique.

- On pourrait aussi combiner les deux conséquences en un seul énoncé : **2.** *Le réseau Internet nous permet de converser en temps réel et à peu de frais avec des gens de tous les continents.* **1.-3.** *C'est pourquoi il est non seulement fabuleux comme moyen de communication, mais aussi de plus en plus populaire.*

1. *Le perçage choque encore la plupart des adultes.* **2.** *C'est sans doute pourquoi bien des jeunes se font percer qui un sourcil, qui une lèvre, qui le nombril.* **3.** *Mais quelle que soit la région percée, le perçage permet d'attirer l'attention sur soi.* **4.** *C'est cette possibilité de se démarquer qui pousse un grand nombre de jeunes à se faire percer la peau.*

1. *Le perçage choque encore la plupart des adultes.* **3.** *De plus, il permet d'attirer l'attention sur soi.* **2.** *C'est pourquoi bien des jeunes se font percer qui un sourcil, qui une lèvre, qui le nombril.* [Éliminer l'énoncé 4.]

- Pourquoi bien des jeunes sont-ils adeptes du perçage, comme l'indiquent les énoncés 2 et 4 ? Comme dans l'exemple précédent, la réponse est malencontreusement dispersée dans deux énoncés éloignés l'un de l'autre, soit les énoncés 1 et 3 ; cela nous empêche de les voir ensemble, et les rend même compétitifs. Ici, le texte fait maladroitement alterner une cause (énoncé 1), sa conséquence (énoncé 2), puis une autre cause (énoncé 3) de la même conséquence redite en d'autres mots dans l'énoncé 4.

- Il faut donc modifier l'ordre des énoncés pour rapprocher les deux causes et coordonner ces causes ; on élimine ensuite l'énoncé 4.

Voici encore deux exemples dont on pourrait réordonner les énoncés pour rétablir la structure hiérarchique de l'ensemble. Mais on pourra les corriger tout aussi efficacement en n'utilisant que la coordination par connecteur.

1. *Trop souvent, les accidents de la route sont causés par des personnes en état d'ébriété.* **2.** *Devrait-on, par conséquent, imposer des amendes plus élevées dans les cas d'ivresse au volant ?* **3.** *Je crois que oui, car cela rapporterait de l'argent que le gouvernement pourrait consacrer à ses programmes de santé.*

1. *Trop souvent, les accidents de la route sont causés par des personnes en état d'ébriété.* **2.** *Devrait-on, par conséquent, imposer des amendes plus élevées dans les cas d'ivresse au volant ?* **3.** *Je crois que oui, d'autant plus que cela rapporterait de l'argent que le gouvernement pourrait consacrer à ses programmes de santé.*

- Cet exemple expose deux arguments en faveur de l'augmentation des amendes pour conduite en état d'ébriété. Mais le lecteur peut difficilement les voir ensemble en raison de leur disposition dans le texte. Ces arguments sont même compétitifs, parce que le dernier évoqué (à l'énoncé 3) relègue l'autre dans l'oubli.

- L'ajout du connecteur *d'autant plus que* pour introduire l'argument de l'énoncé 3 corrige le défaut de structuration en rappelant l'autre argument, évoqué à l'énoncé 1.

1. *En augmentant les peines imposées pour l'ivresse au volant, on inciterait bien des gens à la modération.* **2.** *De plus, ces gens donneraient un meilleur exemple aux jeunes.* **3.** *Il faut donc à tout prix augmenter les amendes pour conduite en état d'ébriété.* **4.** *Cela aura sans doute pour effet de réduire les risques d'accidents.*

1. *En augmentant les peines imposées pour l'ivresse au volant, on inciterait bien des gens à la modération.* **2.** *De plus, ces gens donneraient un meilleur exemple aux jeunes.* **3.** *Il faut donc à tout prix augmenter les amendes pour conduite en état d'ébriété, d'autant plus que cela aura sans doute pour effet de réduire les risques d'accidents.*

- L'analyse faite à l'exemple précédent s'applique ici aussi, sauf que les arguments sont au nombre de trois et que celui qui est incorrectement disposé se trouve à l'énoncé 4.

EN PRATIQUE

- Lorsque nous rédigeons, veillons à ne pas séparer, dans l'espace-temps du texte, les causes ou les conséquences se rapportant à un même énoncé.

- Souvenons-nous, par ailleurs, qu'il est possible de *rappeler* une explication éloignée, grâce au connecteur « d'autant plus que ».

L'ARTICULATION DES INFORMATIONS

En grammaire du texte, l'articulation est ce qui réunit en un seul énoncé deux groupes de mots qui jouent le même rôle par rapport à un troisième.

Quand on entend « articulation », on pense tout de suite à « anatomie ». On songe, par exemple, au genou, qui est l'articulation à laquelle sont rattachées la cuisse et la jambe.

Observons l'énoncé suivant : *Je mange beaucoup de pommes parce que je les aime et que nous possédons un verger.* Les groupes de mots *je les aime* et *nous possédons un verger* sont réunis par l'articulation *parce que… et que.* Ils jouent le même rôle explicatif par rapport à *Je mange beaucoup de pommes.* Observons maintenant les énoncés suivants : *Je mange beaucoup de pommes parce que je les aime. De plus, nous possédons un verger.* Cet ensemble est *disloqué* ; on ne comprend pas sa structure, parce que le second énoncé est amputé de l'articulation « parce que ». En somme, on a fait deux énoncés avec ce qui devait n'en former qu'un. C'est aussi le cas des exemples que nous analyserons ici.

Des défauts liés à l'articulation des informations

1. Les jeunes filles qui souffrent d'anorexie se laissent mourir de faim à cause d'un problème de perception. 2. C'est-à-dire que, même minces comme un fil, elles se trouvent grosses. 3. Donc elles refusent de manger un simple haricot par peur de grossir.

1. Les jeunes filles qui souffrent d'anorexie se laissent mourir de faim à cause d'un problème de perception. 2.-3. C'est-à-dire que, même minces comme un fil, elles se trouvent grosses et qu'elles refusent de manger un simple haricot par peur de grossir.

- Le connecteur *c'est-à-dire que*, dans l'énoncé 2, promet une explication de l'énoncé 1. Mais on s'aperçoit, à la lecture de l'énoncé 3, que l'explication donnée par l'énoncé 2 n'était pas complète. L'énoncé 3 devrait donc être lié au *c'est-à-dire que* de l'énoncé 2.
- Il s'agit donc d'articuler les énoncés 2 et 3 autour de *c'est-à-dire que… et que*, comme on le voit ci-dessus, pour n'en faire qu'un seul énoncé.

1. Le végétarisme est beaucoup moins contraignant que le végétalisme. 2. En effet, les végétariens ne s'interdisent que la viande. 3. Les végétalistes s'interdisent tout aliment provenant du règne animal, y compris le lait, le beurre, les œufs et le miel.

1. Le végétarisme est beaucoup moins contraignant que le végétalisme. 2.-3. En effet, les végétariens ne s'interdisent que la viande, alors que les végétalistes s'interdisent tout aliment provenant du règne animal, y compris le lait, le beurre, les œufs et le miel.

- L'énoncé 2 ne répond pas tout seul à l'explication promise par *en effet*. Il faut attendre la fin de l'énoncé 3 pour recevoir l'explication complète.
- Il s'agit donc de regrouper les énoncés 2 et 3 en les articulant autour de *alors que*.

Comme nous l'avons vu dans les deux exemples qui précèdent, une explication promise par « c'est-à-dire » ou par « en effet » a gauchement été distribuée dans deux énoncés. Il était pourtant possible de combiner ces deux énoncés en un seul et de les articuler autour d'un connecteur commun pour bien montrer qu'ils jouaient le même rôle explicatif par rapport à un troisième.

Il arrive cependant que le nombre et la longueur des énoncés explicatifs interdisent de les combiner en un seul. On peut alors introduire ces longues explications par un énoncé présentatif, comme nous le verrons à la page suivante.

EN PRATIQUE Lorsque deux énoncés successifs font partie de la même explication, vérifions si nous ne pourrions pas les combiner en un seul et les articuler à l'aide d'un connecteur commun.

LES ÉNONCÉS PRÉSENTATIFS

> Un **énoncé présentatif** est un groupe de mots (« Voici comment », « Je m'explique », etc.) qui introduit une démonstration qu'il serait impossible de combiner en un seul énoncé.

Certaines explications sont trop longues pour être combinées en un seul énoncé comme avec le procédé de l'articulation. On les introduit alors à l'aide d'**énoncés présentatifs** tels « Voici comment », « Voyons en quoi », « Je m'explique », etc.

Ces énoncés avertissent qu'une explication se déroulera en plusieurs étapes. Ils font ainsi patienter le lecteur, qui s'attend à une explication immédiate.

Voyons-en deux exemples.

Des défauts liés aux énoncés présentatifs

1. Le travail à temps partiel joue un rôle important dans le décrochage scolaire. 2. Moins on étudie, moins on réussit. 3. Or, les élèves qui travaillent à temps partiel ont moins de temps pour étudier et voient leurs notes baisser, ce qui les décourage et les incite à abandonner leurs études.

1. Le travail à temps partiel joue un rôle important dans le décrochage scolaire. Voici comment. 2. Moins on étudie, moins on réussit. 3. Or, les élèves qui travaillent à temps partiel ont moins de temps pour étudier et voient leurs notes baisser, ce qui les décourage et les incite à abandonner leurs études.

- Après l'énoncé 1, le lecteur s'attend à une explication de ce qui vient d'être dit. Or, l'énoncé 2 ne suffit pas à expliquer l'énoncé 1. Il n'est que le début d'une longue démonstration qu'il est impossible de combiner en un seul énoncé.

- Pour faire patienter le lecteur et lui éviter une pénible impression d'incohérence entre les énoncés 1 et 2, il faut lui annoncer l'arrivée de cette démonstration : on le fait ici à l'aide de l'énoncé présentatif *Voici comment.*

1. D'une certaine façon, les célébrités ont besoin des paparazzis. 2. Quand une personne veut se faire un nom, dans quelque domaine que ce soit, elle a besoin qu'on la voie partout. 3. Une fois qu'elle est connue, elle doit rester en vue. 4. Or, sans les paparazzis, elle n'aurait sa photo ni dans les journaux ni dans les magazines ; elle resterait inconnue ou tomberait dans l'oubli.

1. D'une certaine façon, les célébrités ont besoin des paparazzis. Je m'explique. 2. Quand une personne veut se faire un nom, dans quelque domaine que ce soit, elle a besoin qu'on la voie partout. 3. Une fois qu'elle est connue, elle doit rester en vue. 4. Or, sans les paparazzis, elle n'aurait sa photo ni dans les journaux ni dans les magazines ; elle resterait inconnue ou tomberait dans l'oubli.

Ce texte s'analyse de la même façon que le précédent.

EN PRATIQUE Lorsqu'une explication attendue par le lecteur est une longue démonstration qu'il serait impossible de combiner en un seul énoncé, introduisons-la par un énoncé présentatif tel que « Voici comment », « Voyons en quoi », « Je m'explique », etc.

LES SÉPARATEURS DE CATÉGORIES SÉMANTIQUES

> Les **séparateurs de catégories sémantiques** sont une série de mots ou de groupes de mots qui servent à indiquer les frontières entre des groupes d'énoncés.

Les **séparateurs de catégories sémantiques** sont très utiles quand on a besoin, dans un texte, d'identifier des groupes d'énoncés par leur catégorie sémantique, ce qui met encore plus d'ordre dans le texte.

Dans un texte sur les sports d'équipe, par exemple, où l'on doit donner plusieurs éléments d'information sur différents sports, on pourrait utiliser les séparateurs suivants : «Au hockey… Au football… Pour ce qui est du volley-ball…» Un autre qui porterait sur la manière de cuisiner pourrait comporter des séparateurs tels «Pour faire mariner… Pour blanchir… Quant aux méthodes de cuisson…», etc.

> Reprenons l'image du coffre et de son contenu rangé par piles d'objets semblables. Les séparateurs de catégories sémantiques correspondraient alors à des étiquettes placées sur chacune des piles pour en indiquer le contenu : une étiquette marquée «chandails», une autre marquée «pyjamas», etc.

Les séparateurs de catégories sémantiques ont les mêmes propriétés que les connecteurs énumératifs comme «premièrement / deuxièmement…» (voir «Les connecteurs énumératifs», page 317). C'est-à-dire qu'ils peuvent regrouper, chacun, une quantité impressionnante d'énoncés. Mais leur usage est également soumis aux mêmes contraintes : quand on commence à les utiliser dans un texte, il faut continuer et ne pas s'arrêter en chemin.

Nous analyserons deux cas où cette contrainte n'est pas respectée.

Des défauts liés aux séparateurs de catégories sémantiques

1. *Les livres comblent de nombreux besoins.*
2. ***Pour s'informer****, on peut lire des essais ou des biographies.* 3. *On peut aussi lire des romans.* 4. *Enfin,* ***pour rigoler****, on lira certaines BD.*

1. *Les livres comblent de nombreux besoins.*
2. ***Pour s'informer****, on peut lire des essais ou des biographies.* 3. *Pour rêver, on peut lire des romans.* 4. *Enfin,* ***pour rigoler****, on lira certaines BD.*

- Cet exemple contient deux séparateurs de catégories sémantiques : *pour s'informer* (énoncé 2) et *pour rigoler* (énoncé 4). Comme les séparateurs de catégories sémantiques ont pour rôle de démarquer les frontières de groupes parents, on croira, à tort, que l'énoncé 3 fait partie du groupe introduit par le séparateur de l'énoncé 2. Or, veut-on vraiment dire que les romans servent à s'informer ?

- On doit donc ajouter, pour introduire l'énoncé 3, *pour rêver* (ou une autre expression), qui complétera la série des séparateurs.

L'exemple suivant est extrait d'un petit texte où il est question de la place qu'occupe la caricature dans les périodiques québécois.

1. *Par exemple,* Le Soleil *et* La Presse *publient chaque jour une caricature en page éditoriale.*
2. *Pour ce qui est des magazines,* 7 Jours *propose chaque semaine une caricature pleine page.*

1. *En ce qui concerne les journaux,* Le Soleil *et* La Presse, *par exemple, publient chaque jour une caricature en page éditoriale.* 2. ***Pour ce qui est des magazines****,* 7 Jours *propose chaque semaine une caricature pleine page.*

- Que dirait-on d'un texte qui énoncerait subitement «deuxièmement» sans avoir jamais donné de «premièrement»? Sans doute qu'un lecteur attentif relirait une partie du texte dans l'espoir de trouver ce «premièrement» qui lui aurait échappé. La même chose risque de se produire dans cet exemple, où le séparateur *pour ce qui est des magazines* (énoncé 2) laisse croire qu'un autre séparateur le précédait.

- On ajoute donc *en ce qui concerne les journaux* pour introduire l'énoncé 1.

EN PRATIQUE Lorsque nous avons commencé à utiliser un séparateur de catégories sémantiques, faisons-le pour chaque groupe de mots ou d'énoncés qui le requiert.

LES PROCÉDÉS DE HIÉRARCHISATION DES GROUPES DE MOTS DANS L'ÉNONCÉ

Jusqu'à présent, nous avons étudié les procédés de hiérarchisation des énoncés dans des textes. Nous avons vu qu'ils facilitent la compréhension des textes.

Nous verrons maintenant deux procédés de hiérarchisation des groupes de mots dans un énoncé: l'ordre des groupes de mots et la locution «c'est... qui» (ou «c'est... que»). Puis, nous étudierons deux applications de ces procédés dans le texte: le parallélisme syntaxique et la mise en valeur d'une information nouvelle ou ancienne.

L'ORDRE DES GROUPES DE MOTS

Considérons les énoncés suivants, tous deux composés des mêmes mots:

Le bal de fin d'année aura lieu dans deux mois.

Dans deux mois aura lieu le bal de fin d'année.

Reconnaissons que chaque énoncé met l'accent sur une information différente. Le premier met l'accent sur *dans deux mois* et le second, sur *le bal de fin d'année*.

C'est que chacun répond à une question sous-entendue différente. Ainsi le premier répond à la question: «Quand le bal de fin d'année aura-t-il lieu?» Réponse: «Le bal de fin d'année aura lieu *dans deux mois.*» Quant au second, il répond plutôt à la question: «Qu'est-ce qui aura lieu dans deux mois?» Réponse: «Dans deux mois aura lieu *le bal de fin d'année.*»

Les deux énoncés ne mettent pas l'accent sur la même information. Ils sont donc hiérarchisés différemment. Or, c'est *l'ordre des groupes de mots* qui hiérarchise les énoncés dans les deux exemples cités. Les derniers groupes de mots reçoivent davantage d'attention que les premiers parce que ce sont eux qui répondent à la question sous-entendue.

La locution «c'est... qui» (ou «c'est... que») a toutefois le pouvoir de renverser cet ordre hiérarchique.

LA LOCUTION « C'EST... QUI » (OU « C'EST... QUE »)

Comparons les énoncés suivants :

Le bal de fin d'année aura lieu dans deux mois.

C'est le bal de fin d'année qui aura lieu dans deux mois.

Ici encore, chaque énoncé met l'accent sur une information différente, puisque chacun répond à une question différente. Le premier énoncé, en effet, répond à la question « Quand le bal de fin d'année aura-t-il lieu ? » alors que le second répond plutôt à « Qu'est-ce qui aura lieu dans deux mois ? »

Pourtant, l'ordre des groupes de mots *le bal de fin d'année aura lieu dans deux mois* est le même dans les deux cas. C'est l'usage de la locution « c'est... qui », dans le second énoncé, qui modifie la hiérarchie des groupes de mots en mettant plutôt l'accent, cette fois, sur le premier groupe de mots de l'énoncé.

L'ordre des groupes de mots ainsi que la locution « c'est... qui » (ou « c'est... que ») sont donc deux procédés qui hiérarchisent les groupes de mots dans les énoncés.

Voyons maintenant deux applications de ces procédés dans le texte.

LE PARALLÉLISME SYNTAXIQUE

Comme nous l'avons vu, tout énoncé répond à une question sous-entendue déterminée par sa structure hiérarchique propre. Cette structure est principalement donnée par l'ordre des groupes de mots et la locution « c'est... qui » (ou « c'est... que »).

> Le **parallélisme syntaxique** consiste à donner la même structure hiérarchique à deux énoncés, afin qu'ils répondent à la même question.

Or, il arrive que deux énoncés doivent répondre à la même question, surtout s'ils sont liés par un connecteur. On parlera alors de **parallélisme syntaxique**. Si les énoncés ne sont pas bien hiérarchisés, ils seront considérés comme un ensemble manquant de cohérence. Nous analyserons deux de ces cas.

Des défauts de parallélisme syntaxique

1. *À mon avis, il faut renoncer à suivre la mode si l'on ne veut pas se ruiner.* 2. *Mais, surtout, je crois que, pour être vraiment original, il faut prendre ses distances vis-à-vis de la mode.*

1. *À mon avis, il faut renoncer à suivre la mode si l'on ne veut pas se ruiner.* 2. *Mais, surtout, je crois qu'il faut prendre ses distances vis-à-vis de la mode pour être vraiment original.*

Ou : 1. *À mon avis, il faut renoncer à suivre la mode si l'on ne veut pas se ruiner.* 2. *Mais, surtout, je crois que c'est pour être vraiment original qu'il faut prendre ses distances vis-à-vis de la mode.*

- Les deux énoncés sont liés par un connecteur (*mais, surtout*). Or, le premier énoncé répond à la question « Pourquoi faut-il renoncer à suivre la mode ? » alors que le second répond plutôt à « Que faut-il faire pour être original ? » Par conséquent, il est difficile de comprendre la relation entre les deux énoncés.

- Il faut donc modifier la hiérarchisation du deuxième énoncé en changeant l'ordre des groupes de mots ou en utilisant la locution « c'est... que », tel que le montrent les deux corrections possibles.

- Ainsi, les deux énoncés répondent à la même question : « Pourquoi faut-il renoncer à la mode ou prendre ses distances vis-à-vis d'elle ? »

1. Les décrocheurs et les décrocheuses ont toujours du mal à se trouver un emploi. 2. De plus, ils sont peu payés et n'obtiennent que des emplois temporaires. 3. Enfin, ils ne peuvent rêver d'un brillant avenir s'ils refusent de terminer leurs études.

1. Les décrocheurs et les décrocheuses ont toujours du mal à se trouver un emploi. 2. De plus, ils sont peu payés et n'obtiennent que des emplois temporaires. 3. Enfin, s'ils refusent de terminer leurs études, ils ne peuvent rêver d'un brillant avenir.

- Les trois énoncés sont liés par des connecteurs (*de plus, enfin*). Or, les deux premiers énoncés répondent à la question « Qu'arrive-t-il aux décrocheurs et aux décrocheuses ? » alors que le troisième répond plutôt à « Dans quelles conditions ne peuvent-ils rêver d'un brillant avenir ? » Par conséquent, il est difficile de comprendre la relation entre les deux premiers énoncés et le troisième.

- Ici, on ne peut pas utiliser la locution « c'est... qui » (ou « c'est... que »), mais on peut changer l'ordre des groupes de mots dans le troisième énoncé comme le montre le texte corrigé.

- Ainsi, les trois énoncés répondent à la même question : « Qu'arrive-t-il aux décrocheurs et aux décrocheuses ? »

EN PRATIQUE Lorsque nous rédigeons, vérifions si plusieurs énoncés liés par un connecteur ne devraient pas répondre à la même question. Si la réponse est positive, donnons la même structure hiérarchique à chacun.

LA MISE EN VALEUR D'UNE INFORMATION NOUVELLE OU ANCIENNE

Comme nous l'avons vu, la locution « c'est... qui » ou « c'est... que » a le pouvoir de modifier la hiérarchie établie par l'ordre des groupes de mots dans un énoncé.

Mais elle a aussi une autre particularité : elle désigne clairement, dans un énoncé, les informations qui sont nouvelles et celles qui sont censées être déjà connues.

Observons l'énoncé *C'est le bal de fin d'année **qui** aura lieu dans deux mois*. Le *c'est* de la locution désigne l'information nouvelle comme étant *le bal de fin d'année*, et le *qui* désigne l'élément connu comme étant *aura lieu dans deux mois*. C'est pourquoi une personne ne pourrait pas vous dire, par exemple, « C'est un élève de l'école voisine qui a vandalisé ton casier» sans vous avoir déjà annoncé que votre casier a été vandalisé ou sans avoir vérifié si vous étiez déjà au courant de ce méfait.

En d'autres termes, il faut que l'information qui est présentée comme ancienne, par le «qui» de la locution «c'est... qui», ait déjà été mentionnée dans le contexte antérieur. À l'inverse, une information qui est présentée comme nouvelle, par le «c'est» de la locution, doit effectivement être nouvelle, inconnue.

Des défauts de mise en valeur d'une information nouvelle ou ancienne

Voyons des cas où l'usage maladroit de la locution «c'est... qui» ou «c'est... que» dévalorise une information qui est nouvelle en la présentant comme ancienne ou survalorise une information déjà connue en la présentant comme nouvelle.

Une information nouvelle est présentée comme ancienne

*1. La majorité de la population appuie la nouvelle politique de protection de l'environnement. 2. Mais c'est cette politique **qui cause des pertes d'emplois dans...***

1. La majorité de la population appuie la nouvelle politique de protection de l'environnement. 2. Mais cette politique cause des pertes d'emplois dans...

- L'information en caractères gras est nouvelle : on n'en a pas encore parlé. Pourtant, elle est présentée comme ancienne par le *qui* de la locution *c'est... qui*. Par conséquent, elle ne reçoit pas toute l'attention qui lui revient.
- On doit donc éliminer *c'est... qui*, comme on le voit dans le texte corrigé.

*1. L'industrie manufacturière crée des emplois. [2. Explications sur le rôle de création d'emplois, puis:] 3. Mais hélas ! ce ne sont pas toutes les usines **qui sont écologiques** et créatrices d'emplois.*

1. L'industrie manufacturière crée des emplois. [2. Explications sur le rôle de création d'emplois, puis:] 3. Mais hélas ! ce ne sont pas toutes les usines qui sont créatrices d'emplois. 4. Elles ne sont pas toutes écologiques non plus...

- On fait ici la même analyse que pour l'exemple précédent. L'information en caractères gras dans l'énoncé 3 est nouvelle.
- On peut conserver *c'est... qui* pour l'information concernant le rôle de création d'emplois des usines, qui a déjà été mentionné dans les énoncés 1 et 2. Mais il faut l'éliminer pour l'information nouvelle concernant le côté plus ou moins écologique des usines. On en fera plutôt un autre énoncé.

Une information ancienne est présentée comme nouvelle

1. *Les jeunes* **qui écoutent toujours leur baladeur** *finissent parfois par éprouver des problèmes d'audition.* 2. *Et qu'est-ce qui est à l'origine de leurs problèmes ?* 3. **C'est leur baladeur**, *bien sûr.* [Sous-entendu : « qui est à l'origine de leurs problèmes ».]

1. *Les jeunes finissent parfois par éprouver des problèmes d'audition.* 2. *Et qu'est-ce qui est à l'origine de leurs problèmes ?* 3. *C'est leur baladeur, bien sûr.*

ANALYSONS

- L'énoncé 2 pose une question et l'énoncé 3 y répond. Malheureusement, cette réponse avait déjà été donnée dans l'énoncé 1 (voir ce qui est en caractères gras).
- On doit éliminer *qui écoutent toujours leur baladeur*, dans l'énoncé 1, pour en faire un élément de surprise dans l'énoncé 3.
- Les textes qui présentent une information ancienne comme nouvelle font penser à la célèbre question « De quelle couleur était le cheval blanc de Napoléon ? »

1. *Il faut reconnaître que le jeu de serpents et échelles est facile au point de devenir ennuyeux.* 2. *Il suffit d'exécuter les déplacements commandés par le dé.* 3. *Comparons-le au Monopoly.* 4. *Lequel est le plus intéressant ?* 5. *Selon moi, c'est le Monopoly.* 6. *Le Monopoly exige de la stratégie, tandis que le jeu de serpents et échelles fait seulement appel au hasard.*

1. *Il faut reconnaître que le jeu de serpents et échelles est facile au point de devenir ennuyeux.* 2. *Il suffit d'exécuter les déplacements commandés par le dé.* 3. *Comparons-le au Monopoly.* 4. *Lequel est le plus intéressant ?* [Éliminer l'énoncé 5.] 6. *Le Monopoly exige de la stratégie, tandis que le jeu de serpents et échelles fait seulement appel au hasard.*

ANALYSONS

- Un peu comme pour l'exemple précédent, l'énoncé 4 pose une question à laquelle l'énoncé 5 répond. Cette réponse, cependant, a déjà été fortement suggérée dans les énoncés 1, 2 et 3. Elle n'apporte donc rien de nouveau et elle est inutile, d'autant plus qu'elle est encore donnée dans l'énoncé 6.
- Il s'agit donc d'éliminer l'énoncé 5, qui donne une réponse inutile et redondante.

EN PRATIQUE Lorsque nous rédigeons, vérifions si l'usage que nous faisons de la locution « c'est... qui » ou « c'est... que » attribue aux informations l'importance qui leur revient. Plus précisément, veillons à ce que le « c'est » de la locution introduise une information nouvelle et à ce que le « qui » introduise une information déjà connue.

LA PROGRESSION

La progression est une règle de cohérence selon laquelle chaque énoncé d'un texte doit faire progresser ce texte en lui apportant de l'information nouvelle. Évidemment, cette règle ne s'applique pas dans le cas d'un énoncé qui a pour but de résumer l'information déjà présentée.

Parfois, plutôt que de faire progresser le texte, des énoncés reprennent une si grande quantité de renseignements déjà donnés que le lecteur en éprouve une pénible impression de répétition. Voyons comment corriger ces erreurs.

Des défauts de progression

1. Il existe tellement de films drôles, de films romantiques et de films d'aventures dépourvus de violence qu'on pourrait nous présenter. 2. Pourtant, la télé nous offre majoritairement des films remplis de violence. 3. Je crois qu'on ne devrait pas remplir le petit écran de violence quand on dispose de tant de films non violents.

1. Il existe tellement de films drôles, de films romantiques et de films d'aventures dépourvus de violence qu'on pourrait nous présenter. 2. Pourtant, la télé nous offre majoritairement des films remplis de violence. [Éliminer l'énoncé 3.]

- Toute la première partie de l'énoncé 3 *je crois qu'on ne devrait pas remplir le petit écran de violence* reprend, avec d'autres mots, les informations de l'énoncé 2. La deuxième partie du même énoncé (*quand on dispose de tant de films non violents*), quant à elle, répète autrement ce qui a déjà été dit dans l'énoncé 1.

- On doit donc éliminer l'énoncé 3.

1. Presque tout le monde est d'avis que la violence présentée à la télévision influence le comportement des enfants. 2. La majorité des gens ayant répondu au sondage partagent cette opinion.

1.-2. La majorité des gens ayant répondu à un sondage sont d'avis que la violence présentée à la télévision influence le comportement des enfants.

- L'énoncé 2 répète l'énoncé 1 à un détail près, soit la mention d'un sondage. Il suffit donc d'intégrer ce détail à l'énoncé 1.

- On pourrait aussi tout simplement éliminer l'énoncé 2, mais on perdrait alors un peu d'information.

EN PRATIQUE Lorsque nous rédigeons, assurons-nous que chaque énoncé apporte suffisamment d'éléments d'information nouveaux pour faire progresser le texte. Évitons les répétitions inutiles !

Synthèse LA HIÉRARCHISATION

Les procédés de hiérarchisation ont pour but de mettre en valeur certains éléments d'information du texte par rapport à d'autres. Certains de ces procédés hiérarchisent les énoncés dans le texte, tandis que d'autres hiérarchisent les mots ou les groupes de mots à l'intérieur de l'énoncé.

Les procédés de hiérarchisation des énoncés dans le texte

Outre la jonction (voir le chapitre 16), ces procédés sont les suivants :
- l'ordre des énoncés :
    - pour regrouper les informations,
    - pour hiérarchiser les informations ;
- l'articulation des informations ;
- les énoncés présentatifs ;
- les séparateurs de catégories sémantiques.

Le tableau suivant présente ces différents procédés.

LA HIÉRARCHISATION DES ÉNONCÉS DANS LE TEXTE	
L'ordre des énoncés • pour regrouper les informations • pour hiérarchiser les informations	Quand on rédige un texte, il faut regrouper les énoncés par thèmes. Quand on rédige un texte, il faut veiller à ne pas séparer les causes ou les conséquences se rapportant à un même énoncé.
L'articulation des informations	L'articulation est une charnière linguistique qui réunit en un seul énoncé deux phrases qui jouent le même rôle par rapport à une troisième.
Les énoncés présentatifs	Les énoncés présentatifs («Voici comment», «Voyons en quoi», «Je m'explique», «Voyons plutôt», etc.) avertissent le lecteur qu'une longue explication suit.
Les séparateurs de catégories sémantiques	Les séparateurs de catégories sémantiques sont des séries de mots ou de groupes de mots qui servent à marquer les frontières de sens entre des groupes d'énoncés.

Les procédés de hiérarchisation des groupes de mots dans l'énoncé

Parmi les procédés qui permettent de mettre en valeur des groupes de mots dans un énoncé, on compte :

- l'ordre des groupes de mots ;
- la locution « c'est... qui » ou « c'est... que ».

On applique ces deux procédés dans :

- le parallélisme syntaxique ;
- la mise en valeur d'une information nouvelle ou ancienne.

Le tableau suivant présente ces deux applications.

LA HIÉRARCHISATION DES GROUPES DE MOTS DANS LES ÉNONCÉS	
Le parallélisme syntaxique	S'il faut que plusieurs énoncés liés par un connecteur répondent à la même question sous-entendue, on doit leur donner la même structure.
La mise en valeur d'une information nouvelle ou ancienne	Quand on utilise la locution « c'est... qui » ou « c'est.. que », le « c'est » doit introduire une information nouvelle, et le « qui » ou le « que », une information déjà connue.

La progression

La progression n'est pas un procédé, mais un principe selon lequel chaque énoncé doit faire progresser le texte en apportant de l'information nouvelle, sans quoi il est perçu comme répétitif.

Annexe

Les signes de ponctuation

Les tableaux qui suivent résument l'emploi des principaux signes de ponctuation utilisés dans les phrases réalisées.

LES SIGNES QUI TERMINENT LES PHRASES RÉALISÉES		
Signe	**Explication**	**Exemples**
Le point .	• Le point indique la fin d'une phrase de type déclaratif ou impératif. • Il existe une ponctuation expressive qui n'indique pas toujours la fin réelle d'une phrase.	*Le bateau quittera le port à cinq heures.* *Soyez fières de votre réussite.* *Imaginez votre arrivée dans ce paysage lunaire. Pas d'arbres. Pas d'arbustes. Pas d'animaux. Rien. C'est le silence, la désolation.*
Le point d'interrogation ?	• Le point d'interrogation indique la fin d'une phrase de type interrogatif ou ayant une tournure interrogative. • Il peut aussi indiquer une interrogation à l'intérieur d'une phrase.	*Où allez-vous ?* *Vous partez en voyage ?* *« Viens-tu étudier chez moi ce soir ? », me dit-elle.*
Le point d'exclamation !	• Le point d'exclamation indique la fin d'une phrase exclamative, qu'elle soit de type déclaratif, impératif ou même interrogatif. • Il peut aussi indiquer une exclamation à l'intérieur d'une phrase.	*Comme vous êtes tranquille !* *Sortez !* *Est-il assez grand !* *Ah non ! Il pleut encore.*
Les points de suspension ...	• Les points de suspension indiquent la fin d'une phrase, mais sans que le message se termine avec la phrase. • Il peut aussi marquer une interruption du message à l'intérieur d'une phrase.	*Je sens que je vais me fâcher...* *Vous savez... je ne mens jamais.*

LES SIGNES QUI AIDENT À L'ORGANISATION DES GROUPES À L'INTÉRIEUR DES PHRASES RÉALISÉES

Signe	Explication	Exemples
La virgule ,	• La virgule *réunit* des phrases ou des groupes juxtaposés.	*Alex ferma la porte, mit la clé dans sa poche.*
	• La virgule *isole* des groupes de la PHRASE P mis en évidence par déplacement en tête d'une phrase réalisée.	*Tes lunettes, les as-tu retrouvées?* *Le lendemain, il partit.*
	• La virgule *sépare* les subordonnées adjointes de la PHRASE P dont elles dépendent, quelle que soit leur position dans la phrase réalisée.	*Puisque l'accusé est absent, il faut ajourner l'audience.* *Nous ne pouvons y répondre, bien que la question soit claire.*
	• La virgule *isole* une incise à l'intérieur ou à la fin d'une phrase.	*« Attends-moi, dit Stéphane, j'irai te reconduire. »* *Elle aurait pu m'attendre, pense Dominique.*
	• La virgule *associe*, dans une énumération, des phrases ou des groupes qui ont la même position dans des PHRASES P différentes, et délimite ainsi ce qui constitue un groupe dans la phrase réalisée.	*Les spectateurs l'ont trouvé talentueux, drôle, habile, prudent…*
	• La virgule *rapproche* des groupes différents à la suite de l'effacement d'un groupe.	*Paul apporte la salade et Jacques, les fromages.*
Le deux-points :	Le deux-points *introduit* un groupe qui a un lien avec ce qui précède.	
	• Le deux-points *annonce* une énumération, des exemples, une explication, une conclusion, une synthèse, etc.	*Voici ce qui fait la une des journaux : le chomâge, la santé, la politique.*
	• Le deux-points *annonce* une citation ou un discours rapporté direct après un verbe de parole.	*Simon m'a dit : « Viens étudier chez moi ce soir. »*
Le point-virgule ;	Le point-virgule *indique* une succession d'éléments et *projette* une suite.	
	• Le point-virgule *sépare* des phrases réalisées liées par le sens.	*Anne n'est pas encore arrivée; elle aura manqué l'avion.*
	• Le point-virgule *accompagne* une énumération d'éléments (paragraphes, phrases ou groupe de mots) introduits chacun par un tiret.	*Aujourd'hui, je dois :* *– acheter des souliers;* *– téléphoner à mon frère;* *– lire le texte sur la pollution;* *– terminer ma recherche.*

LES SIGNES D'INSERTION DE CERTAINS ÉLÉMENTS FACULTATIFS DANS UNE PHRASE P		
Signe	**Explication**	**Exemples**
La double virgule **, ,**	La double virgule *intercale* à n'importe quel endroit dans la phrase réalisée un élément qui ne fait pas partie de la PHRASE P même s'il est souvent porteur d'un sens important. • La double virgule *isole* complètement : – l'apposition ; – les commentaires, les réflexions, etc.	*Angèle Dubeau, ma violoniste préférée, donne un concert ce soir.* *Le printemps, je le crains, sera tardif cette année.*
Les parenthèses **( )**	Les parenthèses jouent le même rôle que la double virgule. • Les parenthèses *isolent* complètement : – les commentaires, les indications, les réflexions, les rectifications, etc. ; – les références, les dates, etc.	*Claude (l'élève qui a remporté la compétition) revient à l'école.* *L'année dernière (1998) fut assez imprévisible du point de vue météorologique.*
Les tirets **— —**	Les tirets jouent le même rôle que les parenthèses et la double virgule. • Ils *mettent* davantage *en relief* les éléments insérés dans une PHRASE P.	*Le printemps – je le crains – sera tardif cette année.*
Les crochets **[ ]**	• Les crochets encadrent une coupure indiquée par des points de suspension ou un ajout à l'intérieur d'une citation.	*« Cet auteur [Raymond Plante] a déjà dirigé la revue Lurelu. »*

LES SIGNES D'INSERTION D'UN DISCOURS RAPPORTÉ DANS UNE PHRASE P		
Signe	**Explication**	**Exemples**
Les guillemets **« »**	• Les guillemets *marquent* le discours rapporté direct après le deux-points lorsqu'il n'y a pas de retour à la ligne. • Les guillemets *indiquent* les limites d'une citation qui n'est pas annoncée par un deux-points.	*Elle balbutia : « J'étais malade madame. »* *Au proverbe qui affirme « tel père, tel fils », que répondrais-tu ?*
Le tiret **—**	• Le tiret *introduit* les paroles d'un personnage dans un dialogue. • Le tiret *marque* le changement d'interlocuteurs dans un dialogue.	*Et Blanquette répondit :* *– Oui, monsieur Seguin.* *– Est-ce que l'herbe te manque ici ?* *– Oh! non! monsieur Seguin.*

Le lexique

L'index de *Construire la grammaire* comporte une colonne « lexique » qui indique les pages où figurent les éléments du lexique qui sont intégrés dans les trois parties de l'ouvrage.

Les deux tableaux qui suivent précisent le sens de certains termes qui se rapportent à la formation des mots et aux rapports sémantiques qu'on peut établir entre les mots.

LA FORMATION DES MOTS	
Les néologismes par dérivation	
La dérivation est un procédé qui consiste à ajouter à un mot de base un élément placé avant ou après ce mot pour en former un autre dont le sens est différent.	De nombreux néologismes sont créés à l'aide de ce procédé. L'informatique, et particulièrement le réseau Internet, est un domaine où l'on assiste tous les jours à la naissance de nouveaux mots.
On appelle « radical » le mot de base.	*Internaute*, par exemple, est formé à l'aide du suffixe *-naute*, comme les mots *cosmonaute* ou *astronaute*.
On appelle « préfixe » l'élément placé devant le radical (par exemple, *défaire* est formé du préfixe *dé-* et du radical *faire*) ; on appelle « suffixe » l'élément placé après le radical (par exemple, *trentaine* est formé du radical *trente* et du suffixe *-aine*).	On a aussi créé plusieurs mots à l'aide du préfixe *cyber-*: *cyberculture, cybermarché, cyberdépendance, cybernétique*, etc.
On peut aussi utiliser la combinaison d'un préfixe et d'un suffixe pour former des mots (par exemple, *infographie* est formé du préfixe *info-* et du suffixe *-graphie*).	
Les néologismes par changement de sens	
Créer un néologisme par changement de sens est un procédé qui consiste à utiliser un mot existant dans un sens nouveau.	Le mot *programmation*, par exemple, a pris un sens nouveau en informatique. Dans son sens premier, « programmation » signifie « établissement d'une liste d'éléments ordonnés ». En informatique, *programmation* signifie « assigner un programme à un ordinateur ».
	Le mot *souris* a aussi pris en informatique un autre sens que son sens premier.
	On peut assimiler à un changement de sens la transformation en noms épicènes de noms qui n'existaient au départ qu'à la forme masculine : un *ministre* / une *ministre*, un *juge* / une *juge*, un *architecte* / une *architecte*, etc.

LA FORMATION DES MOTS

L'emprunt L'emprunt est un phénomène par lequel une langue adopte un mot d'une autre langue.	On utilise l'emprunt lorsqu'il n'y a pas d'équivalent dans une langue pour désigner une réalité. Par exemple, *souvlaki* vient du grec, *pita* vient de l'arabe, *sushi* vient du japonais, *spa* vient de l'anglais.
Le télescopage Le télescopage est un procédé qui consiste à créer un nouveau mot en fusionnant des parties de mots existants.	On a formé *téléjournal* en fusionnant ***télé****vision* et ***journal***, *courriel* en fusionnant ***courrier*** et ***électronique***, *téléroman* en fusionnant ***télé****vision* et ***roman***, etc.
Les familles de mots Une famille de mots est constituée par l'ensemble des mots qui sont dérivés d'un même radical.	Les mots créés par dérivation ou les néologismes par changement de sens servent à leur tour de base pour créer une famille de mots. Par exemple, les noms *cyberdépendant* et *cybernétique* sont aussi devenus des adjectifs. À partir de *clic*, on a créé *cliquer* ; à partir de *téléroman*, on a créé *téléromancier* ou *téléromancière*, etc. Pour reprendre de l'information dans un texte sans répéter le même mot, on choisit parfois un autre mot de la même famille. Exemple : *Le nombre d'enfants **diminue** au Québec. Cette **diminution** affecte l'équilibre de la population.*
La composition La composition est un procédé qui consiste à créer un nouveau mot en réunissant deux mots autonomes.	On écrit les mots composés avec un trait d'union (*chou-fleur*) ou sans trait d'union (*compte rendu*). La tendance actuelle est de ne pas mettre de trait d'union lorsqu'on crée de nouveaux mots par composition.
L'abrègement L'abrègement est un phénomène de réduction de mots. Il existe différents procédés d'abrègement : la réduction d'un groupe de mots, la troncation, la création de sigles.	La **réduction d'un groupe de mots** est un procédé qui s'applique généralement aux groupes du nom et qui consiste à effacer le complément de nom pour ne garder que le déterminant et le nom (*le lecteur de disquettes* : *le lecteur*). La **troncation** est un procédé qui consiste à supprimer une partie de mot (*télévision* : *télé*). La **création de sigles** consiste à former un mot à l'aide de la première lettre de chaque mot d'un groupe de mots (*Office national du film* : *ONF*). On peut lire les sigles lettre par lettre (*OLF, HLM*, etc.). On peut aussi lire certains sigles comme un mot (*cégep, OTAN*, etc.). On appelle ces sigles des *acronymes*.

LES RAPPORTS DE SENS ENTRE LES MOTS

L'inclusion

L'inclusion consiste à mettre en relation un mot dont le sens est général avec des mots dont le sens est plus restreint. Le terme général est appelé « générique » ; un générique forme une catégorie qui englobe des éléments appelés « spécifiques ».

L'utilisation de ce procédé est utile pour assurer la continuité entre des énoncés et la cohésion d'un texte. Exemple : *Thierry s'est acheté une **bicyclette*** (spécifique). ***Ce moyen de transport*** *(générique) est très économique.*

Les synonymes

Les synonymes sont des mots qui appartiennent à une même catégorie lexicale et qui ont des sens très rapprochés.

Les noms *peur, crainte, appréhension, frayeur, panique* et *terreur* font partie d'une même série synonymique. On peut utiliser la synonymie pour assurer la continuité. Exemple : *L'enfant avait très **peur**. La **frayeur** se lisait sur son visage.*

Les antonymes

Les antonymes appartiennent à la même catégorie lexicale mais s'opposent par le sens.

L'utilisation d'antonymes dans un texte permet d'établir un contraste sémantique. Exemple: *Kathia est une élève **très ordinaire**. Pourtant, c'est une patineuse **extraordinaire**.*

Le champ sémantique

Un champ sémantique est un ensemble de mots regroupés autour d'un thème ou d'une idée. On appelle « analogie » le rapport entre les mots d'un champ sémantique.

On peut utiliser l'inclusion, la synonymie et l'antonymie pour construire des champs sémantiques.

On peut utiliser différents mots d'un champ sémantique pour reprendre et développer un thème, d'un énoncé à l'autre dans un texte. C'est un procédé qui concourt ainsi à la progression et à la cohérence du texte. Exemple : *Pour être réparateur, le **sommeil** doit avoir lieu dans un **lit** confortable. Combien de personnes cependant **dorment** sur des **matelas** défoncés ?*

Dormir reprend *sommeil*, *matelas* fait référence à *lit* ; *matelas défoncé* est en opposition avec *sommeil réparateur*.

Index

Index

Index

Index

Index

Index

Index

Index

Index

Index

Index

Index

**CENTRE DE FORMATION
DU RICHELIEU**
720, RUE MORIN
McMASTERVILLE, QC J3G 1H1
TÉL.: (450) 467-0264

**CENTRE DE FORMATION
DU RICHELIEU**
720, RUE MORIN
McMASTERVILLE, QC J3G 1H1
TÉL.: (450) 467-0264

**CENTRE DE FORMATION
DU RICHELIEU**
720, RUE MORIN
McMASTERVILLE, QC J3G 1H1
TÉL.: (450) 467-0264